新装版

唯信鈔文意を読む

信は人に就く

細川　巌

法藏館

まえがき

前大谷大学学長　寺川俊昭

親鸞聖人がこよなく尊敬なさった先輩に、聖覚法印がおられます。聖覚法印は師・法然上人の『選択集』のおこころを、和文でわかりやすく述べた入門書『唯信鈔』を書き著しています。『選択集』は、法然上人がその課題となさった「末法濁世に生きる凡夫の救い」を、「ただ念仏」の信念に立った念仏往生の道として世に捧げた大論文ですが、漢文で書かれたこの本は、相当の教養と仏教の素養がないと、その高い精神を理解することは、容易ではありません。

それで上人の門弟である聖覚法印が、『選択集』の趣意をわかりやすくかみ砕いて述べ表し、ふつうの生活者にも、法然上人の念仏往生の教えが正しく、そしてよく了解されるようにと願いながら筆をとって書き著したのが、『唯信鈔』です。題が示しているように、法然上人の「ただ念仏」の教えを「ただ信心」と聞き取り、それをあえて題にしているところに、聖覚法印がよく法然上人の教えのこころを聞きとめた、深い見識がうかがわれます。

関東におられたころ、親鸞聖人はこの『唯信鈔』をご覧になり、書き写しておいでになります。そしてよほど感銘を受け、共感も感じられたのでしょう。京都にお帰りになってからも、関東の念仏者たちにあてて何度もこれを書き写して送られ、信心に動揺が起こった時、あるいは念仏の了解に混乱が起こったような時には、ぜひこの『唯信鈔』を読むようにと、勧めておいでになります。この『唯信鈔』に大きな感化を受けて、あの『歎異抄』が生まれたことも、私たちはよく知っておきたいと思います。

聖覚法印は『唯信鈔』の中に、大切な意味をもつ中国の念仏者のことばを、いくつか引文しています。全体が和文で書かれた『唯信鈔』の中で、ここだけが漢文のままになっています。その漢文で書かれている祖師たちの大切なことばを、わかりやすく懇切に解説し、それに託して親鸞聖人の広く深いご了解を書き著したのが、聖人の『唯信鈔文意』です。ですから『唯信鈔』と『唯信鈔文意』の二つを合わせますと、念仏往生の教えの大切な内容が、すべて和文で懇切に語り明かされる。こういう大切な仕事が果たされていくこととなります。

『唯信鈔文意』を書く願いを、聖人はその終わりのところにはっきりとお述べになっています。

いなかのひとびとの、文字のこころもしらず、あさましき愚痴きわまりなきゆえに、やすくこころえさせんとて、おなじことを、たびたびとりかえしとりかえし、かきつけたり。こころあらんひとは、おかしくおもうべし。あざけりをなすべし。しかれども、おおかたのそしりをかえりみず、ひとすじに、おろかなるものを、こころえやすからんとて、しるせるなり。

「いなかの人々」というのは、親鸞聖人の教化から生まれてきた、関東に生活する念仏の同朋たちのことです。労働につぐ労働の中に生きていたこの人たちに、仏法のこころが本当にわかっていただくように。この愛情と、この熱い願いの中から、『唯信鈔文意』は書き著されたのです。

細川巌先生がその最晩年に、こころをこめ力をこめて、親鸞聖人のこの『唯信鈔文意』を講話してくださいました。懇切なこのご講話には、聖人に動いたのと同じような、聞く方々への愛情と、懇ろな親切心が動いているのが感ぜられます。どうか一人でも多くの方が、この講話をとおして、聖人が『唯信鈔文意』の最初に、

「唯信鈔」というは、「唯」は、ただこのことひとつという。ふたつならぶことをきらうことばなり。また「唯」は、ひとりというこころなり。「信」は、うたがいなきこころなり。すなわちこれ真実の信心なり。虚仮はなれたるこころなり。（中略）本願他力をたのみて自力をはなれたる、これを「唯信」という。

と仰せられたその信心の勧めを、しっかりと聞きとめていただきますよう、心から念ずるものであります。

一九九七年十二月

本書は、平成一〇（一九九八）年刊行の『信は人に就く―唯信鈔文意講義―』第一刷を改題し、
オンデマンド印刷で再刊したものである。

信は人に就く——唯信鈔文意講義——目次

信は人に就く

唯信鈔文意講義

念仏のこころ

聖覚法印という人

まず、冒頭の部分を、ご一緒に読んでみましょう。

『唯信鈔』といふは「唯」はたゞこのこと一といふ、二ならぶことを嫌ふ語なり。また「唯」はひとりといふ意なり。「信」はうたがふ心なきなり。即ちこれ真実の信心なり、虚仮はなれたる心なり。虚はむなしといふ、仮はかりなりといふ、虚は実ならぬをいふ、仮は真ならぬをいふなり。本願他力をたのみて自力をはなれたる、これを「唯信」といふ。「鈔」はすぐれたることを抜き出しあつむる語なり。このゆゑに『唯信鈔』といふなり。また「唯信」はこれ他力の信心のほかに余のことならばずとなり。即ち本弘誓願なるが故なればなり。

（聖典五〇一頁。以下、聖典の頁数はすべて明治書院刊の島地版『聖典』による）

『唯信鈔文意』は親鸞聖人の仮名聖教の一つで、仮名聖教はほとんどすべてご晩年の作であります。この文意は従来、聖人八十五歳の作といわれていましたが、その後いろいろと研究が進んで、現在では七十八歳の時につくられた、といわれています。

『唯信鈔』を書かれたのは聖覚法印です。このお方は法然上人のお弟子の中で非常にすぐれた人です。ある人が法然上人にお尋ねして、「上人亡くなられた後、もし信心について疑いが起こった場合はどなたにお尋ねしたらようございましょうか」とお尋ねしたら、法然上人は、「聖覚法印、我がこころを知れり」といって聖覚法印を推された。

法印は親鸞聖人より六歳年上で、聖人と非常に因縁の深い人です。『御伝鈔』に信行両座という物語が出ていて、信心と念仏のどちらの座につくかということがあった。三百人のお弟子の中で信の座についた人はわずか数人であった。その第一が聖覚法印であったと出ている。そして熊谷次郎直実とか、そして最後に法然上人がおつきになって、残りの三百人はどの座にもつかなかったという。また親鸞聖人が百夜の六角堂参籠をされましたときに、京の橋の上で聖覚法印にお会いになって、法然上人のもとに参られるよう勧められた。そういうお方が聖覚法印です。

その聖覚法印が五十五歳のときに『唯信鈔』を著わされた。これは、ちょうど法然上人が亡くなられて十年目です。十年経ってみると、法然上人の教えは誤解されて、念仏さえ申せばよいのだ、念仏一つなのだという人ができ、念仏以外の行もやってよいし、また、やった方がよろしいのだというような諸行を認める教え、そういうものが次々と起こってきました。法然上人の選択本願念仏、「往生の業には念仏を本となす」という教えが乱れてきていた。その時にこの書物を出された。ここには法印が上人のお徳を偲んで、その本当のこころを表わしたいという願いがこもっているのであります。

この書物を親鸞聖人は非常に喜ばれた。当時、親鸞聖人は四十九歳で、関東の方におられ、これを手に入れられたのはかなり遅れておりまして、著述後九年目である。以来、その書物を何回も写されました。現在、聖人の『唯信鈔』の写本が残っております。親鸞聖人の直筆のものが四冊、そのほかにもある。いちばん最後のものは、聖覚法印が六十九歳でなくなられたその百日目に親鸞聖人が筆をとって写されたもので、高田専修寺に残っております。このように聖人は何回も何回も写しては弟子たちに読ませせられたという。そのことがよくわかるのは、例えば『御消息集』です。

さてはこの御尋ね候ふことはまことによき御疑どもにて候ふべし。まづ「一念にて往生の業因は足れり」と申し候ふは真に然るべき事にて候ふべし。さればとて一念のほかに念仏を申すまじきことには候はず。そのやうは『唯信鈔』に詳しく候、よく〳〵御覧さふらふべし。（聖典五三六頁）

この意味は、あなたの質問は大変立派な、素晴らしい質問である。まず「一念にて往生の業因は足れり」、一声の念仏で往生の業は定まっておるというのは、その通りである。といっても、一声の念仏でそれで足りておって、その他には念仏を申してはいけないということでは決してない。その理由は『唯信鈔』に詳しく出ておる、と。こういって『唯信鈔』を勧めておられます。また、同じ御消息でこうおっしゃっています。

「かならず一念ばかりにて往生す」といひて「多念をせんは往生すまじき」と申すことはゆめ〳〵あるまじきことなり。『唯信鈔』をよく〳〵御覧さふらふべし。（聖典五三七頁）

一声の念仏だけで往生する。たくさん念仏申す人は往生することはないというが、そんなことは決してありません。よくよく『唯信鈔』をご覧なさい、とおっしゃっています。

さらに、この御消息の終わりから二行目でも、「よく〳〵『唯信鈔』を御覧候ふべし」(聖典五三七頁)このようにくり返されていて、聖人は『唯信鈔』を非常に勧めておられることがわかります。

『唯信鈔』

その『唯信鈔』とはどういう書物なのか。この書物は和文で書いてありまして、大部のものではありません。

それ生死をはなれ仏道をならんとおもはんに、二つのみちあるべし。一つには聖道門、二つには浄土門なり。

という書き出しで始まっています。以下、大略次のようなことが書かれています。

仏道を成就しようと思えば、仏道には聖道門と浄土門がある。現在の時代は、五濁の世、無仏の時であって聖道門は結局、不可能である。浄土門だけが仏道成就の道である。その浄土門の中に念仏往生と諸行往生の二つがある。諸行往生というのはいろいろの善(世間善、小乗善、大乗善といろいろあります)を行じていくのですが、これは弥陀の本願にあらず、念仏往生の道こそがわれわれに可能な道である。その念仏往生について、専修念仏の道と雑修念仏の道がある。念仏のほかにもいろいろの行を行じたり、他の仏を拝んだりする、そういうのを雑修念仏という。しかし、専修念仏が大切である。

この『唯信鈔』の面白いところは巧みな例をひき、問答を重ねながら、具体的な例をあげてわかりやすくいっているところです。この専修念仏と雑修念仏というところには、こういう例をあげています。

いま、毎日一万遍念仏をしようということになった。一人の人は一万遍念仏をしてそれが終わったら昼寝をする。夜も何もしないですぐ寝てしまう。もう一人の人は非常に勤勉で、一万遍念仏が終わったら、残った時間でほかのお経を読んだり、あるいはほかの仏さまを拝んだり、あるいは、そのほかいろいろと仏教の勉強をする。この二人のうち、どちらが浄土に往生するだろうか、と問うています。道理で考えたら、後者の方が勤勉ですからこの人の方が往生しそうですが、だめ。前者の方がよい。念仏してたとえ後は何もしなくてもこちらがよい。これが専修念仏だという。

法印いわく、そういうふうに念仏申したらすぐに遊びたくなる、また他に何もしないのは煩悩のせいであって、煩悩の盛んな人はそれはもうどうしようもない。けれども念仏一つに打ち込んでいるところが尊い。後者は、念仏を申しながら、これが済んだら、残りの時間ではほかのことをやろうという精神がいけない、というのです。例えて言えば、いま、殿さまに仕えるとする。昔のことだから主君という。一人は殿さまに一生懸命仕える。時間があまったら寝ている。もう一人の方は、殿さまに一生懸命仕えるけれども、別の殿さまにも仕える。こちらの時間が済んだらあっちへ行く。これはどちらがいいかといえば、一人の殿さまにだけ仕えるというのが大事だという。こういう例をあげているので、どうかなあと思うところがあります。考え考え読まねばならないところがあります。

ならば一声念仏すればよいのか。たくさん念仏するというのはやはり念仏を疑っておるからではないのか。また、一万遍といえば、一万遍すればよいのか。それ以上はしなくてもよいのか。こういうようないろいろな問題をあげています。一万遍と決めたら一万遍念仏して、それ以上時間があればますます念仏してかまわない。一声の念仏で十分ではあるが、十分であると知っておった上で、しかもたくさん念仏申す時間があれば念仏申した方がいい。このように非常に詳しく言っています。

信心正因の教え

専修念仏は、念仏の底に『観経』でいう三心——至誠心・深心・廻向発願心という心根の問題が大事。その心根の根本は、信心である。信心は二種深信である。これをまとめてみると仏道成就ということは、ついに信心に極まる。そういう意味で「唯信鈔」といっている。

法然上人の教えでは、仏道には聖道門と浄土門があり、浄土門には正行と雑行がある。正行は五種正行で、正定業と助業がある。これが法然上人の『選択集』の教えである。仏道は二つ、これは『選択集』では二門章にあります。浄土門において行は二つ。これは二行章です。そしてその行の中では、本願念仏、これが中心。これは本願章です。これが『選択集』のはじめの三つの章です。そこで仏道は、本願の念仏を申す、それに極まっているというのが『選択集』の中心点です。

上人の没後いろいろな問題が起こってきた。本願の念仏を申す以外にも、いろいろ行をやってもいいのか。正定業のほかに助業をやってもいいのかというような問題、ついには諸行往生を認めるということも起こってきましたが、法然上人の真意は、信心正因、念仏為本。心根として信心が成り立って、行としては念仏が根本。信心決定して念仏申す。それが上人の教えの真意である。そういうことを明らかにしたのが『唯信鈔』であって、専修念仏の根本は信心であるというところが、聖覚法印によって明らかにされている。

普通の人は法然上人は念仏為本、親鸞聖人が信心正因というふうに言うけれど、そうではない。法然上人の教えが信心決定して念仏申すという教えである。

それがどこに出ているかというと、『選択集』の三心章で、『選択集』の第八章にあります。初めの、一章、二章、三章にはない。法印はここのところを明らかにしている。したがって、「聖覚法印、我がこころを知れり」と法然上人のおっしゃったとおり、聖覚法印が本当に法然上人の教えを理解して、上人の亡くなられた十年目に、そのお徳を偲びこの点を明らかにした。それを親鸞聖人は非常に喜ばれた。この時、聖人は四十九歳です。聖人の四十九歳といえば、まだ関東の稲田におられて『教行信証』の著述に着手されたころであろう。まだお若いころです。聖人は聖覚法印がそういうことを明らかにしてくれたことを非常に喜ばれたのであります。

法然上人が信心決定して念仏申すことを教えられた。信心も念仏も法然上人にある。それを明らかにしたのは聖覚法印であるとすると、親鸞聖人は何を明らかにされたのか。これはいま関係ありませんが、ついでに申しておきますと、親鸞聖人が明らかにされたのは、信心も念仏も如来の廻向であるということです。それは誰も言わなかった。法然上人も言わなかった。善導も言わなかった。信心も念仏も如来の廻向である。本願の宗教は如来廻向の宗教であるということを明らかにされたのが、親鸞聖人です。それぞれのもち場というか、特色があるわけです。

師の教え、先輩の教え

『唯信鈔文意』というのは何か。『唯信鈔』の中に聖覚法印が引用してあるお経、または、論釈は漢文です。そういう引用文を聖覚法印は何も解釈しなかった。そこが読みづらく、意味がわかりにくい。その漢文のうち十個の大事なところを解釈されたのが、『唯信鈔文意』です。いちばん大事なのは、最初の第一条とその次の第二、第三条の三つです。

まずはじめに、『唯信鈔』の題名を解釈されたところがあります。聖覚法印は『唯信鈔』を書かれたけれども、その題名を説明しなかった。それで聖人は題名を説明されて、

「唯」はたゞこのこと一といふ。 （聖典五〇一頁）

ということから言われています。

いままでのところでわれわれが学ぶことは、聖覚法印にしても親鸞聖人にしても、自分の善知識の亡くなられた後にその教えを記念し、その教えを本当に頂いて、その真意を明らかにしようとして、書物を用意されているということです。聖覚法印は『唯信鈔』、親鸞聖人はまだ書物になっていないが、これからまもなく『教行信証』の草稿ができる。だいたい五十三歳頃です。まもなくできるのですが、その準備中の時である。これらのすぐれた弟子たちは、亡くなられた先生の教えというものを、十年たっても二十年たっても、それを本当に明らかにしていこうとしている。そういうことをわれわれは自分のこととして考えなければならない。これが一つです。

それから、聖人は自分の先輩の生き方に注意を払って、その人の書物をやさしく、難解なところ

をわかりやすく解釈してみんなに勧められた。いわば、お山の大将われひとり、わしだけが本当の法然上人のお弟子で、本当の精神を伝えておるんだということではなしに、いろいろと先輩の教えを聞き、それに協力し、それを大事にして、みんなに伝えようという、そういうおこころがうかがえる。聖人のお徳を思う時、これが次に大切なことです。

この前、〝新たに興るもの〟という題で話をしてほしいという依頼があって引き受けました。そのときに、〝新たに興るもの〟の「興る」という字はどういう字なんだろうと思って、辞引を引いてみたら、「興る」というのは勃興（初めて興る）、興起（立ち上がる）、盛んになっていくという意味がある。興隆、興味という熟語もあって、喜びをもっている、楽しみをもって立ち上がっていくということが「興る」ですね。

「興」というのは二つの部分からできている。一つは「同」。これは協同するということですね。もう一つは「舁」で、「同」と「舁」を合わせた字が「興」である。

上は同じという字、協同するという意味。下は〝かつぐ〟という意味。二人の人が協力して物を支えておる。福岡の方には山笠というのがありまして（われわれの方では〝山かき〟といいますが）、あれは何百キロかあるんでしょうが、ものすごく大きな仕掛けになっていますね。一人や二人ではとてもかつげない。それを何十人かで肩を入れてかついで走って競争する。力を合わせてやると大きな物も動くし、支えることもできる。こういうのが「舁」ですね。ものが興るということは、一人では決してできない。力を合わせて協力してみんなが一緒に支えていくということがなければ興ってこない。そういう意味の字です。親鸞聖人は聖覚法印（『唯信鈔文意』）・隆寛（『一念多念証文』）を立て、先輩と力を合わせて、法然上人の教えを盛んにしようとした。ものが盛んになるということは、必ず協力がなければできない。「興る」というのは力を合わせて支え、それを維持し、それを発展させることである。そういうことを考えさせられました。

「唯信」とは何か

その『唯信鈔文意』の一番はじめに題号を述べて、「『唯』はたゞこのこと一」といわれています。それが唯です。

「ただこのこと一つ」の「ただ」というのは、三つの意味があって、一つは簡持といいます。簡はえらぶという意味で、簡持とはえらび、たもつということです。そこに「ただ」ということがある。したがって、えらぶということのためには、智慧というか、深い考えが要るのです。二つには決定。ただこのこと一つととり定める。決断です。そして、三つには顕勝という。これだけがすぐれている。ならぶものなしという。そういうところに「ただ」という意味があります。

ところで、人間が「ただこのこと一つ」という時は、非常な危険性をもっています。いつも申し上げるのですが、このこと一つ、という時代がきたら、非常に危ないと思わなければいけません。私どもは不幸な戦争をしてきた、はじめは昭和十二年、日華事変です。その前の昭和六年には、満州事変が起こった。そういう戦争を小さい時から体験してきました。そして戦争になると、「ほしがりません勝つまでは」という形で、「ただこのこと一つ」が出てくるのです。こういう時は、危ないと思わざるをえません。以前のソ連などは、共産主義一つ、スターリン一辺倒でした。中国は毛沢東この人一人。危ない危ない。だからソ連も七十四年間で、ひっくり返ってしまった。一つじゃいけない。偏っている。人間がこのこと一つと言いはじめると危ない。

本当の健全な生き方は、選択肢として二番目、三番目をもっていて、これがまず一番、しかしこれがだめならこれでいこう、これでいかん時はこれでいこうというふうに三つくらい候補をもっておくと、まあ健全と言えるんじゃないですか。世の中は思うとおりにはならないのに、このこと一つというのは、クレージーというか狂気のさたですよ。だから人間がこのこと一つと言い出したら警戒が必要です。

しかし、もし人間にこのこと一つということがなかったら、それは弱いといわねばならない。これが悪ければ次はこれ、とそんなことをいっていたんじゃ、決断にはならない。このこと一つということがなければ、しっかりとした歩みはできません。

本当の「ただ」は如来の決断です。人間の「ただ」ではなく、如来の「ただこのこと一つ」それが大事なのです。如来の「ただ」が人間の「ただこのこと一つ」となったら、人間の上に本当に間違いのない生き方、強い生き方が生まれるのです。しかし、如来の「ただ」というものが本当にあるのかどうか、それを知ることが大切です。如来は選びに選んで、ただこのこと一つ、と願ってくださった。選んでくださったものを、選択本願という。それがわれわれに本当にわかるかどうか、それが求道の大問題なのです。

「唯」はただこのこと一つと選びたもつ。人間が選んだものはあやしい。人間がこれ一つと言ったものは当てにならない。それは、人間には智慧がない、本当の智慧というものをもたないからです。

時に欲にくらまされるということがある。煩悩をもっているから、判断を誤るということがある。人間は本当に「ただこのこと一つ」と自信をもって言いきる力はない。しかし、それが成り立つところを「唯信」と言うのです。

「信」はうたがふ心なきなり、即ちこれ真実の信心なり、虚仮はなれたる心なり。(聖典五〇一頁)とあります。信はまことという。真という。まこととは何か。信に二つある。一つは、「教信行証」の信である。教がある。その教を聞いて、信じて、行じて(実行して)悟りをうる。これは人間の信。普通の宗教はすべてこの信です。

もう一つの信は、「教行信証」です。これは、教えを聞いて、行じて……ではない。教えの中にこもる行、教えの中にこもる如来のはたらき、如来の徳を聞いて、とうとうその如来のはたらきがわれわれに届いて、如来のまことが私の中に生きて、教行至り届いて信証を生ず。如来から届くまごころ、それが信であり、「唯信」の信なのです。

信という字を英語でいえばFaith(フェイス)といいます。キリスト教ではFaithです。フェイスという字は大文字で書いてあって、バイブルにある言葉を信ずる、それを信用してその通り実行していく。その信を日本語に直すと信頼ということになります。バイブルに対する信頼、神の言葉に対する信用です。

一方、「教行信証」の「信」は、Shinである。そういう信は英語にはありません。ドイツ語にもない。じゃあ何と言ったらいいのか。何も言いようがないからShinという。日本にもあって、向こうにもあるならば、訳すことができますが、こっちにあって向こうにないものは訳せません。

仏教でいう信はキリスト教にはありません。信頼するというのならある。人間が信頼するというのはある。それはFaithです。しかし、これはキリスト教の信であって、仏教の信ではありません。如来のまごころがついに人間の上に届いて、人間のまごころとなっていく、そのこと一つ、ただこのこと一つが虚仮はなれたる心であり、そしてついに虚しくなることのないもの、そういう信が、仏道成就のたった一つの道である。そのことをあらわしているのが、「唯信鈔」という題号なのです。唯信というのは、『唯信鈔』の一番はじめに、「ただこのこと一つ」、如来の廻向が届いて生まれたその信だけが、ただ一つ仏道成就の根本である。ただこのこと一つ（信）が仏道成就の道であるというこころなのです。

「唯」とは「ひとり」

次に、「唯」は「ひとり」とあります。この「ひとり」ということについて聖人はあまり詳しく解釈しておられません。ただ、

また「唯信」はこれ他力の信心のほかに余のことならばずとなり。（聖典五〇一頁）

とあります。ひとりとは、独立、唯信独達をいいます。信心が成り立つと、その信心のひとりばたらきで往生していく。信のほかに、もう一つ何か揃えなくてはならないということがない。信心の徳の中にすべての徳がこもっていて、信心のひとりばたらきで仏道成就していくという、そういうことをひとりという。並ぶものがない。ほかのものでそれを支える必要がない。そういうことが述べられています。

仏道とは何か。仏道成就とは何か。仏になるとは、高次元の世界の存在となることです。高次元とは何か。それは、われわれはいわば卵のような存在で、生まれたときは殻の中に入っている。殻がわれわれを守っている。殻の中には黄身と白身と胚があるが、その殻は何か。それは名聞、利養、勝他、あるいは煩悩といってもいい。自己保全の意識です。つまり、自我意識の殻の中に入っている。しかし、それがないと生きていけない。他を押しのけてでも餌を食べようという本能を鶏はみなもっています。私は毎日、鶏の世話をしているから、鶏はみんな馬鹿な奴だなあとよく考えます。他を押しのけなくてもみんなにちゃんと配っているんだから、食べるものは十分あるのに、本当に愚かな奴だなあと思います。

しかし、人間も同じことで、押しのけて食わんと食べるものが手に入らないと思っています。ちゃんとあるんですが、弱い奴をいじめる。いじめるな、いじめるなというけれども、一つもわからない。鶏というのはいくら言ってもだめ。要するに自分を守るために、競争心というか、負けちゃならんという意識でふりまわされているんですね。

仏道成就とは何か。われわれはこの殻の内側で生きているのです。この外側を如と言い、一如と言います。そして、仏道とは一如の世界に出ることです。それなら、殻を出るためにこの殻を破ればいいと思うわけですが、そうではない。殻を破ったら中からどろんとした黄身と白身が出るだけで、それは自殺に過ぎない。卵は死んでしまいます。殻を出るには、適当な熱を与えられ、目玉が付き、嘴が生え、足が生えて、殻の中で卵からヒヨコに成長していく、そのことが殻を破って、広い世界に出る第一歩になるわけです。そしてついに、殻が破れてヒヨコに変わって出ていく。それを菩薩というわけです。これが成長ということです。

それは信だけがひとり立つ。如来の熱が届いて、ついにその熱が彼を成長せしめる。この熱は如来のまごころです。如来の信です。それが人間を成長せしめる根本なのです。唯信独達。如来の働きが届いて私に信が生まれることが、私の成長となり、殻から出て広い世界をもつことができるわけです。現代はそういうことが要求されています。しかも、世界的に要求されている。学歴の問題でなく、男女の問題でなく、年齢の問題でなしに、どんな人にでも殻を出て、大きな世界へ出るということが要求されています。こうして初めて本当に助け合っていける人が生まれる。殻をもたないから人を許すことができ、人を愛することができ、人のために働くことができる。自分のポケットを肥やすことだけに力を入れずにすむ人が生まれてくる。それが仏道成就なのです。それはただ一つ、この信が生まれることが中心なのです。

聖人は「唯信」ということを、「このこと一つ」ということを、それは如来から与えられるのである、それが唯信である、これが仏道成就のたった一つの道なんだとおっしゃり、そのことを「ひとり」と言われています。

出典は法照

『唯信鈔文意』の第二条のはじめには、まず漢文の文章が出ています。そこから読んでみましょう。

如来尊号甚分明　十方世界普流行　但有称名皆得往　観音勢至自来迎

「如来尊号甚分明」、このこゝろは「如来」と申すは無碍光如来なり。「尊号」といふは南無阿弥陀仏なり。「尊」はたふとくすぐれたりとなり。「号」は仏になりたまうて後のみなを申す。「名」はいまだ仏になりたまはぬときのみなを申すなり。この如来の尊号は、不可称・不可説・不可思議にましします故に、一切衆生をして無上大般涅槃にいたらしめたまふ大慈大悲の誓のみななり。この仏のみなはよろづの如来の名号にすぐれたまへり。これ即ち誓願なるが故なり。

（聖典五〇一頁）

「如来尊号甚分明　十方世界普流行」。この文章は『唯信鈔』の中にこのまま引用されていますが、それを聖覚法印はほとんど説明しなかった。読み方も教えていないので、関東の人たちがこれを読むのに大変苦労した。聖人はこの漢文の文章を抜き出して、その文の意を書かれた。それが『唯信鈔文意』です。この文については、この章の終わりに次のように言われています。

この文は後善導法照禅師と申す聖人の御釈なり。この和尚をば法道和尚と慈覚大師はのたまへり。また伝には廬山の弥陀和尚とも申す、浄業和尚とも申す。唐朝の光明寺の善導和尚の化身なり、このゆゑに後善導と申すなり。

（聖典五〇四頁）

「如来尊号甚分明」のこの御文は後善導、善導の生まれかわり、後の善導、第二の善導とうたわれた法照禅師の御釈を書いたものであると言っているわけです。唐の首都でありました長安に光明寺というお寺があって、終南山を出た善導和尚がそこに滞在して化導された。そこで善導を光明寺の和尚という。長安は現在の西安です。法照禅師は第二の善導といわれた方です。

善導和讃の二首目をご覧ください。

世々に善導いでたまひ　法照・少康としめしつゝ、

功徳蔵をひらきてぞ　諸仏の本意とげたまふ　（聖典一六二頁）

「功徳蔵」は如来の功徳、名号の功徳をひらく。「法照・少康」は人の名前。いまはこの法照禅師を「世々に善導いでたまひ」と言われています。善導が生まれかわり、たちかわりして、中国のその後に出てくださったと言われるほど、すぐれたお方であった。親鸞聖人もこの法照禅師という方には注目されておりまして、『教行信証』の行巻に引かれています。法照禅師の『浄土五会念仏略法事儀讃』を引かれている。聖典のそこに「『称讃浄土経』に依る。釈法照」とあります。そこを読んでみましょう。

如来の尊号は甚だ分明なり、十方の世界に普く流行す、
但名を称するのみ有りて、皆往くことを得、
観音・勢至 自《おのづか》ら来り迎へたまふ。　（聖典二〇四頁）

ここでは「如来尊号甚分明　十方世界普流行　但有称名皆得往　観音勢至自来迎」を聖人はそういう読み方をしておられます。『称讃浄土経』によって、法照禅師が著わされた文であるということです。『称讃浄土経』は『阿弥陀経』の異訳の経典だと言われています。『阿弥陀経』の異訳の経典から法照禅師がこのような文章を作られ、『五会法事讃』に記しておられるということです。

「獲」と「得」

では、本文に返りましょう。さきほど読みましたように、第二条の冒頭の部分は如来尊号というのが主語になっております。如来は如より来生して、われらのために働きかけてくださる。その如

来の働きは尽十方無碍光、そういうお働きの如来である。「尊号」というのは、「尊」はとうとくすぐれた名号、それを本願の名号という。本願の名号は南無阿弥陀仏である。お徳をあらわす時は、尽十方無碍光如来と申します。また南無不可思議光如来ともいいます。これらをお徳をあらわす徳号といいます。しかし、本願の名号は南無阿弥陀仏である。本願の名号というのは、如来がわれわれに自己の全体を届けて、仏たらしめようという、そのお働きをいう。そのような南無阿弥陀仏を本願名号というのである。ただ、このところが、理解するのに少々面倒なところです。

親鸞聖人の教義を頂く中でいちばんわかりにくいのは、この南無阿弥陀仏です。もう一つは浄土というのがわかりにくい。浄土真宗ですから、浄土というのははっきりしているように思われがちですが、浄土というのは非常に間違いやすい。南無阿弥陀仏というのも、またわからないですね。それをわからせるために、

「号」は仏になりたまうて後のみなを申す。「名」はいまだ仏になりたまはぬときのみなを申す。（聖典五〇一頁）

と、このように二つに分けられています。「自然法爾章」の冒頭では、すこし違った表現で出ています。

獲の字は因位のときうるを獲といふ。得の字は果位のときにいたりてうることを得といふなり。名の字は因位のときのなを名といふ。号の字は果位のときのなを号といふ。（聖典一七五頁）

「獲」もうる。「得」もうる。しかし、獲と得は区別されている。獲は因位のときにうる。凡夫のわが身にえられるのが因位で、それを獲といい、得は果位のときにうる。仏となったときえられる

ことを得という。

「信心獲得」といいます。信心をうるというとき、獲も得も一緒になっています。「必獲入大会衆数」といいます。「大会衆の数に入ることを獲」という意味ですが、この時は獲になっている。獲のときは、因位のときにうる。因位と果位とある。衆生の因位、衆生がこの世においてまだ仏とならないとき、すなわちまだ凡夫として生きておるときうるのを獲という。果位というのは、果は悟りの世界。衆生が仏となったとき仏果を得たとき、そのときうるのを得という。信心獲得は獲の方に力があって、信心はこの世で生きているうちにえられるものである。そういうのを信心獲得という。大会衆というのは弥陀の大会といって、大きな会座（阿弥陀如来が説法をしておられるのを広大会といい、略して大会という）、その広大会の仲間に入る。そして弥陀の説法を直々に身に受ける。それを大会衆といって、必ずそれになる。それはこの世である。生きているわれわれが大会衆の中に入る。それを獲というのですが、ではどこでうるのかというと、浄土に入ってそこでうるというのです。

『教行信証』の証巻に、次のようなお言葉があります。

「入第一門とは、阿弥陀仏を礼拝して彼の国に生ぜしめんが為にするを以ての故に、安楽世界に生る〻ことを得しむ、これを『入第一門』と名く」とのたまへり。仏を礼して仏国に生ぜんと願ずるは、これ初の功徳の相なり。「入第二門とは、阿弥陀仏を讃嘆し、名義に随順して如来の名を称し、如来の光明智相に依りて修行せるを以ての故に、大会衆の数に入ることを得しむ、これを『入第二門』と名く」とのたまへり。如来の名義に依りて讃嘆する、これ第二の功

徳相なり。（聖典三一二頁）

入第一門、入第二門というのは浄土に入った相である。それは死んでからのことではない。なぜかというと、二番目の大会衆の数に入るというのは、聖人は「正信偈」の中で「必獲入大会衆数」と言われた。この世でえられるものを獲といわれるのですから、それはこの世の話ですね。したがって第二門がこの世であるならば、もちろん第一門もこの世であって、入第一門、第二門までは、いわゆる信心の人がこの世でえられることをいってあるわけです。もっとも原文は得になっています。第一門は近門といい、浄土の門がひらけてそこに入っていって、涅槃の門に近づくのです。そして、弥陀の説法を直々に聞くような広大会の人となる。大変なことなんです。

すると、われわれは死んでから浄土に往生する、この世で浄土に往生するんではないんだと、長いあいだ、聞いておったような気がするのですが、それはどうなんだと、この辺の説明が非常に困難になるわけです。この世で浄土に入るのだというのが、大事な教えなのです。それはいったいどういうことなのか、もう一つ言わねばならないことがあります。

「得至蓮華蔵世界」。これは「必獲入大会衆数　得至蓮華蔵世界」と続く「正信偈」のご文ですね。聖人は蓮華蔵世界に至ることを得ると、ここは得にしておられます。蓮華蔵世界とは涅槃のことをいい、弥陀の浄土をあらわしている。涅槃に至ることを得る、というのは果位。つまり、仏になって得るわけです。

一方、必獲入大会衆数の方は、仏にならないうちに大会衆の数に入ることを獲る。浄土涅槃は仏になって得る。この二つはどう違うのか。これは、われわれの進展の段階を非常にうまく聖人はいっておられるのです。そのために獲と得、名と号と、こういうふうに分けていっておられる。

二河白道—求道とは何か

往生浄土していくということは、いったいどういうことか。これは基本的な問題です。

このことを非常にうまく言った人は、善導大師です。善導大師は二河白道を説かれた。こちらは東岸、東岸というのは現実の人生。そして西岸、これは如来浄土をいっている。その間に火の河、水の河がある。水の河は貪欲、火の河は瞋恚、怒り、腹立ち、そねみ、ねたみなどをあらわしている。ある人が西に進んでいく。それが、求道です。東岸から西岸めざして進んでいく。そこで火の河、水の河にぶつかって、にっちもさっちもいかなくなった。そういうことを説いているのが二河白道です。とどのつまりここに一つの道がある。道が見える。それを、二河の間に一つの道があるという。東岸に「君よ行け」と勧める人があり、西岸に「汝《なんじ》来たれ」と呼ぶ人があって、ついに進んでいくということになっている。

これを九〇度、左に転回させてひっくり返すと、非常にわかりやすくなります。どうなるかというと、火の河と水の河があって、上が東岸で、下が西岸、つまり如来浄土になる。そこで、求道とは何か、往生浄土とは何か。われわれは現実の人生を行きつもどりつしている。われわれは東岸をあっちへ行ったりこっちへ行ったりして、どこかに幸せはないかとうろうろしている。私の心、すなわち貪欲の心、瞋恚の心、愚痴の心、そういう私自身の心はほっておいて右往左往している。これがわれわれの現実です。では、求道とは何かというと、私のこの心自体を問題にすることです。

で、如来浄土はどこにあるのか。私のこの心の下にあるのだ。下とは何か。心の底にあるのだ。底とは何か。われわれの心のかなたにあるのだ。そこが大事なところなんです。

心のかなたにあるとはどういうことか。それは、殻です。殻が貪、瞋だ。この殻の中にいて右往左往しているのです。その殻の向こうに大きな天地があるのだ。求道とは私の心自体を問題にしていくこと。そして、そういう道が開けることが、往生浄土なんだ。どこか西の果てに浄土があって、そこに向かって私が進んでいく、そして仏になる、そんな夢のようなことを考えていたら仏道はわかりません。そういうことだから、仏教は現実から離れたものになってしまう。浄土真宗というも、浄土門というも、具体的な内容がわからなくなってしまう。しかし、現実はそんなことになってしまった。

善導はそこを実にうまく言われた。あなたが自分というものを問題にしないで、この世でああだこうだ、こうだああだといって右往左往しているのを迷いというのだ。迷うのもこの世で大事なこと。けれども仏教は一つの方向をもたねばいかん。それは自己自身を問題にするという方向である。それが宗教の根本なんだ。自己自身が問題なんだ。この方向をもつというのがまず第一歩なんだ。そして、この方向を貫いていくと、とうとうあなたは大きな世界に出て、いわば脱皮することができる。本当の成長の姿はそこにあるのだ、というのが本来の仏教である。

しかし、この火の河と水の河の真っただ中を行くという力は、われわれにはない。そういう力はもっていない。その道は如来がつけてくださる。如来の願心、南無阿弥陀仏が私の白道になってくださる。それを廻向という。如来が私の道になってくださるのを廻向という。その道は南無阿弥陀仏。そして、南無阿弥陀仏が私に届いたところを号といい、まだ届かないときを名というのです。

その道が与えられるから進んでいける。この道が南無阿弥陀仏。南無阿弥陀仏が私の心に届いて、私が進んでいく道になってくださるのです。この道を一歩一歩進んでいくのは因位のとき、つまり私はまだ生きている。それを信心を獲るという。そのときに私は、もはや大会の衆なんだ。火の河、水の河の真っただ中にいるんだけれども、南無阿弥陀仏の願力の中を生きていて、私はもはや大会の衆である。したがってこの白道の上は、浄土のはしっこなんです。浄土の尖端なんだ。だから浄土に入ったという。白道の上を進むものはすでに浄土に入っている。だから、必獲入大会衆数であり、入第二門なんだ。しかし二河は現実の人生。なぜかというと私の心の中だから。しかし、西の岸に至りついたら、そこは如来浄土で涅槃、これを得至蓮華蔵世界という。そこで仏になるわけです。白道の上は菩薩。必定の菩薩。正定聚の菩薩。しかし、菩薩はすでに浄土の中の存在である。同時に、まだ現実人生の中の存在。それは必獲入大会衆数である。そして、得至蓮華蔵世界。われわれは二河を出たところで仏になる。二河を出たら煩悩を離れる。そこが仏となるところです。往生浄土とは、白道の上に立つこと。そこで旅人になる。それが往生浄土のはじめです。それを入第一門といい、近門という。つまり、涅槃に近づくわけです。それが成り立つのは礼拝門。如来の前に頭が下がるというところに、われわれは往生浄土の旅人となる。二河の真っただ中を歩いていく人になるのである。これが往生浄土の始まりです。

そして、一歩二歩と進むところを大会衆の数に入るという。これも生きているうちですね。大会衆の数に入って、そしてとうとうそれを渡りきったところが得至蓮華蔵世界。ここまで行くにはまだまだ道が残っているんですよ。おまえはまだ何年くらい残っているのかと言われてもよくわかりませんが、あんまりもう長くはない。けど、まだまだ生きているだろう。男性は平均寿命が八十歳とすると、私はもう五年くらい生きそうだという計算になります。まだまだ得至蓮華蔵世界まではいかないが、大会衆には入っている。だから、必獲入大会衆数。皆さんも同じですよ。皆さんも白道に立ったときに、浄土の人になるのです。これが正定聚です。

私に教えが届く

次に、名と号。これが今日の本題です。「名の字は因位のときのなを名といふ」。聖人は非常に用心深く、「因位のときのな」と、「な」を仮名で書いておられますね。「号の字は果位のときのな」。さきの獲得は衆生でした。衆生がこの世にいる時を因位という。しかし名、号というのは、われわれ衆生の問題ではありません。これは如来の問題である。如来の因位のときのなを名といい、果位のときのなを号という。これは獲得とは少しちがいます。

如来の因位とは何か。結論からさきに言うと、如来が名ばかりであって、如来がまだ働きを起こさない時、それを因位といいます。果位というのは如来の働きが届いたときで、そのとき号という。

では、如来が働きを起こすという、如来の働きとは何か。如来の働きは、それを徳といいます。無碍光如来というとき、無碍の光を放って照らす。そういう働きです。それを光明無量ともいいます。もう一つは寿命無量。これを合わせて阿弥陀といいます。すなわち、阿弥陀はサンスクリット語では、寿命無量をアミターユス、光明無量をアミターバといいます。一緒にして、アミタです。

そこで、阿弥陀がそういう名ばかりで、まだ働きを起こさない名ばかりのとき、光明無量と寿命無量を合わせてアミタという名称だけの仏のとき、その名称を名というわけです。ところが、私に届いて光明無量と私を照らし、照らし育て、とうとう照らし破り、さらに照らし護ってくださる。私が照らされて、照らされて照らしきられて、南無阿弥陀仏と私とが一体になる。寿命無量は如来の御いのちが無量であって、私を摂めとって、摂取不捨、捨てたまわない。それを寿命無量の働きという。こういう働き――照育、照破、照護と摂取不捨――を起こしてくださるとき号というわけです。私に届いて照らし摂め取る。そのときにこれを果位というのである。聖人はその点をかなり厳しく言っておられます。

弥陀の名号となへつゝ
信心まことにうるひとは
憶念の心つねにして
仏恩報ずるおもひあり
（聖典一四六頁）

これは冠頭讃ですが、この時は「弥陀の名号」となっている。それは南無阿弥陀仏が私に届いて私を照らしぬいて、摂め取ってくださるということを言っているからです。冠頭讃の第二は、

誓願不思議をうたがひて
御名を称する往生は
宮殿のうちに五百歳
むなしくすぐとぞときたまふ
（聖典一四六頁）

こちらは「御名」、つまり名になっている。第一首は名号になっており、第二首は名である。まだ誓願が徹底してない間は名と言われ、私にいたり届いて弥陀の名号が私に働いているところは名号になっている。こういうふうに分けて使っておられる。名号とか尊号とかいうときは、私に届いたときをいうのである。

では、私に届くというのはどういうことか。仏法を聞いていくと、私は私の心を問題にするようになる。そして、だんだんと深まってくる。自分というものを考えていく。そのことを照らされるという。このようにだんだん聞いて深まっていくと、われわれの心の奥にピカピカの金色まばゆい大信心というものが生まれて、私より立派な存在になって、聞法した甲斐があるということになると思う。それが初心者の考えです。

私は長い間、大学で仏教研究会をもちまして、後にその寮を作りました。昭和四十四年に作ったから、二十数年前ですね。百何十名かが卒寮しました。その間、正月の教育部会というのに参加する人を一人でも増やそうということが毎年の目標でした。それがだんだん増えていきました。そういう人たちの言葉を聞いていると、「今度、私が帰ってきたらピカピカよ」と言うんです。ははあ、かれらは教育部会へ行ったらピカピカになって帰ってくると期待しているんだなとわかりました。何がピカピカか。大信心を獲てピカピカになって帰ってくる。人格的にも行動力においてもピカピカになってくるだろう、と思うわけですよ。しかし実際にやってみると、どっこいそうはいかない。ピカピカどころじゃない。何かわからんけれども、心の奥にモヤモヤしたものがあって、鬼か大蛇か、へんちくりんなものが心の底のほうに出てくるのでありまして、こんなはずではなかった。これではいけない、もう一度やり直し、もう一ぺん聞き直しとなって、行きつもどりつしている。これが求道の実際の状況ですね。

如来の働きが届くというのはどういうことか。如来の働きは光明無量です。如来の光明が届いて、この私が何であるかがわかる。そしてもはや後ずさりをしなくなる。これが本当の私と照らされた。私はもう、逃げも隠れもしない。これが本当の私と目が覚めたところを、照らし破られるということです。

ところが、これが私というだけではわれわれは救われない。こんなお粗末な人間ならもう生きていないほうがいい、死んだほうがましだ、となるかもしれない。それを如来の御いのちは摂め取って、これが本当の私、「他力の悲願はかくの如きのわれらがためなりけり」（『歎異抄』第九章）と私を包んでくださって、それを念仏にしてくださる。南無阿弥陀仏と包んでくださるのを、如来の寿命無量というのです。だから、照らされるままが南無阿弥陀仏である。そのことを、如来が私に届くというのです。

南無阿弥陀仏の生活

如来の働きが届いた。如来が光明無量の働きを起こし、同時に寿命無量の働きを起こして、こういうていたらくの愚か者と知らせ、「他力の悲願はかくの如きのわれらがためなりけり」と摂取不捨してくださって、南無阿弥陀仏になった。そこに如来の働きが届いている。このときを名号という。南無阿弥陀仏の名号が成就したのである。南無阿弥陀仏といいながら、まだ名ばかりで私を照らさない。私を包まない間は私は行きつもどりつしている。その時は名です。誓願不思議をうたがいて御名を称しておる。名号にならない。信は「弥陀の名号となへつゝ」である。差があるのですよ。届いたすがたが「弥陀の名号となへつゝ」です。そして、それを聞其名号というんです。

名というと、名前だけの仏にとどまっている。名前だけの存在。まだ事実にならない。これを名《な》告《の》りという。名告りはあげたけれどもまだ届かない。それに対し、号は叫びです。本当に事実になった。南無阿弥陀仏が事実になった。それが号。それを聞其名号という。南無阿弥陀仏が名号にならなければならない。ただの名ではいけない。

如来尊号というときには、号がついていますから、如来の御働きが届いて、私の上に南無阿弥陀仏が聞其名号されている。光に照らされ如来の御いのちに摂取されている。そういう姿が号です。そこで、そういう目でお聖教を見ていくと、非常に立体的にわかってくることがあります。

南無阿弥陀仏の由来を考えますと、

超世無上に摂取し
選択五劫思惟して
光明・寿命の誓願を
大悲の本としたまへり
（聖典一六八頁）

光明無量の願と寿命無量の願を大悲の根本として、そこに二つのものができた。一つは何か。南無阿弥陀仏である。アミターユス、アミターバ、合わせて阿弥陀となってくださった。それを如来と申します。もう一つは真仏土、浄土となってくださった。これを聖人は真仏土巻というところに出しておられます。だから南無阿弥陀仏というのは、一つは真仏、一つは真土。それがともに光明無量、寿命無量ということなのです。

南無阿弥陀仏が如来であるとともに浄土である。土というのは世界ですね。世界というのは一面からいうと僧伽の意味があって、そこに人がいる。どんな人がいるかというと、菩薩である。如来の教えを聞いて実行する人がいる。よき師よき友がいる。そして生活がある。生活とは何か。生きとした生活。これは手前味噌のような話になって申しわけないが、安藤光子さんの子供さんの安藤政文君が、私の所に二年ばかりおりました。何年も前のことですが、とうとういろんなことで帰りましたけど、彼は非常に木を切るのが好きなんです。鋸を持たせておくと、木をわざわざ切って薪を作ってくれたり、枝を落としてくれたりしました。寮では朝晩勤行があり、また会座がある。寮を去るとき彼が「巌松寮には生活があった」と言ったんですね。私としては、実にありがたい言葉でした。巌松寮には、生活があった。うーん、そうか、よかったなあ。政文君に生活があった。飲んで食って、寝ただけではない。生活があった。

生活とは何かというと、如来中心の生き方ですね。如来の教えを聞き、如来に奉仕し、如来のためにつくし、よき師よき友とともに行動する。そこに如来ましまして、その教えに従って念仏し、仏法のために供養し、人々のためにつくすという生活が、浄土の生活です。如来浄土が南無阿弥陀仏。したがって、南無阿弥陀仏を本当に頂いたら生活が生まれる。そして、よき師よき友が与えられるんです。如来の教えが耳に入るようになる。如来中心の生活が生まれる。

それを届けるために第十七願があって、諸仏にわが名を讃えよ、わが名を届けてくれよ、聞かしめよといって願われたのが十七願です。そして、それが本当に聞き届けられるのが十八願です。しかし、そこまでまだ聞き届けられない、光明無量、寿命無量の願によってすでに浄土が建立され、南無阿弥陀仏が諸仏の上まできて、そこで諸仏は南無阿弥陀仏、南無阿弥陀仏と勧めているんだけれども、まだ私には届かない。そのときを名というのである。名ばかりの仏。しかし、それが私に届いたら、聞其名号、信心歓喜になる。届いたところを号という。聞其名号というのである。そのときに名号になる。それまでは名なんだ。このように聖人は教えられ、われわれに仏の意を明らかにしようとされたのです。

深励と法海の解釈

ただ、この解釈にはいろいろあります。例えば香月院深励師の講録が『真宗全書』にあり、もう一つ法海という人の講録が『真宗大系』にあります。二人ともお東の方です。この二人の解釈を見てみると非常によく似ています。二人の解釈は、仏になりたまわぬとき、つまり本願をたてただけのとき、それと仏になりたもうて後、これは永劫の修行が成就した後、こういう解釈です。例をあげると第十七願、これは願文でありまして、それは諸仏に願われた。そこでは名になっております。

設ひ我仏を得んに、十方世界の無量諸仏、悉く咨嗟して我が名を称せずば、正覚を取らじ。

（聖典一六頁）

わが名になっている。名号になっていない。それはなぜかというと、本願をたてただけで、まだ仏になりたまわないときだから、名になっているという。次に、三十四願を見ると、設ひ我仏を得んに、十方無量不可思議の諸仏世界の衆生の類、我が名字を聞きて菩薩の無生法忍・諸の深総持を得ずば正覚を取らじ。（聖典一九頁）

以下、三十五願も三十六願も、三十七願も、わが名字になっています。このように願の中では、名号と使わずに名字となっている。まだ本願をたてただけである。

しかし、その本願をたて終わって、兆載永劫の修行をとげられた。そのことが『大無量寿経』の勝行段というところに出ておりますが、その段の終わった後に、十二光仏というのがあって、

この故に無量寿仏をば無量光仏・無辺光仏・無碍光仏・無対光仏・焰王光仏・清浄光仏・歓喜光仏・智慧光仏・不断光仏・難思光仏・無称光仏・超日月光仏と号す。（聖典二七頁）

とあります。この十二光仏は、「……と号す」となっております。これは仏となった後である。このような例をあげています。わかりやすいといえばわかりやすいが、ピントが少しずれた解釈でピタッとこないところがあります。

この深励という人は偉い人で、東本願寺の講師ですね。教学の最高責任者で、現在もたくさんの書物が残っています。非常に博学というか、すぐれた人です。けれども、この人の講義であまりパッとしないのは、一つは『歎異抄』の講義です。もう一つは『御一代聞書』ですね。もう一つはこの『唯信鈔文意』がパッとしないですね。安田理深先生に言わせると、この人は啓蒙的である、と。啓蒙的というのは、初歩の人にはわかりやすい話をされるが、深い話にならん、ということですね。

一方、法海という人の『教行信証』の講義はすぐれていますね。しかし、両人ともこういう解釈をしております。

ここでは、仏になるとか、なりたまわぬとかということが、私というものと関係なしに、仏さまが修行を通して仏になったという話になってしまっている。そういうもんだろうか。南無阿弥陀仏が仏になるというのは、そういうものではないんじゃないか。そこのところが深励さんでははっきりしていないところがあります。

如来の作願をたづぬれば
苦悩の有情をすてずして
廻向を首としたまひて
大悲心をば成就せり
（聖典一六九頁）

この和讃を忘れてはならない。これは聖人が八十六歳になって『正像末和讃』に、『論註』に基づいて作られた。聖人が非常に深く頂かれた文章なんです。『教行信証』に三回も出てきます。廻向を首としたまいて、大悲心を成就されたのが如来本願だということを、くり返しくり返し頂かれた。

如来の本願は苦悩の中に沈んで、何らの救いの道ももたないわれら愚鈍のために、わが身を廻向しようという、そういう本願なのだ。南無阿弥陀仏を届けたいという本願。それを成就していくところに、大悲の成就がある。その廻向が成就することが、南無阿弥陀仏が届いてくださることなのです。それが如来大悲の成就。それが本願の成就。それが仏になりたもうことである。

つまり、仏は私に届いてはじめて仏になるのである。それまでは仏にならないのだ。名ばかりなんだ。そこに廻向成就。私に届いて、私の信心念仏になってくださるところに本願成就、そのところに如来名号になるんだ。如来が本当に如来になるんだ。そうでないと、仏が永劫の修行をとげたというのはいったい何のことか、具体的にはどういうことかわからない。この二人はわかっているとは思いますが、不親切ですね。解釈が徹底していない。

私は文句を言っているんじゃありません。そういう心では毛頭ない。私は法海さんにも深励さんにも、ずいぶん育てられました。ですから、お礼を言いたいくらいである。が、人間はどこかでぬけているところがありますね。そこのところは知っておかんといけません。この解釈はぬけていますよ。そういうところがわかるようになるというのは大事なことです。

で、深励、法海の解釈は間違っている。仏になりたもうた時というところが間違っている。永劫の修行というのは、仏になるための修行なんですが、諸仏称名のところまで成就している尊号を私に届けるために、そこに永い永い修行が成されているのである。その永い永い修行が成就するということは、仏が仏になるというよりも、名号が私に届いてくださるということがいちばん大事な点である。廻向の成就、ここがいちばん大事なところである。その廻向の成就が十八願の成就です。

十八願のこころ

仏が仏になるということは十八願成就、本願成就です。そのときに仏が仏になる。本願成就ということは、十八願成就である。この十八願が成就するということも、わかりにくいところです。そもそも、十八願というのがわかりにくい願です。これは何べんでも聞かされるから、われわれはわかったような気がする。けれども、非常にわかりにくい願です。

十八願は「設我得仏　十方衆生　至心信楽　欲生我国　乃至十念　若不生者　不取正覚」という願です。十方の衆生よ、至心に信楽して、わが国へ生まれんと欲え、乃至十念せよ、あるいは十念せん。若し生まれずば正覚を取らじ。そもそも十八願とは何を願っておられるのか。欲生我国の心を起こせよと願っておられるのか。乃至十念は念仏申せといわれているようだと何となくわかるが、至心、信楽、欲生我国はいったい何なのか。そういう心であれよといわれると、至心はまごころ、信楽は信心、欲生我国は願生の心。そういうものをもてよ、と言われているのかどうか。そこが十八願のわかりにくいところだと私は思う。そのわかりにくい願を、われわれにわかりやすく教えてくださったのが親鸞聖人であって、十八願というものにぶつかって明らかにしてくださった。それが信巻です。十八願を理解する道を教えてくださった。

どういう方法でその十八願のこころを明らかにされたかというと、聖人は十八願のこころを理解する道として、二つあげられた。それが信巻のはじめの方に出ています。

至心信楽の本願の文『大経』に言はく。設《も》し我仏を得たらんに、十方の衆生、心を至し信楽して我が国に生れんと欲うて、乃至十念せん。もし生れずば、正覚を取らじ。唯五逆と正法を誹謗するとをば除く、と。（聖典二三四頁）

これが、いま言ったように非常にわかりにくい。何がわかりにくいかというと、「心を至し信楽して我が国に生れんと欲う」、どうしたらそういうこころになれるのか、よくわかりません。

そこで、異訳の経典、今回は『無量寿如来会』と比べてみて、魏訳の経典のさきの十八願文を考えてみたいと思います。『無量寿如来会』を読んでみましょう。

『無量寿如来会』に言はく。もし我無上覚を証得せん時、余の仏刹の中の諸の有情の類、我が名を聞き已らんに、所有の善根心心に廻向せしめ、我が国に生れんと願じて、乃至十念せん。もし生れずば、菩提を取らじ。唯無間の悪業を造り、正法及び諸の聖人を誹謗せんをば除く、と。

（聖典二三四頁）

似ているのは出だしの部分です。「設し我仏を得たらんに」は、「もし我無上覚を証得せん時」ですね。「十方の衆生」は「余の仏刹の中の諸の有情」。「我が名を聞き」というのが『如来会』には出ていますが、『大経』の方にはありません。その次は全然違っています。次の図を見てください。

十八願（魏訳『大経』）		（唐訳『無量寿如来会』）
至心 信楽	―――	所有の善根 心心に廻向
欲生我国	―――	我が国に生れんと願じて
乃至十念		乃至十念

唐訳は唐の時代になって、玄奘三蔵がインドから十数年の留学を終えて帰ってきて、その弟子が『大無量寿経』をもう一度訳し直したのが『無量寿如来会』といわれています。

「至心信楽」に相当するのは、「所有の善根心心に廻向」です。「所有の善根」は如来がおもちになっているその善根、すぐれた功徳を人々の心にすべて廻向しようという願いです。その所有の善根が、至心信楽なんだ。「欲生我国」は「我が国に生れんと願じて」。「乃至十念」は同じです。

つまり、十八願というのは、如来の至心・まごころと信心を、みんなに廻向したいという願である。そのことが異訳の経典からわかります。これは魏訳の経典だけではなかなかわからない。しかし、異訳の経典から見ると、十八願は如来が自己の至心信楽を衆生に廻向しようという願なんだ。それを廻向されるところに、欲生我国という心が生まれて乃至十念の念仏が成立するのだ。そういうことになります。

だから、聖人は十八願を至心信楽の願であると、徹頭徹尾言われる。十八願というのは至心信楽の願なんだ。至心信楽は如来の善根。これを廻向したい。廻向は届けたい。それが成就するときに、本願が成就するのである。それが成就しなければ我正覚を取らじというのが、如来の誓いなんだ。したがって、それが届かない限り仏は仏にならない。永劫の修行の終わりに仏になるのではない。そういうことでなしに、仏が仏になるというのは、その廻向が届くときに、そのときに正覚をとられるのである。その点で、深励さんと法海さんの解釈はピントが狂っておると私は思うんです。

本願成就文

次に本願成就文です。本願文はわかりにくいが、本願が成就したらどうなるのかという本願成就文と比べてみたら、本願の文のこころがわかるだろう。そこで、聖人はその次に本願成就文をあげられておる。それは二つありまして、一つは魏訳、もう一つは『無量寿如来会』が掲げられている。これを比較検討してみるとどうか。まず、本願成就文を読んでみましょう。

本願成就の文。『経』に言はく。諸有衆生、その名号を聞きて、信心歓喜せんこと、乃至一念せむ。至心に廻向せしめたまへり。彼の国に生ぜんと願ずれば、即ち往生を得、不退転に住せ

ん。唯五逆と正法を誹謗するをば除く、と。（聖典二三四頁）

ここに至心廻向というのが出てきました。如来がまごころをこめて廻向されたのである。何を廻向されたのか。信心歓喜乃至一念というのがあげられている。つまり諸有衆生聞其名号、その名号を聞くことによって、すなわち、十七願の諸仏が讃めたたえておられる名を聞いて、それが届いて廻向が成り立つのである。至心廻向が、信心歓喜である。

で、乃至一念。これは、次に『無量寿如来会』の成就文があって、それを見ると非常に大事なことが言われている。そこを読んでみましょう。

『無量寿如来会』に言はく。他方の仏国の所有の衆生、無量寿如来の名号を聞きて、よく一念の浄信を発して歓喜し、所有の善根廻向したまへるを愛楽して、無量寿国に生ぜんと願ぜば、願に随ひて皆生れ、不退転乃至無上正等菩提を得ん。五無間と正法を誹謗すると及び聖者を謗るとをば除く、と。（聖典二三四頁）

ここには、「よく一念の浄信を発して」とあります。一念の浄信、わずか一刹那にその信心を聞きひらく、その一刹那に廻向成就するのである。長い時間がなくてもよい。一念は一念の信をあらわしている。信一念ということです。

この本願成就文から見ると、如来の至心廻向とは、信心を廻向しようという願なんだということが裏付けられます。そして同時に、乃至十念という念仏の方は略されている。念仏申すということが略されている。したがって、成就文から見て、十八願は信心の願なんだ。信心を廻向したい、それが如来の善根なんだ。それが届くと、自然に念仏というのはついておるのです。十八願は信心の願なんだというのが、聖人の動かぬ確信であって、だから十八願は至心信楽の願とか、往相信心の願とか、本願三心の願とか、そのことをしっかりと言っておられる。

「如来の作願をたづぬれば　苦悩を有情をすてずして　廻向を首としたまひて……」。そこに与えられるものは、衆生われらにおいては信心である。信心が成就したときに、仏の廻向は成就し、そのときに仏は仏になられる。これは大変なことなんです。如来が如来になるとは、私に如来が届いてくださったときに、如来は如来になられるのである。私に届かないかぎり、如来は永遠に名ばかりの仏であって、本当の仏にはなれないのである。したがって、「南無阿弥陀仏の成就において彼と我とは一つなり」。大変な願なんです。

私の非常に好きな詩に、

「南無不可思議光如来、生れさせたまいぬ我が胸に……彼と我とは一つなり」

なるほどと思うところがありますね。南無不可思議光如来というのは南無阿弥陀仏である。それが私の胸に届いて、南無阿弥陀仏になってくださった。それをあれさせたまいぬという。南無阿弥陀仏はどこかにあるのではないんです。どこかにあるのではなしに私にある。私において南無阿弥陀仏はあるのだ。それを南無不可思議光というのである。私をおいて如来はない。あるのは名ばかりであって、仏になりたまわぬ名だ。私において仏になりたもうのだ。それを「彼と我とは一つなり」というのです。そこに南無阿弥陀仏というものの尊さというか、不可思議というか、まことに「南無阿弥陀仏」とお念仏申すほかありません。言葉では言いつくせないような感動を与えられるのです。南無阿弥陀仏において如来は私に届き、仏となるのである。

南無阿弥陀仏の誕生は、如来の廻向成就のときである。如来の廻向が成就して、衆生が至心信楽、欲生我国、乃至十念とならなければ、我正覚を取らじ、私は仏にならない、というのが如来の本願である。仏が仏になるのは如来の至心、信楽、欲生が私の信心となるときである。

くり返しになりますが、南無阿弥陀仏は、光明無量の働きと寿命無量の働きとが、その功徳である。功徳とは、その働きをいう。南無阿弥陀仏というのは働きであり、私を照らして照らして照らしぬく。その光明が届くことが廻向です。そうすると、私は照らされて照らされて照らしぬかれて、これが本当の私と目覚めるのである。さきのピカピカの私ではなく、お粗末な私です。十八願文で言えば、五逆と誹謗正法。五逆は恩知らず、ご恩を厚く蒙っておりながら、ご恩を思わない恩知らずの私。逆謗、自己中心で終わって、南無阿弥陀仏と如来に感謝することを知らない、如来無視の私。その私が本当の私になる。本当の私になるというのは、恩知らずの如来無視の、これが本当の私であると目が覚めることが、私が私になることである。それがそのまま、「他力の悲願はかくの如きのわれらがためなりけり」と如来によってそのままが念仏となる。それを如来の寿命無量の働きという。そのときに、如来は如来になる。

如来が如来になるとはどういうことか。今までは名ばかりであった。名前だけで、何の働きもなかった。それが今は届いて、私の南無阿弥陀仏になってくださった。私を照らして包んでくださった。そこに如来が如来となった。そして南無阿弥陀仏と私の念仏になってくださった。それを名号という。それが聞其名号であって、それを「仏になりたまうて後のみな」という。だから、私が本当に私になることが、如来が本当に如来になることである。南無阿弥陀仏が南無阿弥陀仏になってくださることが、私が自己にかえることなのである。彼は我とは一つである。「南無不可思議光如来、生れさせたまいぬわが胸に」。私の胸で如来になってくださるのである。

そういうことを名と号という非常に簡単な言葉で言っておられるのであって、名・号という言葉が出てきたら、注意しなければいけません。号というところが非常に大事なんだ。だいたい、本願の中ではほとんど名になっています。「わが名を称えよ」とか、「わが名を聞きて」とかが多い。しかし、一つだけ名号になっているところがあります。それは二十願で、「わが名号を聞きて」と、名号となっておりますね。私はどうしてここだけ「名号」になっているんだろうかと、いろいろ考えました。そして、ようやくある考えに到達しました。しかし、それは申さぬことにしておきます。皆さんも考えてください。考えることも大事です。聞いていくというのも大事だが、聞くのは考えていくことの材料の一つでもあります。

超世の悲願

凡小ということ

第二条の最初の部分を、読んでみましょう。

「如来尊号甚分明」、このこゝろは「如来」と申すは無碍光如来なり。「尊号」といふは南無阿弥陀仏なり。「尊」はたふとくすぐれたりとなり。「号」は仏になりたまうて後のみなを申す。「名」はいまだ仏になりたまはぬときのみなを申すなり。この如来の尊号は不可称・不可説・不可思議にましますゆゑに、一切衆生をして無上大般涅槃にいたらしめたまふ大慈大悲の誓のみななり。この仏のみなはよろづの如来の名号にすぐれたまへり。これ即ち誓願なるが故なり。「甚分明」といふは「甚」ははなはだといふ、すぐれたりといふ意なり。「分」はわかつといふ、よろづの衆生とわかつ意なり。「明」はあきらかなりといふ、十方一切衆生をことごとくわかちたすけみちびきたまふことあきらかなり、あはれみたまふことすぐれたまへりとなり。

（聖典五〇一頁）

「如来尊号甚分明」。

「分」はわかつといふ、よろづの衆生とわかつ意なり。「甚分明」というところで、「『甚』ははなはだといふ、すぐれたりといふ意なり。『分』はわかつといふ」。「分」ははっきりしているという意味だと思います。けれども聖人は、わかつといっておられる。よろづの衆生とわかつ。「明」はあきらか。「分」はまた、「十方一切衆生をことごとくわかちたすけみちびきたまふ」、異本では「十方一切衆生とことごとくわかつといふ」とあるようですが、一応よろずの衆生とわかちて救いたもう、十方一切衆生一人ひとりことごとくわかちたすけみちびきたもう。それが仏法における救いというものであり、救済というものであるという意である。ここは注意を要する大事なところである。まず法海の説を申しておきます。

『真宗大系』に法海の『唯信鈔文意』の講録があり、『真宗全書』には香月院深励の講釈があって、両方ともすぐれていますが、よく似ています。法海の解釈を出しておくと、だいたい深励さんの説も同じと考えてよい。この「わかつ」について、法海は次のように言っている。

弥陀は十方衆生の機類に応じ、分けて助けたもう。

一つの講録集の中に選ばれて載るくらいですから、この講録もすぐれたもので、注目を浴びているものでありましょうが、この解釈はあまりあたっていない。間違っているのではないか、と私は思います。一応この人はこう言っていますが、「わかつ」ということは非常にわかりにくいですね。十方衆生ことごとく十把ひとからげにして助ける、というのではありません。何故かというと、十方衆生というのは各々、機類がある。すなわち男性もあれば女性もある。老人もいれば若い人もおり、善人もいれば悪人もいる。だから、全部救うというだけでは漏れるものがでてくる。そこで、一つひとつの機に分けて、菩薩、声聞、縁覚、人天、そういうふうなものに分け、人天も上品、中品、下品というような九品に分け、とくに極重悪人というものに目をかけて、一人も漏れず、すべて分かって、すべて救おう、というおこころで、機類に分けるということを、法海は言っているわけです。

これは私は間違っていると思います。その理由は、弥陀はそのように分けなさることはあり得ないということです。どこに書いてあるかというと、『教行信証』の教巻、「弥陀誓を超発し……」というところです。

この経の大意は、弥陀誓を超発して広く法蔵を開きて、凡小を哀んで選んで功徳之宝を施すことを致す。釈迦世に出興して道教を光闡し、群萌を拯い、恵むに真実之利を以てせんと欲す。

（聖典一八一頁）

教巻を頂くと、『大無量寿経』という真実の教があって、十八願を説いてある。その弥陀の本願、すなわち弥陀の誓願は、選んで機に応じて分けて助けるのでなしに、「凡小を哀んで……」とあるように、誰を対象にして本願を建てておられるのかというと、その対象は凡小である。悪人でもなく善人でもなく、世にある者、それを凡小という。その凡小を選んで、功徳の宝を施すという本願である。「釈迦世に出興して道教（中国の道教ではない。仏道の教）を光闡し、群萌を拯ひ、恵むに真実之利を以てせん」とあって分けておられるというところは全然うかがえない。

凡小とは何か。凡夫・小人である。安田理深先生は凡小を解釈して、「世にある者の名」と言っておられるが、なかなか面白い表現です。世というのはこの世。この世に生きている者は、どんな人でも、たとい菩薩と言われるような人でも、悪人と言われる人も、凡小なんだ。それは生活を考え、子供のことを考え、いろんなことを考えて、小さな小さなことにふりまわされている存在であって、凡夫であり、小人である。

小人というのは仏教ではあまり使わず、儒教でよく使いますが、「小人閑居して不善をなす」という言葉もあって、お粗末なわれわれはあまり閑暇があるとろくなことはしない、ということを言っております。孔子の教えには小人というのが非常によく出てきます。

それで思い出すのは、私が大学一年の時に、東洋倫理という講義を受けていましたが、白井成允という教授がおられた。この人は、真宗では名前が通った有名な先生ですが、ここのところを講義して、儒教には大人（すぐれた人）と小人（お粗末な人間）との二つが出てくる。そこで問題は、われわれはそのどちらであろうか、といわれた。私はそういう講義は初めて聞いた。みんなが皆、小人であってはいけない、大人物にならにゃいかんという話ばかり聞いておったところに、われわれはどちらだろうか、といわれて、はあ、この先生は変わった人じゃなあと思って驚いたことがある。大学に入ったばかりの時でした。本当に人は皆、小人物なんです。

弥陀の誓願は、この世に生きて、小さなことにふりまわされている凡夫・小人が対機です。凡小というのは貪欲、瞋恚、怒り腹立ちそねみねたむ心たえず、いわゆる水火二河というものを一生かかえて喜んだり、悲しんだり、欲を起こしたりしながら、小事にふりまわされている者を、凡小というのです。そういうものを相手にして、弥陀の本願が立てられているのであるから、機類に応じて、善人は善人、悪人は悪人というふうな部類分けをして助けていこうというのは、どうもピンとこない。

釈迦は群萌を相手にされた。群は群がり、萌は生えている。雑草をいっている。たくさんそのへんに名もない草が生い茂っていて、それが群がり萌え出て生きている。そういう名もなき人々のお粗末な存在、それが弥陀の本願の対象である。

行巻には『五会法事讃』というのを引いて、「『般舟三昧経』に依る。慈愍和尚」として次のようなくだりがあります。

彼の仏の因中に弘誓を立てたまへり、「名を聞きて我を念ぜば総て迎へ来らしめん」と。貧窮と富貴とを簡ばず、下智と高才とを簡ばず、多聞と浄戒を持てるとを簡ばず、破戒と罪根の深きとを簡ばず、ただ廻心し多く念仏せしむれば、よく瓦礫を変じて金と成らしむ。(聖典二〇六頁)

彼の仏、すなわち阿弥陀仏の因中（法蔵菩薩）において、四十八の弘誓をお立てになった。そのおこころは、聞名念我総迎来。聞其名号と我が名を聞きひらいて、憶念、称名となったならば、すべて迎えとらん。そして以下、簡ばず、簡ばず、簡ばず、簡ばず。何者も簡ばない。ただ廻心、念仏というものが要求されている。

弘誓は不簡。簡ばず、簡ばず、簡ばず。聖人はこれを採用されている。何を簡ばないかというと、四つ出ています。富貴と貧窮。金も持たず徳も持たない貧窮と、富もあり位もある、そういう恵まれた人とを簡ばない。下智と高才とを簡ばない。多聞と浄戒をもてるとを簡ばない。破戒と罪根の深きとを簡ばない。簡ばず、簡ばず、簡ばずということこそ弘誓であって、機類を分けて助けるという説は、ピタッときません。

聖教を頂くとき大切なのは、聖人はどうおっしゃっているか、ということを確かめることであると思います。聖人の言葉をさがして、聖人のおこころを頂くというのがいちばん大事であります。ただたんに、お経にこう書いてあるというだけでは充分ではありません。例えば、行巻のしめくくりのところ（聖典二二七頁）。始めの行には「およそ誓願に就いて」から始まって、その四行目。「その機は則ち一切善悪・大小凡愚なり」。弘誓のその機、本願の成り立つ、法の成り立つその受け皿、対象は、一切善悪、すべての善凡夫、悪凡夫、大乗小乗凡愚である、と聖人はおっしゃっています。そのおこころから頂くと、分けて救うということは、機類に応じて如来が分けて助けるという考えは、正しくないのではないか。したがってこの法海の説を私はとりません。

では、如来尊号甚分明、如来の尊号、すなわち南無阿弥陀仏の本願の名号は、よろずの衆生とわれわれの一人ひとりとを分かって救いたもう、ということの「わかち」というのはいったい何か。くり返して申しますが、偉い人が言ったからといって、その説は常に正しいとは限りません。講録として残っているから、みな立派だともいえない。正しいかどうかは吟味を要します。このことは、仏教の勉強をする者がよく考えなきゃならない点です。聖人のおこころによく叶っているかどうか、しっかり確かめないで、他の人の説を鵜呑みにしてはならない。安田理深先生でも蓬茨《ほうし》祖運《そうん》先生でも間違っているところがあるのです。人間だから仕方がない。それをそのまま、鵜呑みにしたのではいけない。誤りは誤りとして、はっきりここは違っておる、ここはあやしいと言えるようにならないといけません。今はどんな人の説でも、丸呑み込みしてはいけないということを申すにとどめたい。

世間に埋もれて生きる

世間道にある者を人間といいます。これを凡小という。では、世間道とは何か。「世」はご承知のように、三世といって、過去、現在、未来をいう。時のことをいっている。普通は時代と申します。われわれは時代の中を生きている。では、今はどういう時代か。五濁の世、無仏の時という。それを劫濁の時という。劫濁の時を生きている。劫は長い時、時間が汚れるということはないが、時代の汚れというか、そういうものがある。大きな川があって、上流、中流、下流と流れていると、上流のほうは奇麗でも、中流、下流は汚れてくる。特に河口となると、どろどろになってくる。広島には太田川という川があって、わりと下流も奇麗です。あまり大きな川ではない。大きな川は下流のほうはどろどろですね。筑後川とか北上川とか、石狩川とか、ああいう大きな川は河口はみんな汚れています。黄河、揚子江、ミシシッピー、チグリス、ユーフラテス、テームズ、いろいろな川を見ましたが、下流はいよいよ汚い。昨日、雨でも降ったんですか、大洪水でもあったんですかと尋ねると、そうではない。晴れた日なのにいつも汚れている。

現代はとくに下流の時代である。だから、汚れきっている。その内容は見濁、考え方が汚れている。自己中心的になっている。煩悩濁、煩悩がむき出しになっている。衆生濁、人々が自分のことしか考えないような小人物になっている。そういうのが劫濁の内容です。

「間」はあいだ。間は一つの空間。空間とは環境。家庭、職場、社会、自然などの中を生きておって、その環境の影響を全面に受けているのである。

間はもう一つは人間関係。これを間柄という。人間関係といえば親子、夫婦、その他家族、同僚、隣人、そういうものとつながりをたもって生きている。そういう存在を群萌という。一人だけ生きているというわけにはいかない。群れて生きている。群れをなしてたくさんの人が一緒に生きている。ちょうど、雑草が萌え出てくるように生きている。群萌というのは『大無量寿経』に出てきます。『無量寿如来会』には群生と出てくる。群がり生きている。一人だけぽつんと生きているわけにはいかん。こういう中を群生として生きており群萌として生きている。それを衆生という。そういう形でしか生きようがない。それが人間存在である。そして時代と人間関係の中に埋もれてしまう。それを世間道に埋没するといいます。「愛欲の広海に沈没し、名利の大山に迷惑」(『教行信証』信巻)するとは、聖人が世間道に埋もれた自己を懺悔された言葉です。

一般に世間道に埋没した姿とは、世間にひきずられ、独立心を失い、愛憎と名利と競争心、そして優越感と劣等感、こういうものの中で右往左往している状態です。それを世間道に埋没しているという。悲しいかな、われわれは「私」ということがなかなか言えない。「私」のことを言うのに、「私たち」と言ってしまう。「僕ら」、「われわれ」と言う。「われ」というのがなかなか言えない。「私たちは」というのが「私」を縛っているのである。自分が独立しないで、何かに引きずられて生きている。「われ」というものが誕生してこないのです。

とくに日本人はそれが強いといいますね。全体がまとまって行くパック旅行というふうに、外国へ行くときでも、農協の旗を立ててぞろぞろ行く。日本人だとすぐにわかる。農協の旗でなくてもいい。何か旗みたいなものを立てて行くから、すぐわかる。パックというのは、外国へ行くのに非常に便利なんですよ。じっとして、どんどんついて行きさえすればニューヨークでもパリでも行ける。パスポートを見せなくてもいい。外国に一人で行くと大変ですよ。まず、飛行機から降りて、出入国管理局のところに行くでしょう。入管と言いますね。向こうが聞く。日本語で聞くんじゃないですよ。英語で「お前、なにしに来たか？」と聞く。仕事で来たとか、観光に来たとか英語で答えにゃいかん。「何日間おるか」と聞く。答えねば入国できない。が、パックで行ったら何も言わんでいい。その次は荷物を調べる。厳しい国もある。私がアラビアへ行ったときは、マッチ箱の中までみんな調べられた。そこが終わって出てきたら、今度は自分でバスか車を探さなければならん。それをやってみなさい。一人で外国へ行くのは大変です。パックで行くに限りますね。日本人はあれが好きなんだ。けれどもいつまでも、一人旅行ができないと、結局、他の人の尻について行くしかない。独立できない。自分の思うところへは行けない。

隣百姓という言葉があります。隣を見ていると百姓ができる。隣は何をしているか。はあ、ジャガイモを植えている。うちも早く準備せにゃいかん。隣の畑は何か芽が出ておる。大根らしい、うちも蒔いておこうということになる。隣を見ておると百姓ができる。悪口ですね。いつもみんなが見合っている。隣は何をしておるだろうか。そういう中で日本人は育っていますから、いいところもあるけれど、独立心をもって、自分の道を進む人になるというのは大変なことです。われわれは優越感と劣等感、愛憎、名聞、利養、そういうものでくくられている。それを絶ち切られて、私自身というものがでてくるのが、浄土真宗の救いなんだ。仏教における救済というものなんです。

よろずの衆生とわかってたすけたもうのが、南無阿弥陀仏の本願の名号である。そういうことを言っておられるのだと、私は思う。世間道に埋没している私が、そこから出るというのは、一人だけ孤立するのではなく、独立するのである。

仏道は出世間道

世間道に対して仏道を出世間道といいます。世間道の中に埋もれているのを世間心という。隣百姓、いつも他の人を注目していて、負けちゃならん、いいとこ見せなきゃならん、と競争心と世間体ばかり考えてなきゃならんわれわれが出世間道に立つ。分かたれるというのは、世間心を超えるのである。出というのは超える。それが分かたれることである。そのことについて言われているのは、真の仏弟子というところですね。「横超断四流」とあります。善導の言葉です。横ざまに断ち切るという表現になって、その内容は次のページに出ています。その方を読んでみましょう。

また言はく。我超世の願を建つ、必ず無上道に至らん。（聖典二六四頁）

私は世を超えた願、そして世を超えしめる願を建てたい。それが「重誓偈」のはじめにでていますす「我建超世願　必至無上道」です。必ず無上道に我も至らん、そして衆生悉くを無上道に至らしめん、という。超世が出世。世を出る。世を超える。その内容が『大経』下巻に出ています。いまの続きのところです。

また言はく。必ず超絶して去つることを得て、安養の国に往生して、横に五悪趣を截り、悪趣自然に閉ぢ、道に昇るに窮極無し。往き易くして人無し、その国逆違せず、自然の牽く所なり、

と。（聖典二六四頁）

仏道というのは超、絶、去、往、生である。超は世間に埋没していたわれわれが、世間道を超えはなれる。絶は断ち切る。去は去る、ゆく。往は前進、進展。生は、新しい誕生。したがって、世間道の中で右往左往するしかなかったわれわれが、世間道を超えはなれ、断ち切り、それを去ってはなれ、そこから前進し、成長して、新しい存在として誕生してゆく。そこに、よろずの衆生と分かつということがある。

よろずの衆生と分かつというのは、何か特別の存在になって孤立するのでない。変人、奇人となって、他人と付き合わないのかというと、そんなことはありません。仏法者というのは、人づきあいはわりといい方ですよ。頭が低いですからね。そして他の人の話を聞き、これを理解する態度が仏法者にはできていますから、決して孤立することはありません。お山の大将われひとりでもなければ、仙人のようになって、あれは変屈者じゃということになるのでもない。

何を超えるのかというと、世間心を超える。世間心に埋没して引きずられておったのが引きずられなくなる。愛憎、名利、競争心、そういうもので右往左往しておったものが、絶ち切られる。優越感、劣等感でふりまわされておったものが、それを超え、離れて、そこから前進していく。そして菩薩道に立つ一員として、新しく誕生していく。それがよろずの衆生と分かたれて世間道を超えていく姿である。

これは自分のことで申しわけないが、私は若い時から化学をやったけれども、原爆で私の大学はつぶれ、先生も亡くなって、指導者もなく、研究題目もない身になった。そのうちに転任して福岡に帰ったところ、待遇が思ったほどよくなくて久留米分校というところにとばされた。福岡に本校があるのに分校へとばされて、そこまで福岡から通わなければならない。行ってみればそこは旧兵舎で、化学教室は自動車倉庫だった。実験設備はもちろん、何もない。まず、そこに蒸留水を作る装置を作って、一日に何リットルかの蒸留水を作る。売っているところがないですからね。薬品を少しずつ買って、さて何を勉強しようかと思って苦労しました。

しかし、それから五年たって学位論文をまとめまして、東京大学に出しました。まあ、よく勉強したなあ、と自分でも思いますね。よくもあんなところで頑張ったなあと思います。自分の出身大学でもないところに学位論文を出すというのは、なかなか大変でした。自分の出身大学では審査してくれる先生がいないのですから、ほかの大学へ出すしかなかった。そのため毎年毎年、学会で発表して結果をつみあげ、それを論文にしていったら、だんだん人が認めてくれるようになった。学位論文を出すと、大学では教授会を開いて、これを受け付けるかどうかを審査する。その審査に通って、主査の教授と副査の担当者が決まり審査委員会ができて、そこで審査してくれるわけです。受け付けられなければどうにもならない。それを受け付けてもらえる素地を作っておかねばならん。それにはかなりの時間がかかる。一年間内地留学で東京大学に勉強に行きました。

かなり苦労しましたが、要するに私が思うに、仏法をやって非常によかったのは、名利心や競争心、劣等感などがなかったことです。この論文を出して有名になろうとか、人より早く学位をとりたいとかいう気持ちはあまりなかった。とにかく一生懸命、せっせせっせとやることができた。名聞、利養、勝他というような、そういう人間的な意識をはなれて、わりと純粋にやることができたなあと思います。こういうふうに虚心坦懐にやることができたのは仏法のおかげであったと感謝のほかありません。目の色を変えて、あの人が論文を出したから自分も出さなきゃならんというようなことを思わなかった。

もう一つその後のことを申します。私の大学は四つの分校と本校があって、四分校一本校と五つに分かれていました。四分校で二年までやって、本校で三、四年生を全部集めてやるようになっていた。一つの県の中に四つも五つも校舎があっては大学にならない。軍隊の兵舎におるというようなな、そんな大学なんてあるものか。これを統合して、一つの大学を作らなきゃいかんという運動が起こりました。その大学はもとは福岡と小倉の、いわゆる第一師範と第二師範が一緒になったものだから、非常に対立が強いんです。したがって、大学は二つに割れている。これを統合するというのは、非常に困難なことでした。

私ははじめは両方のグループから誤解を受けましたが、後には幸いに信頼されるようになりました。全部で二百人の教官がおりましたが、だいたいみな私を信用してくれました。あいつが言うことなら信頼できるだろうと見てくれた。これは本当に仏法のおかげだと思う。仏法があったから対立感とか、名聞、いいとこ見せようとか、手柄を立てようなどという心は何もなかった。みんなのために、どうしても統合しなければいかんと思ったから、一生懸命下働きをして、だんだんと信頼を得て、その勢いを増すことができた。それでも、全学教授会の結論を得るまで十年かかりました。むずかしい仕事は、そのくらいの時間はかかりますよ。大きな仕事をしようと思ったら、少なくとも十年はかかる。十年かけて同志を集めて、力を合わせてやっていったら、正しい意義のあることなら、たいていできないことはないという自信ができました。

道理があって、みなが喜ぶことであって、やることに意味がある。そして、やろうという人がいる。こうなるとできるんです。はじめは文部省も問題にしなかった。学内もそんな有様でしょ。最後の問題点は統合の場所と費用でした。統合して建物を建てる金です。出光佐三という出光興産の社長がおられまして、この人が後援しようということになって土地を十五万坪寄付してくださった。十五万坪ですよ。そして、三億円寄付してくれた。しかも、後からもう三億円くれましたね。計六億円くれた。今から三十年前のことです。このため私は三年かけて十三回、この人に会いに行きました。この人に信頼を受けたということは、非常によかった。この寄付が、いろいろのゴタゴタの最後の切り札になった。

なぜ信頼を受けたか。私は本当に仏教のおかげで、あまり世間道に埋没せずにすんだ。教えのおかげ、如来、善知識のお力で世間心を少しずつ超えはなれて、そのために多くの人から信頼していただけたのだと思う。ですから、仏法というのは本当に役に立つんですよ。間違いないんですね。自分一人が信心、安心を得て、浄土に往生して仏になるというような、それだけのもんじゃありません。現実人生で本当に仕事をやろうと思ったら、仏教をやらにゃいかん。仏教をやって自分の慢心を清算して、世間道に埋没している自己が、よろずの衆生と分かたれて、名聞、利養、勝他の気持ちを超え、こういうお粗末なところを断ち切られ、はなれていって、前進していくことができる。そういうことが大きな結果を生み出すのである。

私はそういうことで出光興産の社長であった出光佐三氏に、非常に恩義を感じたんです。あの人がおられたからわれわれは助かったな、と。恩を受けて受けっぱなしというのは申しわけない。そこで考えた。あの人に報いたい。この人の故郷が宗像というところですね。私も宗像に移っている。で、宗像の小さな子供たちを育てていこうと思って保育園を造った。今から十九年前に保育園を造った。出光さんに報いるためなんだ。土地とか建物とかで総計一億円ほどつぎこみました。私の私財をはたいて造ったんです。父が残してくれた土地を処分して金を作りました。青年とか、少年というのは、現在の社会を反映する鏡だといいます。小さい子は未来を映すという。未来とはいつごろか。まあ、三十年ぐらい先ですね。今の子供を見ておってどういう未来がわかるか。

今の子はだいたい、細面の子が多い。顎が発達していない。ああいうのは長生きしないといわれています。なぜか、固いものを噛まないから下顎が発達していない。だから、永久歯が乱杭歯になるんです。そして、上と下の整合が悪いから、一生食べ物がうまく噛めなくて、四十歳くらいで死ぬ可能性がある。もう一つの特長は、女の子が強いですね。男の子より強い。これは未来を暗示しているのかもしれません。そこで、私は保育の方針として、まず、下顎の発達した子をつくるために、野菜をしっかり食べさせる。ハヤトウリが千くらいできた。それを毎日食べさせるのだから、もう、噛む、噛む、噛む。また園の後ろには山がある。三百六十メートルの山。二歳半でそれに登る。実際は三歳までにみな登る。二歳半の子が三百六十メートルの山に登るんですよ。うちの園の子は足腰強くてよく歩くんです。跳び回って遊ぶ。

そして、みんなと一緒に合掌して、南無阿弥陀仏と勤行するんです。今までに百六十人ほど卒園しました。一回生は大学を卒業して就職しました。これからどうなるかねえ。三十年先といえば、もうこちらは生きていない。どんなになるかよくわからないが、やるだけのことはやっておかねばいけない。このままではいけない。未来のために力を尽くす。これが年をとった者の責任であり勤めである。これはもう金儲けとか、人気とりなど考えとったら、できないですよ。一億円かけて保育園を造るよりも、自分が楽をした方がいいかもしれない。けれども、一つには恩に報いたい願いがあり、一つには未来への対策を考えたいという望みがある。これはまったく自分の手前味噌で申しわけないことでしたが、仏法というのは、人を変えてしまうという拙ない例です。

こういうように、如来は、よろずの衆生と分かって、世間心を超え、世間的なことにふりまわされないで、本当にやるべきことをやろうとたすけみちびきたもうのである。これが本願の名号の働きである。十方衆生悉くを、よろずの衆生と分かってたすけてくださる。そういうことが成就するのである。この人生は仏法があって初めて、意義あるものになるのだということを申し上げました。

曇鸞大師の告白

よろずの衆生と分かち、たすけたもうて、そこに独立者が誕生する。そのことをもう少しお話しします。

独立とはひとり立つということです。ここでは曇鸞大師の『讃阿弥陀仏偈』に出てくる言葉を見てみます。前段では、『大無量寿経』によって本願名号を讃嘆されて、最後に近いところで、龍樹菩薩の讃嘆が述べられています。

本師龍樹摩訶薩、形を像始に誕じて、頽綱を理む、邪扇を関閉して正轍を開く、これ閻浮提の一切の眼なり。尊語を伏承して歓喜地にして、阿弥陀に帰して安楽に生ず。我無始より三界に循りて、虚妄輪の為に廻転せらる、一念・一時に造る所の業、足六道に繋り、三塗に滞まる。唯願はくは慈光我を護念して、我をして菩提心を失せざらしめたまへ。（聖典三三一頁）

ここで突如として龍樹菩薩が出てきたのは、この曇鸞大師が救われていったのは龍樹菩薩によるからです。つまり本願名号を讃嘆し、これに対してお礼を申して、感謝しておりますとき、そこにどうしても言わなきゃならんことがあった。それは「私がこのように如来のお救いを蒙ったのは龍樹菩薩、この善知識のおかげでございます」ということです。その中に自己自身というものを懺悔されております。

「我無始より三界に循《めぐ》りて」というのは、無始は曠劫以来というか、無始よりこのかた。三界は欲界、色界、無色界ですね。この三界をへめぐってきて「虚妄輪の為に廻転せらる」。虚は虚しい、妄は間違った、輪は教えです。本当に虚しい教えにふりまわされてきた。このため世間道に埋没して、迷いの世界を出ることができなかった、そういう自己が述べられている。「一念、一時に造る所の業」とは、一念は非常に短い時間をいっておる。ひととき、どんなときにも私が造っておりますす罪業のために、「足六道に繋り」、つまり悪業を重ねて、地獄、餓鬼、畜生、修羅、人、天の六道に繋れており、迷いの世界に足はくくりつけられて、どうにもならん。そして、身は「三塗に滞まる」というわけです。

これが曇鸞の告白というか、懺悔である。これが世間道に埋没しておる姿を表わしている。そういう存在が、龍樹の教えを通して如来本願にお出会いしたという喜びが、後の方に「不可思議光に南無し、一心帰命稽首札」というところに出ています。が、いまは「足六道に繋り、三塗に滞まる」という実に胸を打つような懺悔が述べられている。三塗は地獄、餓鬼、畜生の三悪道ですね。地獄は苦しみの世界。餓鬼は不平不満の世界。畜生は無慚無愧の世界。そういうところにとどまって、引きずりまわされている。それが世間道に埋没している姿である。

そういうところを超え、離れ、断ち切ってそれを捨て去り、前進をはじめるというのが独立者の誕生である。この独立はどのようにしてできるであろうか。

如来の前に立つ

如来の尊号、南無阿弥陀仏が届いてくださるから独立できるのである。名号によって、足は六道に繋り、身は三塗に滞まってどうすることもできない者が、いわゆる超、絶、去、往となっていく。それは南無阿弥陀仏の働きである。「如来尊号甚分明」と、本願の名号には働きがあるのです。しかし、南無阿弥陀仏の働きは非常に説明しにくいことです。

『新約聖書』の「ヨハネ伝」に、「はじめに言葉があった」といちばん最初に出ています。さらに、「言葉は神とともにあった。言葉は神であった」とありますが、これは非常にすばらしい言葉です。たいへん大事なことをよくぞ言っている。バイブルは実にいいところを言っておるなと感銘せざるをえない。

言葉とは何か。英語ではword（ワード）と言います。言葉というのは呼びかけ、叫び、私に対する深い願いの呼びかけそのものです。人間のあるところ、はじめにそこに呼びかけがあった。その呼びかけが神と離れない。その呼びかけこそが神なんだ。実にすぐれた教えです。しかし、その言葉が何かということは、とうとうキリスト教は明らかにしなかった。「ヨハネ伝」をはじめから終わりまで見ても、その言葉は書いてない。何人かのすぐれた人の注釈書を読んでみても、はっきりしない。が、われわれはよくわかる。それは南無阿弥陀仏ですね。南無阿弥陀仏というところに、大いなるものの呼びかけがある。それが如来なんだ。そういうところを、非常にうまく言っている。はじめに南無阿弥陀仏があった。南無阿弥陀仏が呼びかけであった。南無阿弥陀仏は如とともにあった。南無阿弥陀仏は如来であった。如より来たって私に至り届いて、私を摂め取ってくださる働きが南無阿弥陀仏である。

　南無阿弥陀仏が届くと、人間が独立する。南無阿弥陀仏は私に届いて仏になりたもう。それを名号という。私に南無阿弥陀仏が届いて、そこで南無阿弥陀仏が成就する。

　南無阿弥陀仏が私に至り届くと、私はどうなるのか。届く以前の私は、曇鸞の表現で言えば、悪業を重ねて足は六道に繋り、この世間道の中でよろずの衆生と結ばれて、世間と私が深い深い関係にあった。足も縛られ、体も縛られて、この世間の中におった。この世間は六道であった。その中でわれわれは競争心と名利心、優越感と劣等感の中にとらわれていた。そこに南無阿弥陀仏が届いてくださった。南無阿弥陀仏が届くと世間道の中に埋もれていた私は、よろずの衆生と分かたれて、南無阿弥陀仏とともにあるようになる。如来とともにある。つまり、世間道にとらわれる心から出て、如来の前なる存在となる。

　如来を相手にして、如来の前に立つ人となる。私は今まで世間を相手にして生きておった。その世間こそが私のよりどころであり、したがってそれに縛られ、足も縛られ、身も縛られて、その中でどうすることもできないところにおった。それが如来の前に立つ者となったら、これを念仏の人という。世間の中にありながら如来の前で生きている。そこに世を超えた、すなわち、世間道にとらわれる心を超えた、超・絶・去・往という存在に生まれかわる。

独立者の誕生

天親菩薩は、「世尊我一心　帰命尽十方　無碍光如来　往生安楽国」と『願生偈』のはじめに、申しておられる。そこに人間の独立が、つまり人間が世間道を超えて、「われ」というものが生まれた。世尊よ、わが善知識よ、師よ、という感謝ですね。善知識、世尊よ、あなたのおかげで、あなたの教えを本当に聞きひらかしていただいたおかげで、「私」が生まれた。「私」とは何かというと、今までは「私たち」であった。「われわれ」であった。優越感と劣等感、愛憎と名利、そういうものに閉じこめられて人を相手に世間道を生きるしかなかった私。それが世尊よ、あなたのおかげで、尽十方無碍光如来に帰命し、如来の前に立つ存在になって、そこに「私」が、独立者が誕生した。そこに私の独立がある。

それは、たったひとりぼっちになったのではない。世間心から離れたのだ。世間心を超えた。そして、菩提心、求道心、願生心、そういうものが生まれてきた。それが一心帰命、一心の成立です。如来が私に届いて、私が如来の前に立つ存在になったときに、私の信心が成立し、そこに「私」が生まれた。信心というのは、「私」というものを生みだす源泉である。信によって、私は世間道を超えて進んでいく世界をもつ。私は一心帰命すべき相手をもっている。帰っていくべき世界、進んでいくべき世界をもっている。そういうことになるのが、「われ」の誕生です。

次に、天親は「我依修多羅　真実功徳相」と言っておられます。われ修多羅に依る。修多羅とは大乗の経典、真実功徳相とは如来本願の名号のことです。われ依る。つまり、私が依りどころをもった存在になった。それが人間の独立。人間が世を超えていくということは、真の依りどころを与えられた。そこに世の中からどれほど何と言われようと、それに引きずられない人間が生まれる。真の依りどころをもった存在には、決断力があり、実行力があり、明朗さがある。そういう人間を誕生させるのが仏道です。仏道というのは、ただたんに信心、安心というものを与えられる小さな個人的なものと考えてはならない、スケールの大きな社会的なもの、そのような人が生まれることによって社会全体が非常にプラスになる、そういう意味をもっています。だから、本当の信心の人をぜひとも作らなくてはいけない。これは間違いないことであって、そういう人を生みだすところに、仏道の意味があるのです。

『願生偈』の最後はどうなっているかというと、「我論を作り偈を説く」。これが、「我修多羅、真実功徳相に依って」ということの内容です。曇鸞はこれを、「云何依（いかんがよる）」と言った。そして、「依る」ということについて曇鸞は三つのことを言って、独立者のあり方を示しています。これが曇鸞の優れたところです。

「我依修多羅・真実功徳相・説願偈総持・与仏教相応」とのたまへり。いずれの所にか依る、何の故にか依る、云何《いかん》が依る。「いずれの所にか依る」とならば、修多羅に依るなり。「何の故にか依る」とならば、如来即ち真実功徳の相なるを以ての故なり。「云何が依る」とならば、五念門を修して相応せるが故なり。（聖典一九六頁）

依りどころをもったところに、如来の前で生きる者の具体的な姿、内容があります。何に依るのか。修多羅に依る。つまり大乗の教え、今は浄土三部経の教え、『大無量寿経』を中心にした本願の教えに依るのである。本願の教えを頂きぬいていくというところに私の依りどころがある。なぜ依るのか。それは真実であるから。真実とは法性の道理にかない、人間をあざむくことがない。不顚倒、不虚偽の真理であるからと言っている。ではいったい、どのように依るのか。ここで申し上げたいのは、「云何依」ということです。依るとはどのようなことか。

五念門に依る

それは、五念門の行を行ずることが、依りどころをもって生きている存在の具体的事実である。それが人間の独立の具体的な内容です。よろずの衆生と分かたれている、世を超えている者の具体的な生き方です。これが一つ。もう一つは後の方を見ると、「『云何が依る』とならば、五念門を修して相応せるが故なり」とあって、さらに「願偈を説き総持して　仏教と相応したてまつらん」とあります。そこがいま一つ大事なところです。

『願生偈』において、人間の独立というものを明らかにしたのは天親である。「我」、つまり私自身というものがはじめて出てきた。それが『浄土論願生偈』の非常に大きな特色です。この天親菩薩という人は大変すぐれた人で、千部の論主というほど多くの仏教書を著わしたが、「私」という言葉は出てこない。龍樹菩薩では、「私」というのはよく出てくるんです。「この故に我帰命したてまつる」などと、『十二礼』にしても、『十住毘婆沙論』の易行品にしても自己自身を打ち出している。天親では出てこない。なぜ出てこないかというと、この人は理論的な人で経典の論理を解釈するのが得意である。このお経にはこう書いてあるという。それでは、あなた自身はどの教えをとるのかと聞いてみると、「いや、私は、別に、その……」と言っているような感じを受ける。何となくそういうところがある。その天親が「私」と言ったのは、この「世尊我一心」だけです。天親はここで仏教者として誕生したのだと私は思う。天親は本願によって本当の求道者になった。そこに感謝があり感動がある。仏教者になったら、依りどころをもつ、天親の依りどころは本願の教えであった。この依りどころをもつ者は何をするのか。それは五念門の行、これが一つです。

五念門の行とは礼拝、讃嘆、作願、観察、廻向の五つです。この五念門というのはどこから出てきたのか。いろいろの説がありますが、つまるところ法蔵菩薩の行ですね。『大無量寿経』の「讃仏偈」のところに出ています（聖典九頁）。

法蔵菩薩が世自在王仏によって、「仏の説法を聞きて、心に悦予を懐き、尋《すなは》ち無上正真道意を発し」、一心帰命の心が起こり、国を棄て王を捐てて、法蔵となり、世自在王仏の前で、「光顔巍々威神無極」と讃嘆する。その前に仏足を稽首し、右繞三帀して長跪合掌する。そこに礼拝ということがある。そして讃嘆します。如来の功徳を讃嘆し、次に、「願はくは我作仏して」という願いを起こして、深く智慧をもって恒沙の如き諸仏世界を照らし、最後に人々のために「十方より来生せんに　心悦清浄にして　已に我が国に到らば　快楽安穏ならん」と、人々のために尽くしたいという廻向の思いがでている。だいたいそういうところが、五念門の基礎ではないかと思う。この五念門は「世尊我一心」という言葉から始まるので、一心五念といわれるのである。

人間が依りどころをもち、世間道を超・絶・去・往するならば、一心五念の行を展開していく。まず礼拝、如来の前に頭を下げていく。そして、称名念仏する。頭を下げて如来の前に合掌し、念仏申して願往生の一道をとり、深くものごとを考え、教えを頂いて、あまねく諸々の衆生とともにという願いをもつようになる。それが独立者、すなわち依りどころをもった人の生き方であることを教えられている。ただたんに世を超えた、なんていうものじゃない。そこに実行するものをもっている。合掌、念仏、称名し、勤行し、如来を憶念し、いよいよしっかり聞かなきゃならんと心に願い、そして教えをよくよく考え頂き返し、どうか一人でも多くの人が仏道に立ってくれるようにと願う。廻向の心をもつようになるのである。

仏法に応える道

ところで、「五念門を修して相応」という。相応とは、例えば仏教の中身にちょうど合った蓋があることを函蓋相応といいます。さきほどの引用では「願偈を説き総持して」ゆくとあります。自分がここに『願生偈』を作り、その後に解義分という論を述べたのも、仏の教えに応えて、仏法に依っていく如来中心の生き方、私の宗教活動をたもっておとさないように（総持）、如来の教えを憶念しそれを実行していく。偈を説くことも、書くことも、教えをたもっていくことも、依りどころをもった者の生き方、実行内容です。それは、仏法に応えていく道。応えるというのは応答。それを仏教に相応するという。現代的には応答ですね。われわれは如来によって、南無阿弥陀仏を廻向される。如来が私に届いてくださった。それに答えて、応答して、相応して、独立者としてやるべき実行は五念門――礼拝、讃嘆、作願、観察、廻向、さらにいろいろと願偈を説く。

われわれは願偈を説く力はあまりない。偈を作るような能力はない。では何ができるか。感想発表くらいですか。感想発表は大事ですよ。感想発表と質問ですね。また、会報や通信に一筆書くこと。あれは私における「願偈を説く」ですよ。これはお粗末な願偈かもしれないが、それは如来に応えるものです。如来から与えられっ放しで、何も報いないということじゃいかん。報いていくというのが独立者です。頂いたご恩を全部お返しする力はない。けれども独立者というのは、少しでも万分の一でもいいから、それに答えていくというのが大事です。それが現代では非常に欠けている。

われわれがいちばんご恩を蒙ったのは仏法の先生です。それから結婚を媒酌してくれた人です。これは大事なんですよ。なぜかというと家内がおり、主人がおり、子供がいるというのはその人のおかげじゃから。しかし、これを全部忘れてしまう。その人がおったから今の私がある。先生といってもいろいろある。小学校の時の先生もあるし、いろいろある。困っていた時、右か左か迷っているときに方向を教えてくれた人。このような人には、せめて年賀状くらいは出さないといかん。できたら暑中見舞いも出したがいい。あんた出しとるかと言われたら、僕もあまり出しておらん。けれども出さなきゃならん人が、何人かはあるんですよ。それに応えていく。「願偈を説く」と同じことです。私の思いを表わしているんだ。そして教えを頂いていく、そういうことが大事。それが独立者というものです。

名聞、利養、勝他を超えて、超・絶・去・往、よろずの衆生と分けられた。世間心の中に閉じ込められた者を分かってくださって、私を如来の前なる存在にしてくださった。そして、こういう（五念門）実行をするようにしてくださった。これは如来のお働きであり、仏法における救済である。仏法はこのように、非常に現実的なものなんです。それを、聖人は非常に簡単な言葉で、よろずの衆生と分かち、十方衆生悉くを分かってくださるのであると、おっしゃっているのです。

諸仏の働き

十方世界普流行

「流行」は十方微塵世界にあまねくひろまりて仏教をすゝめ行ぜしめたまふなり。しかれば大乗の聖人・小乗の聖人・善人・悪人・一切の凡夫みなともに自力の智慧をもては大涅槃に至る事なければ、無碍光仏の御形は智慧の光にてましますゆゑにこの如来の智願海にすゝめいれたまふなり。一切諸仏の智慧をあつめたまへる御形なり。光明は智慧なりと知るべし。(聖典五〇二頁)

引用されているご文は、法照禅師の「如来尊号甚分明　十方世界普流行　但有称名皆得往　観音勢至自来迎」とある中の第二句、「十方世界普流行」である。この偈文の直前にある『唯信鈔』の文。それは、この文の説明として引かれている法照禅師の『法事讃』の文ですが、そこのところを引用してみると、

五劫のあひだふかくこのことを思惟しをはりて、まづ第十七に諸仏にわが名字を称揚せられんといふ願をおこしたまへり。この願ふかくこれをこころうべし。名号をもつてあまねく衆生を

みちびかんとおぼしめすゆゑに、かつがつ名号をほめられんと誓ひたまへるなり。しからずは、仏の御こころに名誉をねがふべからず。諸仏にほめられてなにの要かあらん。「如来尊号甚分明　十方世界普流行　但有称名皆得往　観音勢至自来迎」（五会法事讃）といへる、このこころか。

聖覚法印の『唯信鈔』はこのような仮名聖教で読みやすい。そして、わりと平易な文章で書いてある。「五劫のあひだふかくこのことを思惟し」とある「このこと」とは前の続きであって、ただ阿弥陀の三字の名号を称えん、それを往生極楽の因（たね）としようとされて、五劫の間このこと（念仏往生ということ）を思惟しおわって、まず願われたことは、「第十七に諸仏にわが名字を称揚せられんといふ願をおこしたまへり」、すなはち第十七願をたてられた。「この願ふかくこれをこころうべし。名号をもつてあまねく……かつがつ」、この「かつがつ」は現在はあまり使われない言葉ですが、是非ともという意味です。是非とも諸仏に名号をほめられようと願い、諸仏が讃嘆し、称揚し、それを皆さんに伝えることを願ったのである。これは決して自分の名誉のためではない。そこで、法照禅師が「如来尊号甚分明　十方世界普流行　但有称名皆得往　観音勢至自来迎」とおっしゃったのは、このこころであろう、と聖覚法印は言っているわけです。

これを見てみると、「十方世界普流行」という文章が何のためにあるのかという意味がよくわかります。

五劫の思惟

如来の本願のいちばん根本になるものは、『大無量寿経』の言葉で言うと「荘厳仏国　清浄の行」これが中心である。荘厳というと飾るということですが、ここでは建設する、建立するということ。浄土の建立ですね。それがまず第一です。何のためにか。それは超世の本願、世を超えた超世無上道。「我建超世願　必至無上道」。つまり、世を越えて無上道に至らしめん、という願い。そこに如来の本願がある。世を超えるというのは、世間道を出て高い次元へ出ていく。すなわち高次元の世界に出ることをいう。われわれの低次元の世界を出て広い世界に入り、無上道に至って仏となる。世を超えて無上道に至らしめるということ。そのためには二つのことが大事である。

一つはその至らしめる世界、浄土を建立すること。もう一つは、その世界に入る清浄真実の行。浄化の道。清浄真実の行とは、いろいろ読んでみると、「仏国を浄化する行」「浄土を浄化する行」と書いた書物が多いが、それは間違いだと私は思う。なぜかというと、仏土を清浄にする必要はないからです。

では、仏土はどうしてできるのか。仏土の建立というのは、十二願の光明無量の願、十三願の寿命無量の願というのがあるわけで、それをアミターユス、アミターバという。それが仏土の建立の願であるから、それを浄化する必要はもうとうない。そうでなしに、そこに入る人間が浄化されなければ、その世界にはおれない。その方が本当だと思う。

一如真如の世界から、われらの人生を見ると、現実人生の中で、うじ虫のようにうごめいているわれらは、それを超えた世界をもたない。世間道を超える場をもたない。そこに如なるものが如来となり、如来浄土を建立する。それが、十二願と十三願です。この二つの願によって阿弥陀仏となる。それを真仏という。真仏がそのまま真の浄土、それをあわせて真仏土という。真仏土というときには、真仏・真土である。そこに、人間を本当に超越する、世を超えて無上道に至らしめる世界が建立された。それが荘厳仏国。このことはずっと、『大経』の課題となっている内容ですね。

経典を見ると、「我まさに修行して仏国の清浄荘厳無量の妙土を摂取すべし」（聖典一二頁）とあって、仏国の清浄荘厳というのが出ています。その次には、「荘厳仏土」というのがある。そして、次には「五劫を具足して荘厳仏国清浄の行を思惟し摂取せり」（聖典一三頁）とあります。

つまり五劫の間、荘厳仏国と清浄の行について深く思惟した。荘厳仏国が浄土の建立と同時に、如来の自己形成でもあるわけです。そして、もう一つ大事なことは清浄の行ですね。その世界に世間道にいる人間を連れてきて直接入れると、真実清浄の世界が世間道になる。浄土が穢土になる。牛を、こんな汚い所におっては可哀想だと人間の住む三ＤＫに入れてやって、快適な設備のところにおいてやったら、さぞかし幸福になるだろうと思っても、三ＤＫに連れてきたらそこがたちまち牛小屋になって、ベタベタ汚いものを出しっぱなしにして汚れてしまう。人間をそのままクレーンでつかんでグーンと浄土にもってきたら、浄土がたちまち穢土になって、低次元の世界になってしまう。世間道にいる人が浄化されなければいけない。浄化されて如来浄土に入ってくるときには、如来になっていなければならない。そうしないと如来浄土に入れない。それには人間が如来になるという人間の進展、人間自身が変わるということがなければならない。

では、本当の仏土にふさわしいものに浄化するにはどうしたらよいか。それはたった一つしかない。つまり如来の全体廻向、すなわちお粗末なこの人間の中に如来が自己の全体を届けることによって、人間が浄化されていく道である。このことによって人は浄化されて、正定聚不退の菩薩として如来浄土に進んでいく。その清浄の行というのが、南無阿弥陀仏である。

如来の本願というのは二つからできている。一つは世を超えしめる場、如なる世界、それを建立し、次に人間をそこに入るにふさわしい存在たらしめること。それが清浄の行である。それを浄化という。南無阿弥陀仏を届けるということが、たった一つの人間浄化の道である。これによって人間を独立せしめ、よろずの衆生と分かちたすけたもうのであって、人間の浄化、人間をして真実の存在、真実清浄の存在たらしめる働き、そういう行は如来が自己の全体を届けるしかない。その発想を五劫の思惟という。それを届けるための努力が永劫の修行である。

諸仏と阿弥陀仏

さて、如来の全体すなわち南無阿弥陀仏を、衆生であるわれらに届けるためには諸仏がいる。諸仏称名によって届けるのである。これが十七願であり、届けたところが十八願である。そこでこの十七願を、五劫の間ふかく思惟したもうた超世の悲願という。世を超えた世界に出したい。それには南無阿弥陀仏を届けるしかない。そこで、まず第十七願に、諸仏にわが名字を称揚せられんという願を起こして、諸仏に願われた。

では、諸仏とは何か。この諸仏という存在が、大乗仏教の大きな特色でもあります。諸仏がないのが小乗仏教である。小乗仏教では仏は一つしかない。それは釈迦仏である。大乗仏教にはたくさんの如来がおられる。これが諸仏。諸仏と阿弥陀仏とはどこが違うのか。

蓬茨祖運先生という人がありまして偉い人でした。もう亡くなられましたが、先生と私はご縁がありまして、九州大谷短大の学長になられました頃、私があるお寺にお世話をして、毎月一回『選択集』のお話をお願いして、二年ぐらいやっていただきました。私も聞きに行きました。いちばんこちらが期待しているのは、あとの質疑応答の時間ですね。この先生にいろいろ質問しました。この先生はものすごく答えがいい。答えがいいのを愚問賢答という。愚かな質問を出すんですけれども、すごくいい答えが出てくるわけで本当に愚問賢答でした。頭のいいお方で即座に答えが出る。

あるとき私はこう尋ねてみました。

「先生、なぜあんなにすばらしい答えが、すぐおできになるんでございましょうか」

何でも尋ねるにこしたことはないと思って、尋ねてみました。すると、先生はすぐ言われた。

「あれは私が以前に考えておった問題だからです」

ははあ、この人はこんな愚問を考えておられたか、と思ってたまげました。さらに尋ねてみました。

「先生、諸仏と弥陀はどう違うんでしょうか」

一言で答えなさった。

「それは、諸仏はもとは凡夫でした。弥陀ははじめから仏でした」

なるほどなあ。はあ、そうなのか、とわかりましたね。釈迦は諸仏。はじめは凡夫だった。はあ、ああいう人が仏になったのが諸仏というのか。如なるものが仏となった。これは如来。これが弥陀やなあ。そこから、無数の凡夫が助かって仏になる。だから弥陀から諸仏が生まれるんです。そして、その人たちが仏のいのちを伝えていくのである。それが諸仏。諸仏にそれを願われた。それが十七願なのです。

一応、願われた、となっている。だから、われわれの方は十七願と言っています。けれども、親鸞聖人はもう少し詳しい異訳の経典をひいて、次のように言われているところがあります。

『仏説諸仏阿弥陀三耶三仏薩楼仏檀過度人道経』に言はく。第四に願ずらく、もし某作仏せん時、我が名字をして皆八方・上下・無央数の仏国に聞こえしめ、皆諸仏をして各比丘僧大衆の中に於て、我が功徳と国土之善を説かしめん。諸天人民蜎飛蠕動の類、我が名字を聞きて、慈心し歓喜踊躍せざる者なく、皆我が国に来生せしめん。この願を得ば乃ち作仏せん、この願を得ずば終に作仏せじ、と。（聖典一八五頁）

この経典は略して『大阿弥陀経』と言います。諸仏阿弥陀というのは、諸仏が阿弥陀であり、阿弥陀が諸仏である。諸仏は阿弥陀によって生まれ、諸仏を除いて阿弥陀はないということ。三耶三仏薩楼仏檀というのは、サンスクリットで仏の正覚という意味です。その阿弥陀が正覚、さとりを開いて、過度人道、過はすぎる、度は渡す、人道は世間道。つまり、世間道を超え渡すというお経です。これは『大無量寿経』の異訳の経典です。如来の働きがそのまま経題になっている。また『二十四願経』といって、四十八願の半分しかない。十七願と十八願が繋っていて、「第四に」というのは、それが一緒になって一つの願になっている。「もし某」以下は、法蔵菩薩がわが名字をたくさんの、数限りない仏国に聞こえさせたい。そして十方の国の諸仏に、比丘僧大衆の中において説いてもらいたい。わが功徳と浄土の国土の善を説いてもらいたい。それを、諸天人民蜎飛蠕動の類、ありとあらゆる無数の存在に聞かせたい。そして信心歓喜してわが国に生まれるようにしたい。こういう願になっている。

よき師よき友が諸仏

ところで、諸仏が弥陀であるというけれど、その諸仏はもとは凡夫、その上に弥陀が生きておって、弥陀は諸仏を除いて生きるところはない。その諸仏は弥陀から生まれたのである。如なるものとは、目や口や鼻をもった形のある仏さまではない。働きである。それを法という。法とは、すべてのものを成り立たせる、その根源の働きをいっている。ダルマという。法は軌持の義と言われるが、軌は道理、持はたもつ、そのものをそのものとしてたもつ真理。法とはそのことを表わしている。法が人の上に生きて仏が生まれる。それを諸仏阿弥陀というわけです。阿弥陀は法である。

われわれはこの阿弥陀によくよく注意しなければいけない。阿弥陀仏という仏があるのではない。しかし、阿弥陀仏は目と口と鼻があって、ご本尊としてお寺の内陣にまつってあるではないかと思う。あれが善いようで悪いんですね。親鸞聖人はお木像などは用いなかった。帰命尽十方無碍光如来の十字名号をご本尊にしておられた。『口伝鈔』とか『御伝鈔』に出てきますね。蓮如上人も「他流には『名号よりは絵像、絵像よりは木像』といふなり」と、名号よりは絵像のほうがすぐれており、絵像よりは木像のほうがすぐれているというが、「当流には『木像よりは絵像、絵像よりは名号』といふなり」と言って、南無阿弥陀仏の名号を本尊にせよと『御一代聞書』でおっしゃっている。けれども東西両本願寺とも本山の阿弥陀堂に参ったら、みんな木像の本尊がかざってある。だから、高森親鸞会の人たちは、本願寺に公開質問状を出して、「蓮如上人は、本尊は南無阿弥陀仏の名号と言っているのに、なぜ本山では木像をかかげるのか、蓮如上人の教えと違っているではないか」と質問したけれども、とうとう返事がなかった、と彼らは言っていますね。

でも、私には保育園をやっていますからわかるんです。はじめ、私は保育園の本尊は、帰命尽十方無碍光如来という十字名号をかけた。これで勤行をしていました。子供らはあっけらかんとして、この本尊の文字が何のことかわからない。字も読めない、誰に向かって合掌しているのかもわからない。とうとう私は木像に変えました。そしたら、「はあ、これが仏さま」と言っています。目があり口があり鼻があり、金が塗ってある。これはわかるわけですね。子供でも。木像さんでないとわからない。だから、本山も木像に変えなさったんだと私は思う。蓮如上人はああおっしゃったけれども、南無阿弥陀仏の名号が本当にわかる人がいないのですよ。それがわかるまでには時間がかかるから、お木像にされた。そういって答えればいいのです。南無阿弥陀仏は難しいからとてもみんなにはわからない。苦労して求道しないとわからない。南無阿弥陀仏を他の人に伝えようとして苦労してみなさい、難しいことがよくわかります。

しかし、阿弥陀は法なんだ。だから、そういうお木像ではいけない。本当は木像では阿弥陀を表わせないのですよ。けれども、木像でないと初心者にはとりつく島がないから、木像の仏になっている。が、このためわれわれは誤解を深くもって、阿弥陀さまという仏さまを考えるようになる。諸仏、阿弥陀なんだ。諸仏の上に阿弥陀は生きており、諸仏を除いて阿弥陀はない。その阿弥陀の働きによって、実際に具体的に、生まれてくるのが諸仏。諸仏を通して、南無阿弥陀仏が表われてくる、それを願われた。それが十七願です。諸仏がないと、人生に南無阿弥陀仏が現われてこない。南無阿弥陀仏は直接には現われてこない。われわれは凡夫で、凡小といい群萌という。こういう者に阿弥陀さまが出てきて説法しなさっても、絶対にわからんですよ。相手にしないですよ。

子供の教育というのは、大学教授がやると非常によくできると思うでしょう。しかし、絶対にできないんです。子供は教授と合わないんです。どうしてかと言うと、おじいちゃんだから合わないんです。年の差がありすぎるんです。子供の教育にいちばんいいのは子供です。これはもう鉄則。近い者でないと合わない。だから青年の教育というのは、青年よりちょっと年の多いくらいの人がいいんですよ。そうでないと話が通じない。青年は青年より少し年上くらいの人が言うのがいちばんよく聞ける。そういう人と照らし合い励まし合うことで、相通ずるでしょう。そういう指導者を育てないといけないんです。だから、うちのＪＢＡでも少年錬成会でも、あまり年の差がありすぎるのを指導者にもっていったら、これはだめですね。

私の保育園でも、私が行くと、子供たちが一応私の所に来るのは来る。が、「おじいちゃん」といってくる。おじいちゃんでは子供の教育はできない。子供同士が一番いい。ちょっと年の多いくらいのが。そこで、叩いたり、ひっぱったり、押したり、押されたりしながら本当によう言うことを聞くんですね。そういうのを切磋琢磨という。昔から〝芋の子を洗う〟といいます。芋の子というのは里芋ですね。あるいは唐芋、さつまいもといいます。こういうのを洗うには、一つ一つを取り出して洗うんじゃない。樽の中に入れて水を入れて、板を立てて右左、右左とまわすと、芋同士がごろごろこすり合ってきれいになる。これを芋の子を洗うという。こうやると奇麗になるのですよ。芋の子が芋の子を洗うのです。じいさんとか、ばあさんが幼児の教育をすると、必ず、過保護（世話のやき過ぎ）過干渉（口の出し過ぎ）過期待（期待のし過ぎ）で、この子はひょっとしたら、東大にでも通って、総理大臣にでもなりはせんかと思ったりする。しかし絶対にならない。親と同じくらいにしかならない。しかし、どうしても年の多い人がみると、過保護、過干渉、過期待になる。子供同士では、芋の子を洗うようにして、磨かれていくのである。

われわれに教えが届くのは諸仏によってです。諸仏はもとは凡夫。これでないと本願の教えは届かない。よき師よき友が言うと、よくわかるのですね。人生にこのよき師よき友が出てこないと、仏法は私に伝わらない。よき師よき友が諸仏です。もとは凡夫であったのが、弥陀の本願を本当に頂いた。偉いもんですね。この人の言うことならよくわかるんです。だから、今夜七時から親鸞聖人のご説法があるというので、お参りしても聖人の教えはとてもわかりませんよ。このお方はあんまり偉すぎる。偉すぎるとわからない。もうちょっと生臭くて私に近い人でないと難しい。私にかなり近いそういう人たちが、弥陀の本願というのは大したもんじゃ、と言うてくれるのが私に届くわけですね。これが私に仏法が届く道です。そこをしっかり知っておかねばならない。諸仏が出てこなければ、仏法はわが身に届かない。十七願を諸仏称揚の願という。十七願があってはじめて十八願になる。したがってよき師よき友、そういう人たちが私の前に出てくださることが大事である。

諸仏称揚の願は、くり返しますが、『大阿弥陀経』にあるように諸仏に聞かしめん、諸仏に説かしめんという願です。これが十七願。その後に十八願があって、十方の人々に聞かせたい。そのために諸仏に聞かせよう。南無阿弥陀仏を伝えるために、その第一歩として、諸仏称名というのが願われている。このように、十七願というのは如来が諸仏に、わが名をほめたたえて、人々に伝えてくれよと願われた。そういう願である。そこで、聖人は「弥陀経和讃」でこう申されています。

諸仏の護念証誠は
悲願成就のゆゑなれば
金剛心をえんひとは
弥陀の大恩報ずべし

（聖典一五四頁）

われわれが信心を頂くということ、すなわち、如来の廻向が届くということは、諸仏のお働きがなければできないのである。そこで、もしわれわれに信心ということが明らかになってくるときには、その諸仏の護念を感謝し、その背後にある如来の十七願（悲願）を憶って、弥陀の大恩報ずべしと言われた。

如来の十七願を大悲の願と言います。『教行信証』において悲願と言っておられるのは三つしかない。大悲の願というのは三つです。この十七願と十二願と十三願。如なるものが如来浄土となって（十二願、十三願）、それを届けようという（十七願）この三つの願を大悲の願と言い、この三つに限られている。それを和讃では悲願という。「悲願成就のゆゑなれば　金剛心をえんひとは　弥陀の大恩報ずべし」ですね。この和讃は非常に感激的な和讃です。

諸仏の護念証誠とは、われわれを念じ護り、証しだてをし、誠の道であると証拠証明してくださった、そういう諸仏のおかげでわれわれは、教えを聞きひらいていくのである。その諸仏のお護りと護念証誠の背後にある弥陀の悲願を憶って、「弥陀の大恩報ずべし」。そこに、十方世界に弥陀の本願は伝わってくださるという事実があるのであります。

シルクロードを越えて

弥陀の本願、あるいは仏法はどのようにして広がっていくのか。もう少し考えてみましょう。それは今も申し上げたように、諸仏の働きである。諸仏の働きとは、はじめは凡夫であった人が本当に仏法を聞きひらいて、どうしてもこれを伝えたいという心になっていく。その人たちの努力、それが仏法を広めていくのである。そういうのを諸仏の働きといいます。

私たちは長い間、仏教東漸といって、仏法が西の方から東の方へだんだんと移って、インドから西域という地方を経て中国に伝わり、中国から韓国を経て日本へ到来した、と東洋史で習ってきた。水が低いところへ流れていくように、だんだん伝わっていくのであると思っておりました。私はたまたま中国に三回ほど行って、はじめは北京から太原の玄忠寺へ参って西安に行き、次は西安、敦煌からトルファン、ウルムチのシルクロードの東の方。三回目は、カシュガル（いちばん西のパキスタンとインドに近い所）から東の方へ砂漠を越えて、ウルムチまで。計三回行きました。で、全部を通じてみると、結局、インドから仏教がずっと東に伝わってきたという道ゆきを、逆の方向から行ったことになりました。

最初の大砂漠をタクラマカン砂漠と言います。千五百キロもある大変な砂漠です。タクラマカンというのは、行った人が帰ってこないという意味だそうです。そこには何百キロかごとにオアシスがあって、そこに昔は国があったんですね。その間が二、三百キロもある。長いのは五百キロある。二、三百キロというのは大変ですよ。その間はまったくの砂漠ですから。そこに行ってみてはじめてわかりました。仏法が東に伝わったというようなそんな悠長な話ではない。仏教が伝わったんじゃなしに、仏法を伝えずんばわれ止まずという人が何人も何人も現われて、長い長い時間をかけて仏法を伝えたのだ。どうしても仏法を伝えなきゃならんという人が出てこなければ、とてもあの砂漠を渡って東へ行くことはできない。

仏教伝来ということは、これを伝えたいと命をかける人がいないと成り立たないですね。あり得ないことです。このようにして、仏教を伝えたその人たちは、中国人じゃない。漢民族でなくアラビア系の人たちですね。異民族の人たちです。その後この人たちは、イスラム教によって改宗させられて、今はほとんど全部がイスラム教徒になっていますが、この砂漠の途中のオアシスのところに仏教の遺跡がたくさん残っている。それはもう実に広大なものです。玄奘三蔵の記録によると、亀茲国には五千人も坊さんがおったという。そういうところもあったんです。あの遺跡を見たら、そのくらいの僧はいただろうなと思います。とても大きな遺跡が残っている。その砂漠の東の端がウルムチ、トルファンです。そこから敦煌へ行って敦煌から西安へ。その間は何百キロもある。大変な砂漠を渡ってきたのです。

諸仏というのは仏法を護って、それをどうしても伝えたいと念願した。そして、この仏道が本当の道であることを身にかけて証明して、そしてこれを伝えた。私たちの旅行は、そういうことが骨身に徹してわかって、本当によかったですね。生涯忘れることのできない旅だった。それはたまたまシルクロードといわれる所でしたが、まだそれから中国の中を、さらに日本に伝わってくるにも、本当にそれはそれは大変なことであったに違いない。伝えずばやまじ、という人が次々に出たのである。それらを諸仏というのであります。

諸仏というのは、仏となったときを諸仏という。仏とならない前は菩薩という。これが正定聚不退の位です。それを真の仏法者という。仏法を本当に頂いた人が、仏法のためにどうしても働かずにはおれないというのが諸仏の活動である。その働きをなさしめる原動力は何か。それは弥陀の本願である。その根源は弥陀の本願である。弥陀の本願が諸仏を生んで、その本願が諸仏を動かすのである。「諸仏の護念証誠は　悲願成就のゆゑなれば　金剛心をえんひとは　弥陀の大恩報ずべし」。実にいい和讃ですね。

真実信心の人

如来尊号甚分明。如来のみ名が十方にくまなく広まってくださるというのは、一つに諸仏の働きがある。その諸仏の働きが、弥陀の本願によって生まれた。その本願を十七願という。諸仏はなぜ自分のいのちをかけてでも、仏法を伝えようとする働きをするのか。それを別の角度から考えてみましょう。

それは南無阿弥陀仏によるのである。南無阿弥陀仏が非常に大きな働きをもっているということを、理解しなければならない。南無阿弥陀仏が本当にわかった人が誕生したのである。そういう人が誕生してくれることが、仏法興隆のいちばん大事なことである。それを諸仏の誕生という。

五念門の行は礼拝、讃嘆、作願、観察、廻向です。この五念門の行を親鸞聖人は、菩薩の行、法蔵因位の兆載永劫の行というものが五念門であったと、『入出二門偈』に出されております。天親、曇鸞の教えを頂かれた結論として、そのように聖人は領解された。五念門によって生まれた五功徳門、それが五念門の因にたいして果として表われるものです。これが功徳の世界であり、これを近門、大会衆門、宅門、屋門、薗林遊戯地門といいます。

さて、五功徳門が成就して、そこに往生浄土が成就されていく。礼拝によって近門、讃嘆によって大会衆門、作願によって宅門、観察によって屋門に生まれていく。それを「入」といって自利の行といい、往相という。そして、廻向の行によって薗林遊戯地門に至る。それを「出」といい、利他、還相という。この入出のすべてを南無阿弥陀仏の内容として、往相、還相、自利利他のすべてを廻向しようというところに如来の本願がある。

この法蔵の因位の働きが果を生んで、そこに成就された自利、利他の働きが南無阿弥陀仏の内容である。その中に往相と還相の働きがこもっている。それが廻向されて、われわれの上に届くとき、一心帰命の信として成り立つ。一心の信が成り立つと、われらの上に南無阿弥陀仏と念仏が生まれて、往相と還相の働きが成り立つ。それを廻向の宗教という。こういうふうになっております。

だから、南無阿弥陀仏が届いてくださると、往相（自利）と還相（利他）の働きがその中にこもっておって、そこから自利利他の働きが展開してくる。自利は往相、五念の行を励んで、往生浄土していく。同時に、利他。利他は薗林遊戯、煩悩の林に遊んで、仏法を広めていきたい、伝えていきたいという利他が南無阿弥陀仏の中にこもっている。

いま何を言いたいのかというと、諸仏はなぜ働くのかということです。諸仏はなぜ仏法を行じていく人たちを護り、その人たちの成長を念じ、なぜ本当の道を自ら証しだてをしていくのか。そして、仏法を広めたい、そういう一心をもってなぜ働くのか。それは、そうなるようになっているからである。それを自然という。願力自然という。如来の働きといいます。

南無阿弥陀仏がわれわれに届くと、必ずそこに五念門の行を行じていく。頭が下がって念仏申して、願心をもって進んでいくという生活が生まれてくる。同時に、仏法を護り、仏法を広め、仏法の役に少しでも立つように、いわば仏法を支えていこうという還相の働き、諸仏としての働きが生まれてくる。根源は南無阿弥陀仏にある。南無阿弥陀仏の自然の働きである。それを諸仏、弥陀という。諸仏の働きというのは弥陀の働きなのだ。諸仏を除いて弥陀の働きはない。如来本願の働きは、諸仏の働きになって出てくるのである。諸仏の働きが弥陀の働きである。

諸仏は仏法を護り念じ、証誠していくというが、そういう思いを自分の力で起こすのではない。私ががんばってやろうという思いではなく、ご恩に報いるためにやっていきたいという思いしかない。仏法のための働きは、仏恩報謝の行として展開してくるのである。

仏教ではまず信心の人を誕生させること、それがいちばん大事な目標です。そのような人がひとり生まれたら、必ず大きな仕事をしてくれる。必ず弥陀の本願を広めてくれる。諸仏が誕生すると、必ずそうなるようになっている。諸仏が生まれることがいちばん大事である。

諸仏ははじめは凡夫である。その凡夫が教えを聞きひらいて、南無阿弥陀仏を本当に頂いたら、広大無辺の働きがその中にこもっているから、自然に往相と還相の働きを展開する。それが阿弥陀如来の働きである。

私は年とともに、だんだんと昔のことを考えることが多くなって、自分はこれまでいろいろな人に育てられたが、どんな人に育てていただいたかなあと思い出すのは、若い人ではなくてみんな年寄りです。年寄りの同朋たちが、若い私たちを教えてくれたなあと思う。みなさん、あまりご存じないかもしれないが、唐鐘の佐々木精一郎先生という人がおられました。佐々木校長といって、島根県の浜田のお方でした。それから斉藤ますさんというご婦人。この人は山口県の人でしたなあ。だいぶ後ですが、森脇チヨさん。今の森脇さんのお母さんですね。私から見るとだいぶ年寄りでしたが、本当にいろいろなことを、この方たちが教えてくれました。

住岡夜晃先生の話は難しい。ちんぷんかんぷんというところがかなりあった。それをさきの方々が具体的に例を引き、自分の体験を通して話してくれた。こちらの話はよくわかるのです。そういうおじいさんおばあさんたちが、仏法の教えをわかりやすく話してくれましたね。こういうのは利他の行ですね。これは還相の働きであって、それはまことに南無阿弥陀仏を頂いて、そこに展開する働きです。だから、弥陀の本願というのは、諸仏が出てこないと働かないんです。さきの人たちは、住岡先生について、本当に仏法を聞きぬいた人たちですね。われわれの身近な人たちなんです。その人たちが弥陀の本願を本当に領解した。南無阿弥陀仏を頂いて、この人たちを通して、十方の世界を普く伝わっていくのである。弥陀の本願は必ず諸仏を通して伝わっていくのであって、したがってわれわれから言うならば、よき師よき友をもって、その教えをよく聞いていくことが、弥陀の本願を本当に頂く道なのである。そういうことになっている。

われわれのこの集いの中から、本当の信心の人が生まれなければならない。信心の人が生まれてくるということがいちばん大事である。そのことができたら、弥陀の本願は次々と広まってくださるのです。

では、本文にかえりましょう。

「『流行』は十方微塵世界にあまねくひろまりて仏法をすゝめ行ぜしめたまふなり」(聖典五〇二頁)とあります。これは具体的には諸仏の働きである。続いて、「しかれば大乗の聖人・小乗の聖人・善人・悪人・一切の凡夫みなともに自力の智慧をもては大涅槃に至る事なければ、無碍光仏の御形は智慧の光にてましますゆゑにこの如来の智願海にすゝめいれたまふなり」という表現になっています。

弥陀の智願海に勧め入れてくださる、それが諸仏の働きなのである。では、諸仏の働きというのは、具体的にはどういうことか。弥陀は諸仏。弥陀の本願は具体的には諸仏の本願。諸仏はよき師よき友。そこに弥陀の本願が生きている。そして、諸仏の勧めの第一は四摂事。第二は教育。次に教化です。

四摂事とは、四つのことをして仏法の世界を勧めていくことです。その第一は布施。布施というのは物やお金や力を差し上げること。布施するということが大事。第二は愛語。言葉をかけること。優しい言葉、おはよう、元気ですか、よく来ましたね、といたわりの言葉、慰めの言葉、励ましの声をかけていくということが仏法を勧める第一の働きです。

亡くなられた大森忍先生の長男の建世君が本部で感想発表をした。「みなさん、僕がなぜ本部に来ると思うか、本部へ来たら餅が食べられるから」と言った。本部の奥さんが、建世君が来ると餅を焼いて食べさせなさる。それが嬉しくて本部へ来たという。建世君だけではない。われわれも同じで、本部に行くと何かごちそうになった。それが布施なんだ。それが仏法にはいる入り口なんです。それが諸仏の勧める第一です。第二は言葉をかけていただく。住岡先生は私に「念仏申しとるか」といつも聞かれました。

次に利行。私の役に立つことをしてくださる。やってくださる、手伝ってくださる。四つ目は同事。同事は協同して事をすることです。一緒に仕事をする。これを同事という。その人たちの中にとけこんで仕事をすると、気心がわかり仏法以前に親しみができる。それが大事なことですね。

私は方々旅行することが多い。新幹線に乗ると、だいたいは居眠りするか本を読むかで、黙っていることが多い。しかし、ちょっと気にかかるような人がいる。そんなとき、座ってなるべく早く、一、二分のうちに声をかける。「どちらへおでかけですか」。向こうはどこどこまでという。「私は広島まで行きます。ご一緒にお願いします」と言う。なぜそんなことを言うか。向こうがどこへ行こうが、私に一つも関係ないじゃないか。こっちもどこへ行こうと、それを相手に言う必要もないのです。けれども、こっちに考えがある。言いたいことがあるんだ。何となく沈んだ顔をしているが、なぜだろうか。ひょっとしたら、もしかして、仏縁がひらけることになりはしないかと思うから、声をかけてみるんです。だから、ものを言うというのは、一つの目的があるのですね。昔はしゃべくりまくって、こちらのことばかりを言っていた無鉄砲な時代もあったけれども、だんだん年をとれば何事も目的をもつから、この人はひょっとしたら仏法を聞いてくれはせんかと思うと、言葉をかけるんです。

教育とは何か

次は教育。育て。育てるというのは、伸ばしてやること。すすめて育てていく。廃悪修善といって、善をすすめ悪をやめさせる。それを十九願の教えという。そういう教えをよく聞くことがあるんです。君はどうか、今の状態でいいと思うているのか、と尋ねてみると、今のままでいいと思っておるのはあまりいない。

私は学生の寮を作りました。昭和四十四年でしたか、仏教研究会の寮を作って、二十数年間やってきました。朝晩勤行をやる。寮生はあまり出てこないけれども、毎週一回月曜日に読書会をやる。それには必ず出るように言ってきました。読書会のあと一杯やるから、これには全員出てきました。それから『歎異抄』の会というのを週一回やりました。さらに月一回、土曜会といって一泊のOBの会がある。そういうのをくり返してやってきました。先日そのOBの同窓会をやりました。二十数年前に卒業したのも来てくれて、教頭になったのもいれば、いいオッサンになったのも多い。子供は大学に入っています、というのもいて、いろいろと話しました。

彼らの言うことを聞いておると、巌松寮での生活が自分の学生生活のすべてであった、自分の現在の考え方というのは巌松寮におった四年間の考え方が中心です、読書会で得たもの、『歎異抄』の会で聞いた教えが中心です、と言うてくれたのには驚いた。彼らにとって、寮生活がそんなに大きな意味をもっていたかなあと思うて感銘しました。部屋はあまり立派なものじゃあない。三畳です。そのあと、三畳の部屋なんて学生が入らなくなりました。仕方がないから、間の境をとって六畳にしました。二部屋を一部屋にした。だから入り口が二つある。押し入れも二つあって変な部屋になったが、今の学生は荷物が多いので、これでも狭いようです。その頃はまだ三畳でよかった。

善を勧めたわけではないが、そういう趣旨になる。そこで読書をし、勤行をし、いろいろな話し合いをし、『歎異抄』を読みして育った。それが第一段階。その中の何人かが、続けて仏法を聞いてくれた。それがまず第一ですよ。

現在の教育でいちばん儲からないのは、二つありますね。一つは子供の教育。幼児の教育。保育園です。これは絶対に儲からない。もう一つは寮の経営。これも絶対に儲からない。まず、保育園は保母が要りましょ。保母は一人で何人の子供をみられるか。ゼロ歳児や一歳児では、一人の保母で二・五人だ。これが精一杯。一人の子の保育費は、いくらくらいもらえるか。いろいろありましょうが、だいたい赤ん坊の親というのは若いですよ。三十歳ちょっとぐらい。収入があまりないでしょう。だから五万円がいいとこですね。一人五万円以上出すといえばきつい。二人半で十二万五千円入るわけですね。保母一人を十二万五千円では雇えない。なぜかというと事業者負担というのがある。保険がいくつもある。その半分は事業者が出さないといかん。失業保険、厚生保険、社会保険、こういうのを出すわけです。さらに交通費もある。十二万五千円しか入らないのに、そんなに出せるはずがない。これはもう絶対に儲からん。大きな子は一人の保母で二十人もたすのは無理。せいぜい十名。十五名以下でないと、本当に目が届かないですね。結局、全般的に保育園というのはボランティア精神です。だからみなさん、保育園をやっとる人がおったら尊敬しないといかんですよ。金儲けを考えていない。何か社会的なことを考えているんです。何とかして世の中の役に立ちたい、困っている人を助けたいと思うからやっているんです。

幼稚園はどうか。幼稚園は儲かるそうです。どうしてかと言うと、子供が四歳以上で大きいから一人の先生で二十人から三十人はもたせられる。二十人として、一人三万円で六十万円。これならやって行ける。やって行けるというのは園長の月給を出せるのです。私立の保育園は園長の月給が出せない。それでもやっているのは、ほかに目的があるからです。

もう一つ難しいのは寮ですね。寮というのは難しい。いちばん難しいのは高校生です。その次は大学生。高校生というのはとても大変です。みんなタバコを吸う、酒は飲む、部屋へ行ったら酒ビンがごろごろしとる。焼酎からウイスキーからなんでも飲む。まだ未成年だから飲んじゃいかんのでしょう。しかし、実際は、タバコは吸う酒は飲む。そういうのを相手に寮を経営するのは大変ですね。酒やタバコを認めるわけにもいきません。酒飲んでもかまわぬ、タバコ吸ってもいい、というようなことは言えない。しかし、止めようがない。私のところは高校生を預かっていましたから、その高校から睨まれました。あの寮は酒を飲ます、あの寮はよろしくない、といって叱られた。しかし、彼らが勝手に飲むのだからしようがない。だから、俺の目の前では飲むな。言えるのはそのくらいです。勤行には出よ、読書会には必ず出席、とそういうことを厳しく勧めました。寮での教育は労多くして効少なし。なかなかご苦労です。今でも高校生の指導にはまったく自信がありません。

その次は大学生。この頃の大学生はむつかしい。大変な時代ですよ。新興宗教はたくさんあるけれども、学生寮というのは経営しないそうです。ほとんど経営していない。なぜかというと引き合わないのです。収入が問題なのではなく、労力がとてもかかるのです。そして、そこで育てた若者は、その宗教に入らない。ですから、とても労多くして効少なしですね。

しかし、私は考えが違う。念仏の寮で育った者が念仏を聞かなくたってかまわない。なぜかというと、どこかで聞くかもしれん。仏法というのは、まず宿善を作らにゃいかん。学生時代に、自分は仏法の話を聞いたことがある、勤行にも出たことがある。寮を出てからはやめてしもうたけれど、それが頭に残っておるというのが大事なんだ。そういうところが出発点なんだから。その思い出は、子供や孫に伝わって行く可能性がある。短いことを考えちゃいかん。いま育てたものがすぐ仏法者になる、というようなことは夢のまた夢なんだ。教えた中のごくわずかな人だけが、育っていくのかもしれない。

ロングフェローというアメリカの詩人が「我大空に矢を射たり」という詩を作っています。私はあれが大好きです。しかし、大部分は忘れました。「我大空に矢を射たり、矢は天かけることの速くして、目はるかに見えわかず、いずれの地にか落ちたりけん」と。矢を射った。矢はどこかへ飛んでいった。どこへ行ったかわからない。「我大空に詩を賦しぬ」。私は大空に向かって詩をうたった。その詩は風のまにまに流れて、どこにいったかわからない。けれども幾年かたった後に、自分の放った矢が大きな樫の木に、ぐさっと突き刺さっているのを見出した。そして自分が、空に向かってうたった詩も、友の胸の中にしっかりと刻みこまれていたという詩です。これは面白いなあ。我大空に矢を射たり、というのは面白い。そういうのを教育という。それが当たったか当たらないかはわからない。当たらないことが多いのです。けれども、当たるかもしれない。どこかで役に立つかもしれない。これは十九願、二十願の教えです。そうして教化ということがなされていく。

継続は力なり

さきほど読んだご文の終わりのところ、「如来の智願海にす丶めいれたまふ」。それは最後のところを言っている。弥陀の智慧海、これがいちばん根源。そして弥陀の本願海、これがわれわれに届いてくださる南無阿弥陀仏の教え。両方を一緒にして智願海。人間は四摂事、教育、教化、という順序を経て成長していくのである。したがって諸仏の勧め、諸仏の働きは、直ちに弥陀の智慧海、本願海に人を導くように書いてあるけれども、本当は四摂事から始まって、次に教育、勧め励まして、そしてとうとう仏法を聞いてくれるようになる。それまでは、そういう努力が必要なんだ。われわれは光明団で少年錬成会をやる。あれは必ずしも仏法中心でなくてもいい。海水浴中心でもいい。とにかく来て、みんなが朝晩勤行して、友達ができて、来年も来ようということになれば、それでいい。それが入り口なんだ。そして、それが今度はＪＢＡとか、あるいは青年部会とかにだんだん進展していくわけですね。少年錬成会をはじめて、もうたしか三十数年になったと思います。長門会館ができて会場にも恵まれました。いい所です。三十何年もやっていると、はじめの頃の人たちもずいぶん大きくなりました。若い人たちがたくさん育ってきますね。ＪＢＡはまだ歴史が新しいけれども、青年部会はかなり長い。ＪＢＡとか青年部会で育った人も、まだまだ弥陀の智願海に入る人は少ない。けれども次々とそういう道を歩いていくのです。

弥陀の本願は、五劫の思惟と兆載永劫の修行を重ねて、南無阿弥陀仏になってくださった。われわれにこれが届くのには、これはもうかなりの時間がかかっていると思わなきゃいかん。この新しい人たちを育てていく上にも、それを覚悟せにゃいかんですよ。決して性急に考えてはならない。少年錬成会の効果はどれだけあったか。ＪＢＡにどれだけの人が集まったか。そういうことは考えなくてもいいのです。いろいろの起伏がありますよ。それよりも継続一貫、続けていくということが大事である。継続は力なり。そうしたらだんだん育っていく。みんなが育っていく。それを諸仏の働きというのである。この諸仏の働きの中に、弥陀の働きが入っている。すべて弥陀の本願の働きが中心である。そこに十方世界に普く、この如来の行が広がって、進展していくという根本があるのであります。「如来尊号甚分明　十方世界普流行」。こうなっているのです。

ただ念仏申す

本願成就とは

では、次のご文にまいりましょう。

「但有称名皆得往」といふは「但有」はひとへにみなを称ふる人のみみな極楽浄土に往生すとなり。故に「称名皆得往」とのたまへるなり。（聖典五〇二頁）

原文は「如来尊号甚分明　十方世界普流行　但有称名皆得往　観音勢至自来迎」とあって、十七願、十八願のこころを表わされております。「但有称名皆得往」の中の「但有」は、ひとえにみなを称うる人のみ、但はただその人だけということで、念仏申す人のみ皆極楽浄土に往生を得ると述べてあります。

往生浄土は本願成就によるということを、ここでは「但有称名皆得往」とあって、称名念仏する者だけが皆、往生を得るという。それではこの文は本願成就文とどのようにつながるのか、そこを明らかにしておきたい。

本願成就によって往生浄土していくということを、まとめて述べてあるのは『浄土文類聚鈔』である。これは聖人のご晩年の著作で、『教行信証』を圧縮したような内容になっていて、略文類ともいいます。この書の特色は、念仏ということが中心になっている。たとえば次のように、

しかるに本願力の廻向に二種の相有り。一には往相、二には還相なり。一に「往相廻向」と言ふは、往相について大行有り、また浄信有り。（聖典四〇六頁）

となっている。つまり、二種の廻向というところは『教行信証』と同じです。けれども、『教行信証』では「往相の廻向を按ずるに、大行有り、大信有り」と、大行と大信を並べて平行して述べてあるが、ここでは「大行有り、また浄信有り」となっている。「また」というのは、「もまた」というように、「それもまた有る」と附随的になっている。また大信とはいわず、浄信である。大行だけが大である。大行の「大」は如来廻向、超世無上という意味を表わすもので、念仏すなわち南無阿弥陀仏だけが大行であって、それに附随して、浄信もまた有るというようになっていて、南無阿弥陀仏が中心である。そこが大きな特色です。これは非常に大事なことなのです。浄土真宗の根本は南無阿弥陀仏だ、ということを表わそうとされている。今はその点には立ち入らず、本願成就ということの表わしてある文を見ていきます。今読んだところの続きです。

願成就の文『経』に言はく。「十方恒沙の諸仏如来皆共に無量寿仏の威神功徳不可思議にましますことを讃嘆したまふ。諸有衆生、その名号を聞いて、信心歓喜せんこと、乃至一念せん。至心に廻向せしめたまへり。かの国に生れんと願ずれば、即ち往生を得、不退転に住せん」と。（聖典四〇六頁）

はじめに十七願成就と言って、今回は「十方世界普流行」と十方世界の恒沙無量の諸仏たちが、無量寿仏の威神功徳（威徳神力とも申します）の働きの不可思議にましますことを称揚讃嘆して、十方の衆生に聞かせ説いてくださった。それが如来の本願、十七願成就である。如来の十七願に応じて十方恒沙の諸仏讃嘆がある。そして、次の「諸有衆生、其の名号を聞いて」は十八願成就である。つまり、十七願と十八願が続いていることがはっきりしている。

本願成就とは、十方恒沙の諸仏が南無阿弥陀仏を称揚讃嘆したもう。それが十方の衆生に届いて、十方の衆生が聞きひらいて信心歓喜、乃至一念する。この一念は信の一念、一念の浄信という。次の「至心に廻向せしめたまへり」。これは昔の読みで、至心に廻向してくださいましたということ。如来が南無阿弥陀仏を至心廻向なさって、そこに信心歓喜が与えられた。その信心歓喜が願生彼国と願生の心となり、即得往生、住不退転。すなわち、如来浄土に往生していくということは、諸有衆生、聞其名号、信心歓喜、如来の至心廻向によるのである。そこを十八願成就という。

十方恒沙の諸仏如来の称揚讃嘆、つまり阿弥陀仏のみ名を讃めたたえ、それを説き、それを勧めてくださった。それが十七願成就。そして、十方衆生がそれを聞いて信心歓喜、願生彼国とつづく。これが十八願成就。十七願、十八願とつづいている。離れない。「其の」とはよき師よき友、諸仏の讃嘆。勧め。南無阿弥陀仏を聞信することの勧め励まし、それが「其」。「聞」は南無阿弥陀仏のこころを聞きひらく。この三つ。聞、其、名号、この三つが大事。もう一つ大事なのは諸有の衆生。十方衆生が「諸有衆生」、迷い深い私と目がさめる。

如来の至心廻向を頂いて、信心歓喜する。そして願生彼国、その願生のこころが即得往生、住不退転と展開してゆく。これが証。信心と証は離れない。それが本願成就である。

ここで注目すべきことは、念仏ということが出てこないということ。「但有称名皆得往」法照禅師のこの偈を今は『唯信鈔』に引いてあって、「ただ称名するあれば皆往くことを得」。称名念仏だけが中心であって、称名念仏の人が皆一人残らず、ただ念仏だけで往生していくといわれているが、本願成就文には念仏は書いてない。書いてあるのは信心だけです。至心廻向、聞其名号、信心歓喜、それによって往生浄土していくのである。本願成就文では信心正因ということが出ているが、念仏はどうなっているのか。

聞、信、称

そこで、注意してみると、成就文の続きにはもう一つ文章がある。

また言はく。「仏、弥勒に語りたまはく。『それかの仏の名号を聞くことを得ること有りて、歓喜し踊躍し、乃至一念せん。当に知るべし、この人は大利を得と為す。即ちこれ無上の功徳を具足するなり』」。（聖典四〇六頁）

その「一念」というのは何かというと、ずっと後の方で、

『経』に「乃至」と言ふは、上下を兼ねて中を略するの言なり。「一念」と言ふは即ちこれ専念、専念は即ちこれ一声、一声は即ちこれ称名……（聖典四〇七頁）

とあって、その乃至一念は称名念仏である。

「仏、弥勒に語りたまはく」というこの文章は、『大経』流通分である。流通分は『大経』のいち

ばん最後に、結論を表わす文である。たんなる結論でなしに、その結論を流布弘通し、みんなに弘めたい、伝えたいという願いをこめて流通分という。その流通分は次のようになっております（聖典七六頁）。

かの仏の名号を聞く　　聞其名号　　聞
歓喜踊躍　　　　　　　信心歓喜　　信
乃至一念　　　　　　　称名念仏　　称
大利を得となす　　　　往生浄土

「かの仏（阿弥陀）の名号を聞く」、これは聞其名号。「歓喜踊躍」、これは信心歓喜である。「乃至一念」、この一念は称名念仏だと聖人はくり返し言っておられる。「大利を得となす」とは、即得往生、住不退転とついに涅槃を極める無上の大利功徳を得るということである。往生浄土ということが後に出ていて、これが結論になっています。

同じ聞其名号、信心歓喜であり、同じ証果の即得往生、住不退転が得られるのに、成就文の方は信心正因で念仏は出てこない。流通分は信心と念仏と二つ出てくる。これはどういうことなのか。

本願成就は何が成就したのかというと、まず、十方恒沙の諸仏如来の称揚讃嘆を聞きひらいた聞が成立している。そして、信心歓喜と信が成就した。聞と信が成就している。流通分の方は聞、信、称が成就している。聖人は流通分のご文を出して、本願文を補っておられる。そこで、十七願と十八願成就が本願成就して、そこに即得往生、住不退転と往生成仏していく道がひらけてくる。それでよさそうなものであるが、もう一つ流通分をつけて、本願成就の聞と信に流通分を添えて、聞、信、称の成就であることを示された。

聞其名号は南無阿弥陀仏を本当に聞きひらいた姿。その南無阿弥陀仏の中に往、還、自利、利他、法蔵兆載永劫の行、その功徳がこもっている。礼拝も讃嘆も作願も五念門の行がこもっている。それが届けられるところを廻向という。われわれが聞信して、南無阿弥陀仏を頂いて聞其名号、信心歓喜になるとき、その聞、信のところに称は入っておる。だから聞信だけ述べて称名念仏はその中に省略されている。しかし、それだけではわかりにくいから、聖人は後の流通分を出して明らかにされたのである。

すべての中心は南無阿弥陀仏にある。南無阿弥陀仏の廻向である。この南無阿弥陀仏の中に、願心も観も功徳も一切が入っているのである。その南無阿弥陀仏が私に届く。たとえば、私をいま、鯉のぼりとする。鯉のぼりの中に南無阿弥陀仏の風が入ってくる。よき師よき友の勧めてくださる諸仏称名の風が、この鯉のぼりに届くところを聞其名号という。諸仏称名の風を私が本当に聞きひらいて、それを受けとった。これが聞其名号である。そしてこの風が私を貫いて、わが身を貫くところに生まれるものを信という。これを信心歓喜というのである。聞というところが十七願成就。聞信というところが十八願成就。そこに南無阿弥陀仏が入ってきて、それが私をつきぬけて出ていく。風が届いて、風が出ていく。そこに称名念仏がある。届くのも風、出ていくのも風。入ってくる風が、出ていく風。入ってきた風が私の称名となって出ていくのである。南無阿弥陀仏が届いて南無阿弥陀仏が出ていく。それが称。聞、信のところを書いたのが十八願成就文。聞、信、称を書いたのが流通分。聞のところが十七願。このように、みな関連している。

この三つが「唯」で結ばれる。往生浄土の道は、唯聞く。「仏法は聴聞に極まる」と言われたのは蓮如上人である。『御一代聞書』の中にありました。聞いて聞いて聞きぬくというのが、往生浄土の道であり信心への道である。唯聞である。だから、「但有聞名皆得往」でもいいのです。三つあるけど、みな同じなんだ。つながっている。聞、信、称というのはつながっておる。唯信心でもいい。唯信独達といって信心一つとも言える。もとは南無阿弥陀仏にある。

「ただ念仏」と言われたのは法然上人です。「たゞ念仏して弥陀にたすけられまゐらすべし」。だが、

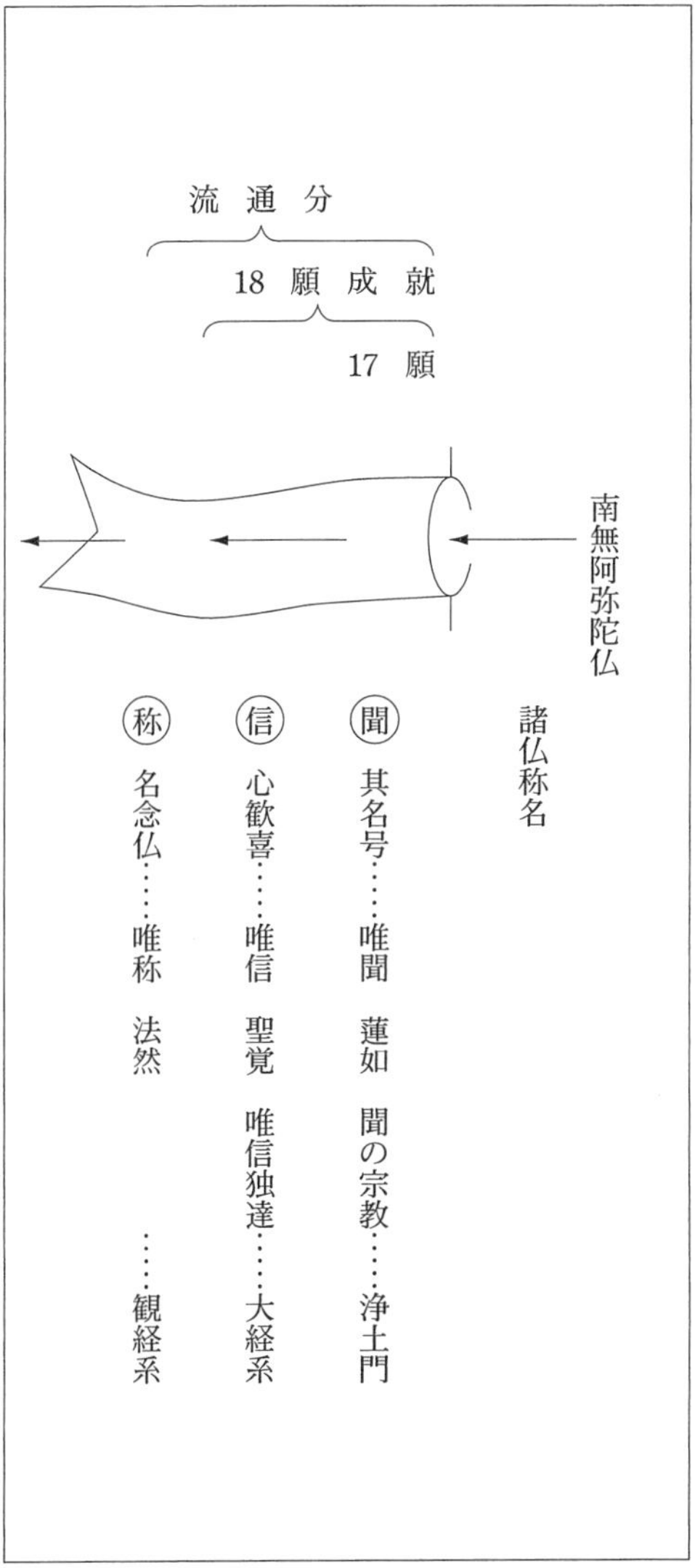

唯信と言われたのは『唯信鈔』。実際は法然上人ですけれども聖覚法印。唯聞と言われたのは蓮如上人である。で、みんな同じことを言っていなさる。このつながりがわかるということが大事である。

『観経』系と『大経』系

「ただ念仏」というのは聞と離れない。また信と離れない。それが「ただ称名ありて」である。ただ称名ありてというところを力説する人は、『観経』系の人です。道綽禅師以下、善導、源信、法然という人たちは、『観無量寿経』に立っておられる。『観無量寿経』には最後の流通分に、

汝好くこの語を持て、この語を持てとは即ちこれ無量寿仏の名を持てとなり。（聖典一〇八頁）

という釈尊の最後のお言葉がある。そこに立って教えをまとめると、ただ念仏ということになる。

信心に立つ人を『大経』系のお方という。それは十七願、十八願成就に立つ。そこに立つと信心というのが中心になっている。聞、信というところに中心がある。『大経』系の特色は「諸有衆生聞其名号　信心歓喜」というところに特長がある。諸有衆生ということを重要視し力説する。『大経』系の人の中でこの点がいちばんはっきりしているのは曇鸞大師です。それから親鸞聖人です。龍樹、天親も『大経』系といわれますが、諸有衆生がいちばんはっきりしているのは曇鸞大師です。この人たちの特色は何かというと、「唯除五逆誹謗正法」という抑止文を非常に大事にすることです。

『観経』系の方はそれを全部除いて、一切ふれない。十八願文をあげるときに、そこだけ除いてし

まう。なぜかというと、弥陀のお慈悲というものを強調して、念仏一つで助かる中に大きなお慈悲を感じとる。念仏一つで助かるというところが、弥陀の慈悲ですね。だから弥陀のおこころに立ってこれだけは除くという抑止文は必要がない。いかなる者もみな救われる本願という宗教である。

一方、『大無量寿経』は信心に立つ。聞、信という十七願、十八願に中心がある。信心というのは自己への目覚めである。もっとも深い目覚めは「唯除五逆誹謗正法」といって、私は除かれたる者、本願に値しない如来の救済を頂く価値のない恩知らずの愚か者、如来無視の私というところにある。そこを諸有衆生という。諸有衆生と目がさめて、聞きぬいていく。『大経』系ではそのように唯除のご文を大事にする。十八願文を引くときには、必ず「唯除五逆誹謗正法」という文があとについている。それを略さない。そこが特色である。

われわれはこの特色をよく知っておかなければならない。念仏申せとか本願とかいうのも間違いではない。「聞其名号　信心歓喜」も間違いではない。全体的に三部経すべて、中でもとくに『大経』は聞の宗教である。聞きひらいていくという宗教、これが浄土教の中心のあり方で非常に大事な特色です。

宗教は大きくいって信ずる宗教と行ずる宗教がだいたい主である。中でも信ずる宗教、教えを聞いて信じていくという宗教がほとんどである。「教信行証」という宗教。もう一つは、禅宗のように行じていくという宗教。だいたい、この二つ。これらに対し『大経』を中心とした浄土門は、聞きぬいていくという聞の宗教である。そこに最も現代的な宗教があると、私は思う。聞いて聞いて聞きひらいていくという宗教。何かを信じこむのでもなければ、何かを行じてその結果、証が得られるのでもない。聞いていく宗教。それが浄土門の特色。具体的には『大経』なんです。それは聞である。聞が聞、信、称となっていく。ここに特色がある。聞と信と称は離れないいんだということを、理解しておく必要がある。

そこから考えますと、聞、信というところまでいったが、称がない。南無阿弥陀仏が出てこない。そういう聞法は鯉のぼりのしっぽを縛ったようなものです。あそこを縛っておくと、中に風がたまって、鯉のぼりが勢いよく空高く泳ぐんじゃないかと思いますが、そうではない。あそこを縛ったら、全体がダラッと下がって鯉のぼりにならない。風が吹きぬけなくてはならない。念仏のない信心というのはダメ。本当のものじゃない。信心のない念仏というのはもちろん、これは口先だけである。だから、信心と念仏が一緒になるということが非常に大事である。

浄土真宗の危機

ところが、今の浄土真宗は、お東であろうとお西であろうと、どこであろうと、悲しいかな念仏がなくなっている。これはかなり前の話ですけれども、天理教のある先生が書いていました。昔、私が若い頃は、本願寺の前を通ると（恐らく東本願寺でしょう）電車の通りまで本堂の念仏が聞こえておったそうです。昔はお寺に参ると、どんな小さなお寺でも南無阿弥陀仏、南無阿弥陀仏という声が本堂一杯に満ちていた。その人いわく、今は電車通りはなくなったが、山門のそばで耳をすましても、念仏は一つも聞こえない。ひょっとしたら浄土真宗は衰えたのではなかろうか、と書いてあった。まあ、きびしいことを言う人があるなと思いましたね。しかしその通り、念仏申さないようになったら衰えますよ。

安田理深先生が亡くなられて、たしか七回忌が去年か一昨年か勤められました。本山の宗務総長以下、全幹部が集まったが、式の始めから終わりまで寂として念仏の声が聞こえなかった。まったく念仏する人がいなかった、と参列した人から聞きました。いったいどうなっているんだろう。先生の奥さんだけが南無阿弥陀仏、南無阿弥陀仏と念仏しておられたそうです。安田先生の書物をよく注意してみると、先生は念仏を非常に大事にしておられます。だが、ご本人が念仏申していなさったかどうかは私は知りません。けれども、その弟子たちは念仏申さなかったようです。そういうご法事に念仏申さないということがあるものですか。念仏申すということは、みな頭ではわかっとることです。念仏が大事だとは真宗の大切な教えです。だが念仏が出てこない。これはどうなっているのか。私は浄土真宗はいま危機だと思いますね。ああいう立派なお方が、たくさんのすぐれた弟子を育てられたのに、その人たちが集まったときに念仏が出ないなんて、これはまったくの危機だなあと感じました。

幸にわれわれは念仏申すことを鍛えられた。昔からずっとです。だから、他のところから光明団本部へご講師で来ていただいた方たちは、光明団で南無阿弥陀仏、南無阿弥陀仏と念仏するのを聞いて、異様な感じをもたれるらしい。ある先生がそんな話をされたと、聞いたことがあります。何先生かは忘れましたが、青年部会か婦人部会に来ていただいて、それが済んでどこかで話をされたらしい。光明団に行ったところが、念仏が多くてねと。あまり喜びなさらないで、冷やかしたような話し方だったそうです。われわれはだいぶ変わっていると思われたようです。

では、親鸞聖人はどうおっしゃったか。それが非常に大事なところです。親鸞聖人のおこころに帰らにゃいかん。われわれの理屈で言っても仕方のないことです。『末燈鈔』を見てみましょう。

さてはこの御不審しかるべしとも覚えず候。その故は誓願・名号と申してかはりたること候はず、誓願を離れたる名号も候はず、名号を離れたる誓願も候はず候。かく申し候ふもはからひにて候ふなり。たゞ誓願を不思議と信じ、また名号を不思議と一念信じ称へつる上は何条わがはからひを致すべき。（聖典五二三頁）

さらに、こうもおっしゃっています。

さては仰せられたること、信の一念・行の一念ふたつなれども、信を離れたる行もなし、行の一念をはなれたる信の一念もなし。その故は「行」と申すは、本願の名号を一声となへて往生すと申すことを聞きて一声をも称へ、もしは十念をもせんは行なり。この御誓をきゝ、疑ふ心の少も無きを「信の一念」と申すなり。信と行と二ときけども、行を一声すると聞きて疑はねば、行を離れたる信は無しと聞きて候、また信を離れたる行なしと思召すべし。（聖典五二四頁）

また、こうも書いておられます。

その故は弥陀の本願と申すは「名号を称へん者をば極楽へ迎へん」と誓はせ給ひたるを深く信じて称ふるがめでたきことにて候ふなり。信心ありとも名号を称へざらんは詮なく候、また一向名号を称ふとも信心あさくば往生しがたく候。（聖典五二四頁）

そこに「信心ありとも名号を称へざらんは詮なく候」。詮なく候とは、有難くない、役に立たないということですね。そこが大事なところです。信心は信心、念仏とつづくのであって、信と称は離れない。もう一つ言えば、聞、信、称は離れない。それを唯聞、唯信、唯称、聞信称一つというのである。だからどこを押さえてもいいのであって、そこのところを明らかにするために、『大経』によって十七願、十八願、本願成就は聞、信で言ってある。けれども、この聞、信の中に称が入っている。それを明らかにするために流通分を引いて、聞、信、称ということを明らかにされた。それをつづめて、『観経』に立った法照禅師は『称讃浄土経』を引用して「但有称名皆得往」と言ったのである。だから、間違ったことを言ったのでもなければ、簡単に言ったのでもない。こういう教えを聞いて、念仏申すということが大事だということを、われわれはしっかり知っておかねばならない。そして、自己に目が覚めるということが大事である。諸有衆生と目が覚めてはじめて、聞きひらくということが成り立ち、よき師よき友の教えというものが耳に入ってくる。そこが大事なんだということを、しっかりおさえておく必要があります。

念仏人生の出発点

但有称名というのは、ただ念仏ということである。だが、ただ念仏というのに二つある。一つは自力。自力もただ念仏になるまでに大変な聞法が要る。それを二十願という。もう一つは他力の念仏ですね。聞、信、称の念仏。これもただ念仏ですね。ただ念仏に二つがある。

まずは自力の念仏。物事の出発点というのは、すべて自力です。この出発点をしっかり理解しておくということは大事で、初心の人に勧める場合もこれが大切です。また、途中の段階までいった人がもう一ぺん自分を省みるときにも大事です。それを典型的によく説いたのは、善導大師ですね。

化身土巻にはこうあります。

また深心、深信といふは、決定して自心を建立して、教に順じて修行し、永く疑錯を除きて、一切の別解・別行・異学・異見・異執の為に退失傾動せられざるなり。（聖典三四六頁）

これが出発点で、第七深信といいます。また、「深心、深信」という。深心（自力の心）が、深信（他力の信）となる出発点。それが第七深信です。それは次に示したように、決定して自心を建立して、教に順じて行を修す、という内容である。

決定して………決心、自己決断。本当の信心になるいちばんはじめは何か。それはあなたの決断だ。何の決断か。どうしても信心を得たいとを願って、これをやりぬこうという決心。

自心を建立して……自分でわが心をうち立てる。相続一貫続けていこうという決心。この道をやりぬくぞという強い決断をもった決心。

教に順じて………よき師よき友よき教えに順じていく。

行を修す………実行するものをもつ。

このように善導は言っています。実によく言ってある。短い文章で実にうまく要点を言ってある。ここを出発点として、最後に疑いが除かれて、どんなものにも動かされなくなる、と言ってある。「念願は人格を決定す」というのが住岡夜晃先生の大事な出発点の言葉ですね。そして「継続は力なり」と言われた。「継続は力なり」というのは、最近は方々で言われるようになりましたね。あれは先生のお言葉が伝播したのだろう。ああいう言葉は人々の心を打つ。相続一貫、継続は力なり、私は最後までやりぬくぞというのが大事。われとわが心をかたくうち立てて、教に順じていく。「建」というのは、うち立てるという意味です。また、はじめて立てるという意味もある。善導は出発点としてこれを言いました。それが深心（深い心）が深信（深い信心）になる出発点なのである。それを深信の七番目に説いているから、第七深信といいます。第一深信と第二深信が二種深信。第一が機の深信、第二が法の深信。第三、第四、第五、第六は法の深信の内容。そして第七深信が出発点。こういうふうに善導大師は説かれている。

では、何を実行したらよいのか。それを五種正行という。善導は続いて五種正行を論ずる。この中に念仏が入っている。

次に「行に就きて信を立つ」とは、しかるに行に二種有り、一には正行、二には雑行なり。「正行」と言ふは、専ら、『往生経』の行に依りて行ずれば、これを「正行」と名く。何者かこれや。一心に専らこの『観経』・『弥陀経』・『無量寿経』等を読誦す。一心に彼の国の二報荘厳を専注し、思想し、観察し、憶念す。もし礼せば、即ち一心に専ら彼の仏を礼す。もし口称せば、即ち一心に専ら彼の仏を称す。もし讃嘆供養せば、即ち一心に専ら讃嘆供養す。これを名けて「正」と為す。（聖典三四六頁）

これが五種正行です。五種正行に共通していることは、「一心に専ら」ということで、心をこめてそれを一生懸命にやるというところが共通している。そして、中身は読誦・観察・礼拝・称名・讃嘆供養とあって、そこに称名念仏が出ている。実行すべき内容の一つに念仏がある。それが出発点。これを五種正行というのである。

五つありますけれど、しぼっていうと三つ。勤行と聞法と念仏ですね。それが実行の要点なのである。それを出発点とする。ただ、出発点といっても、その期間がなかなか長い。どれくらいかかるか。まあ一カ月や二カ月ではないですね。そういうわけにはいかん。一年か二年。うーむ、まあ五年でしょうな。しっかり頑張らねばいかん。五年はとてもという人がある。私はそんなに長生きできませんという。いーや、長生きする。心配せんでいい。先は先だ、頑張っていかにゃいかん。

これが出発点です。「ただ念仏」に到達できる出発点だ。これは『教行信証』の化身土巻に出ている。化身土巻のはじめ、十九願というところが出発点になって、その内容がこのようになっている。五種正行である。くり返すように、聞法と勤行と念仏の三つが大切である。

理想主義の限界

ところで、聞法と勤行と念仏のこの三つが出発点であるとは、どういうことか。それはこれらを実行して、それが完成して、どこかに到達するということではない。すべての人間の決心とか実行とかいうものは、続かないのである。続かないというところに意味がある。われわれはそうは思わない。続くはずだと思う。続けなきゃならんと思う。それを理想主義という。われわれはいつも理想主義をかかげ、そうしなきゃならんじゃないか、決心したらやらねばならない、実行したら続けなきゃならん、続くはずだ、やれなくてもやれ、実行しろ、と自分自らを励ましながらやっていくのである。それを理想主義という。

人間において、理想主義というのはどういう意味をもつのか。理想主義の内容が決断と実行である。だが、決断と実行は私の実態を知らせる材料。必ず理想主義はくずれてくる。そこに転回が生まれる。

私も長い間聞かせていただいた。そして、信心を得よう、こういう心でやっていこうという願いに燃えて、会座から帰ってくる。しかし、だいだい一週間ぐらいが関の山で、一週間経つとだんだん信心も決心もなくなってくる。昨日の会座では、二週間続くという話があったが、よう続くなと思って感心しました。なかなか二週間は続かんなあ。そこでわれわれはもう一ぺん心を立て直すというか、やりかえて頑張らなくっちゃということになって、また仏法を聞きに行ってファイトを燃やして、また帰って来て一週間プラス若干続いていく。このようなくり返しが、私の実態を知らせる材料なんです。

ついに私にできる行は、ただ念仏だけではなかろうか。ただ念仏ならやれそうだ。聞法とともに自分自身がわかってくる。また教えの難しさというか、内容がだんだんわかってきて、本願の教えは難しいことを要求されているのでなしに、中心に念仏が要求されているのだ、念仏申すということが如来の本願なのだとだんだんわかってくる。一つには自己を知り、一つには教えを知り、だんだんと変わってくる。こういうことがあって、転ぜられたその世界を二十願という。

二十願の世界というのは、浄土真宗においては捨てるべき世界。十八願へもう一つ転回すべき世界として、あまり重要視されない。けれども本当は、二十願の世界まで来るというのは大変な話で、いうならば、二十願というのが普通考えておる十八願の世界ですね。求道の到達点みたいなところです。では、二十願とは一体なんだということを見てみましょう。

> これを以て『大経』の願に言はく。設《も》し我仏を得たらんに、十方の衆生、我が名号を聞きて、念を我が国に係け、諸の徳本を植ゑて、心を至して廻向して我が国に生ぜんと欲はん。果遂せずば、正覚を取らじ、と。
> （聖典三五七頁）

この文の内容は聞其名号、我が名号を聞きぬくということになっている。そして、念を我が国にかける、すなわち仏を念じ浄土を念ずる。そして、諸の徳本を植える。徳本とは徳のもとであって、念仏です。念仏を申し、心を至して一心に廻向する。そして願生浄土と願う。これは十八願にそっくりです。

十八願成就文というのは、このご文の成就文ではないのか、と思われるほどよく似ている。十八願成就文には至心廻向とか、聞其名号とか、信心歓喜とか、そういう文字がある。それは二十願の願文に出ている。したがって十八願の成就文が二十願の成就文ではないのかと疑われるほどである。さらに、「我が名を聞き」になっていない。「我が名号を聞き」になっている。聞我名号だ。号というのは、聖人は「仏になりたまうて後のみなを申す」と言われて、号というのを高く評価しておられる。そういうことを考えると、二十願という世界は、非常に高い世界といえます。

二十願は求道の進んだ段階

二十願は極めて求道の進んだ段階と言えます。行をやって、やりぬこうとする理想主義が自分に不可能と知り、念仏申せの教えを理解して、そこに念仏中心という行き方になる。これが二十願の世界で、非常に進んだ世界である。

この二十願の成就文というのはどこにあるのかというと、曾我量深先生は、二十願の成就文はないんだと言われるが、そうではない。聖人が言っておられるところがある。それは『三経往生文類』にあって、いちばん最後のところに「願成就の文」というのがあります。そこには、「弥陀経往生」と書いてあり、内容はいま読んだ二十願の願文があげてある。「植諸徳本の願文」としてあがっているのが二十願である。その願成就の文が『大経』下巻の終わりの方、胎生、化生の比較のところにある。その姿を不見三宝といいます。

彼の宮殿に生まれて、寿五百歳ならん。常に仏を見たてまつらず、経法を聞かず、菩薩、声聞、聖衆を見ず、この故に彼の国土これを胎生といふ。（聖典四七一頁）

ここが中心になっている。仏を見ず、経法を聞かず、菩薩、声聞、聖衆を見ず。これを不見三宝という。三宝を見たてまつらず、三宝を離れていくのである。

仏を見ずとは、如来の前に立とうとしないということです。諸仏現前三昧とか般舟三昧とか、仏を見るというのは、この目で見るのでなしに、仏によって見られるというか、如来の前なる存在となる、如来の前に本当に合掌する存在となる、如来中心の在り方を言っておる。それができない。経法を聞かず、教は法であってわれわれを照らす働きをもつ。またわれわれの鏡であって、私自身の姿を映し出すものである。私自身を教えるものである。経法を聞かずとは、教に照らされないことをいう。菩薩、声聞、聖衆を見ずとは、よき師よき友に近づかない。よき師よき友を避ける。親近、恭敬、供養ができない。それは自己中心の驕慢心のためである。

後の方にこれをまとめて、仏智を疑惑するといい、信罪福心という言葉が出ている。そういう世界にいる。ただ念仏の人、但有称名。これを第一の念仏中心の在り方という。二十願の人をいっている。二十願のところにも「但有称名」がある。したがってこの二十願を超えて、十八願の世界に出るということが浄土真宗の最後のそして最大の問題である。それを求道の最終目標としておるというのが、浄土真宗の最大の特徴である。浄土宗とかそういうところでは、二十願という世界はとりあげない。したがって十八願への転回ということはない。それ故、信心が浅いというか、自力の信の段階に留まって他力の信にならない。

仏智疑惑とは、如来を無視して仏智不思議智、不可称智、一切智にてまします如来を信じない。如来を無視して、自己中心である。自分の理性中心、殻の中に生きている。信罪福心というのは、自分のはからい、人間のはからいを盾にとって、善いことをしたら善い報いがあり、悪いことをしたら悪い報いしかないと、因果応報の考え方に固執している。そういうのを信罪福心という。仏智疑惑と信罪福心は裏と表の関係である。いちばん中心から言えば自己中心の如来無視が問題である。

私は病気をする前までは、非常に元気がよくて自分は十八願の中心におるとばかり思うておりました。二十願というのは、他人の話だとばかり思うておった。が、自己中心の如来無視というのは、実に深い深い人間の、いや私の根本の問題であって、これは無くなるというものではない。これが私の本質であるということが、たいへんよくわかりました。これは無くならないもの。無くならないというよりも、これを一生、内観凝視、照らしていただいて自己において見出していくというところが十八願の世界である。すなわち、二十願の自己を発見するということが十八願の天地である、ということを知らされた。そのへんを、もう少し申しておきたい。話がだいぶややこしくなったが、最後はそこがしっかりしないと、本当の広い天地には出られない。みんなここで迷う。ここから先が難しいのです。

十八願に入る方法

ここが大事なところなのです。これが浄土真宗の最後の問題であり、浄土真宗の最大の特色であって、親鸞聖人の教えのいちばん肝要というべきところです。これについては和讃があります。

　定散自力の称名は　果遂のちかひに帰してこそ
をしへざれども自然に　真如の門に転入する
（聖典一五二頁）

十八願への転入は果遂の誓いによるのだと教えられている。果遂の誓いとは、二十願に「果たし遂げずば正覚を取らじ」という如来のお誓いが述べられている。われわれは二十願の世界、仏智疑惑の世界から何とかして十八願の世界に出たい。そして本当の信心の世界を得たい。それを得なければ聞法した甲斐もない、どうしたらよいかと願っている。だが、それに対する答えはないのである。それができるのは如来の誓いによるのだ。言葉をかえると、あなたがこうしたから十八願の世界に出るのでもない。こうしなかったからよいのでもない。如来の誓いによるのだ。これが最後の問題なのだ。

この和讃をよく読んでみると、「定散自力の称名は……」、これは自分の定善、散善、正しい心、正しい行ない、そういうものが大事だと考えてはからって申しておる念仏、すなわち、二十願の念仏は、如来のおこころなどは全然考えないで、私の判断――善い心でなきゃならない、善い行ないをしなきゃならない、悪い心ではいけないという自己判断——に基づいてやっておる。こういう心で、自己中心の如来無視の、仏智疑惑の思いで申す念仏、それを定散自力の念仏という。それは二十願の段階であるが、果遂の誓い（如来の誓い）に帰依してはじめて、教えざれども自然に、つまり、ああしろこうしろではなく、願力自然に真如の門（十八願の世界）に転入して行くのだという教えである。

聖人のこの和讃の根拠はどこにあるのかというと、『大経』ではなくて善導にある。聖人はそれを『教行信証』に引いておられる。その前に、二つの問いを出しておきます。

問1、「果遂の誓いに帰す」とは何か。

問2、二十願から十八願に出るとは、具体的にはどういうことか。どうなることなのか。

まず、「果遂の誓いに帰す」とはどういうことか。そこに善導の『般舟讃』があげてある。『般舟讃』から三つの文章をピックアップして、つなぎあわせてある。読んでみましょう。

また云く。門門不同にして八万四なり。無明と果と業因とを滅せん為なり。利剣は即ちこれ弥陀の号なり、一声称念するに罪皆除こる。微塵の故業、智に随ひて滅す、覚《をし》へざるに真如の門に転入す。娑婆長劫の難を免るゝことを得ることは、特《こと》に知識釈迦の恩を蒙れり。種種の思量巧方便をもて選んで弥陀弘誓の門を得しめたまへり、と。（聖典二〇三頁）

これが先の和讃の根拠である。それは、「覚へざるに真如の門に転入す」という一句にある。それがここに出ている。「定散自力の称名は　果遂のちかひに帰してこそ　をしへざれども自然に　真如の門に転入する」という根拠は、ここのところだけで他にはない。「をしへざれども自然に真如の門に転入する」というところが、きっかけですね。

果遂の誓いとは、果たし遂げずば正覚を取らじという如来の誓い。どういう誓いかというと、ここまで来た者、すなわち念仏中心の在り方まで来た者、自己の限界を知り、教えの旨を知って、念仏申すという教えを実行するようになった者を、十八願の世界にまで果たし遂げて、遂に転入せしめる。それができなければ、われ正覚を取らじ、という誓いである。十八願の世界にぜひ転入させたい。そういう願いである。もしそれが果たし遂げられなければ、われ正覚をとらじ、という実に悲痛な願いなのである。それは最後のせっぱつまった願いです。

十八願の世界に転入させたいという如来の本願に帰す。帰すとは帰る、帰依する。如来の本願が本当に頂けた、それが帰するである。

「果遂の誓いに帰す」とは何か。如来の誓いとは実際は何なのか。先の『般舟讃』の文をよく見ると、「娑婆長劫の難を免るゝことを得ることは」、すなわちそこに、われわれが最後に仏智疑惑の世界にひっかかって、大きな涅槃の世界、浄土の世界に入ることができないで、世間道の中に半分まで残っておる。まだ娑婆長劫の難の中に留まっておる。免れることができない。したがって二十願の世界から十八願の世界に入ることができないでいる。それができるのは、「特に知識釈迦の恩を蒙れり」という文章がついている。その釈迦をはじめとする善知識が、種々の善巧方便を以て、私に選びに選んで十八願の門をひらいてくださったのである。

果遂の誓いは如来の誓いである。如来の誓いは、具体的には善知識の願い。善知識は釈迦を筆頭とし、七高僧、そして親鸞、そしてよき師よき友。善知識の願いは、この人がこの世界まで来ているのだから、どうしても放っておけない、何とかしてあげなければいけないという願いをもつ。それを具体的には果遂の誓いというのである。

住岡夜晃先生が亡くなられたとき、私は三十歳でした。私はそれまで六年間、教えを聞いておりましたので、ちょうど二十代のごく前半から後半まで聞いたことになる。その頃は先生の合同座談会にはたくさんの人が出た。中には、いよいよわからん人がおりました。おばあさんが多かった。「先生、どうしてもわかりません」と言うて一生懸命問いなさる。私はわかる気になっているけれども、本人はわからない。先生も本当に苦労されました。

辻おふみ先生という人がおられた。亡くなられましたが、音戸の方でした。小学校の先生でした。主人は早く亡くなられて、一人息子さんがおられた。それが広島一中といって、もとは県立一中という名門の中学一年生だった。その子が昭和二十年八月六日の原爆でやられた。それをたずね求めて、とうとう似島かどこかで遺骸を見つけられた。それから、毎日毎日泣いていなさった。そのときの校長さんが、住岡秋作といって住岡先生の弟さんだった。兄のところへ聞きに行けと勧められて来なさった。昭和二十一年頃でした。私が初めて会うたときは、あの人は背の高い人ですが幽霊のようだった。ふわふわ、ふわふわと足が地につかない。そして、先生の前で泣くばかり。どうしてあの子が死んだのかと泣きなさるばかり。先生が言うても、聞かせてもわかりなさらん。「しっかりご法を聞けよ、念仏申しなさいよ」と言われるのだけれども耳に入らない。

僕らはまだ未熟な者だけれども、この人を何とかわからせにゃいかんと思いました。本当にわかってもらわにゃいかんぞ、そうしないとこの人は生きていく目標を失っている。生きるすべがない、主人はおらず、子供は死んでどうしようもない。とうとう、それからどのくらいかかりましたかな、何年かかかって、とうとうわかりなさった。そして再婚された。辻さんには娘さんが二人おりなさった。そしてこの二人の娘を念仏者に育て、ご主人も念仏を聞くようになって、音戸に支部を作り、多くの同朋を誕生させられた。はじめはそういうふうでした。本当にあの人は劇的な転回の人でしたね。そこで私は思いました。しかし、果遂の誓いとは、こんなにも困っておって、本当にご法が耳に入らないこの人を、何とかしなけりゃならんという願いをいうのであろうと。果遂の誓いというのは、如来の届けずんばやまじという誓いなのだ。しかし、それは具体的には、善知識の願いである。種々の思量善巧方便をもって、弥陀のおこころを届けようと努力される。

だから果遂の誓いに帰するということは、まず善知識の仰せに帰するということ、これがまず第一。よき人の仰せを蒙って聞いて聞いて、聞きぬくということ。これが果遂の誓いに帰するということ。「果遂のちかひに帰してこそ　をしへざれども自然に」、ですね。こういうふうになる。そうすると、おしえざれども自然にというのは、こうしなさい、ああしなさい、というのではない。こうしたらいけない、ああしたらいけないというのとも違う。具体的には、よき人の仰せに自分の全体を託して聞いていく。それがまず第一。よき人の仰せを蒙って進んでいくというのが第一です。

微塵の故業と随智

邪魔をしているものは何か。微塵の故業と随智とは何か。聖人はそこを随智と読んでおられる。「智に随ひて滅す」とあるが、それは間違っている。真蹟本では、「微塵の故業と随智と滅す」となっています。これが滅せられるもの。微塵の故業と随智が、仏智疑惑の根本。それが滅せられるということが大事である。

微塵の故業とは、微塵は非常に小さい、数知れない、たくさんで数多いということ。故業は古い昔からの長い長い私の過去において積み重ねてきた悪業。数多い過去の悪業の累積。考えてみると、本当につまらんことをしてきたものである。失敗だらけである。あれも間違い、これも失敗というのが、私など年とっているから、本当によくわかる。ああ失敗したなあ、ああいうことを言わなきゃよかったのになあ、と思うことがたくさんある。だんだんと責任ある地位に立って、ああ間違えた、失敗したというのもありますね。あの人をあの地位につけるんじゃなかった、ここにつけるべきだったんだというのもある。その次は結婚ですね。しもうた、あの人にこの人を勧めた方がよかったのにというのも時々ある。微塵の故業ですね。数知れないたくさんの悪業や失敗を重ねてきた。しかも自分ではそれでいいと思っていた。

随智は人間の智慧やはからいに随う、ふりまわされる。私がこうだと考え、自己判断をもっておって、それに随っておる。そこで、如来などは問題にしない。これが打ち砕かれる。それを滅するというのが、果遂の誓いによってなされていく。そこに転回がある。

それを滅ぼすものは「弥陀利剣　即是名号」（聖典二〇三頁）といって、南無阿弥陀仏が本当にわかるということが大事なのである。「をしへざれども」というのは、こうだああだと一々指示しなくても、それがわかるようになる。

微塵の故業と随智の二つが滅せられるとはどういうことか。滅せられるというと、われわれはなくなることであると思う。物質の世界においては、物はなくなるといえる。ゴミがあれば、焼けば灰になる。煙になって出ていく。しかし、物質の世界でも本当はなくなるということはない。形が変わるだけである。精神の世界においては、なくならない。なくなるということは、照らし出されること。これが本当の私の罪咎、失敗。これが私の具体的な姿、と目覚めることをいう。

亡くなられた大森忍先生は、黒闇といわれた。如来の光によって、私の心の闇が照らし破られると、私は一生言い続けてきたが、この度いろいろな事件に遇うて、その破られた闇のかなたにつに一生破られることのない闇を見出して、その闇を抱いて歩むということが、往生浄土の旅であるということがわかった、と言われた。『正信偈に聞く』という本のはじめの方に書いてありますね。本当にその通りです。これは大森先生の名言ですね。こういう深い言葉にはあまり接したことがない。実に深い言葉である。

これは言いかえると、二十願の自己を見出した言葉である。仏智疑惑の根源は、二十願の自己を見出して念仏する。これが本当の私、「他力の悲願はかくの如きのわれらがためなりけり」南無阿弥陀仏。それを「但有称名」という。「ただ念仏」というのである。それを「但有称名皆得往」という。そこに至れば、信心も聞法もない。ただ念仏である。本当の自己を見出して、照らし出されて念仏する、というところに十八願がひらける。それは二十願の世界が自分の世界とわかってくることである。これが自分だとわかってくるのである。それが懺悔。申しわけないことである、南無阿弥陀仏となり、「他力の悲願はかくの如きのわれらがためなりけり」南無阿弥陀仏となる。これが微塵の故業と随智が働かないということ。自己の姿が見出されたら、この二つは働きを失って念仏のタネになる。それを十八願の信という。そこにわれわれは広い広い世界を与えられるのである。自分が十八願だと思うておるのは、案外あやしい。そんなもんじゃない。だから親鸞聖人の教えをよく注意して見たら、

無慚無愧のこの身にて　まことの心はなけれども
弥陀の廻向の御名なれば　功徳は十方にみちたまふ
（聖典一七四頁）

と、無慚無愧のこの身を照らし出されて、南無阿弥陀仏と懺悔、念仏しておられる姿が出ておる。そのままが、「他力の悲願はかくの如きのわれらがためなりけり」であって、「功徳は十方にみちたまふ」と言わなきゃならない。そこがはじめて、但有称名、ただ念仏なのである。ただ念仏はそうやってひらけてくる。そういうことが、簡略ながら要点を押えて法照禅師によって言われているのを、聖人は行巻に引き、また、聖覚法印は『唯信鈔』に引いて、今は『唯信鈔文意』で明らかにされている。

信は人に就く

南無阿弥陀仏は働きである

では、続けて『唯信鈔文意』の第二条を頂戴してまいります。聖人がここで力説されているのは、信心の確立ということです。信心成就を明らかにするというのが、『唯信鈔文意』の聖人のおこころになっている。これから頂く「観音勢至自来迎」というところも、信の成就によって現実人生で正定聚不退の姿をとることを明らかにされているご文である。本文を見てみましょう。

「観音勢至自来迎」といふは、南無阿弥陀仏は智慧の名号なればこの不可思議の智慧光仏のみなを信受して憶念すれば観音・勢至は必ず影の形にそへるが如くなり。（聖典五〇二頁）

この文章を理解するのに、まず大きく見通して、一字一句の言葉にとらわれず、全体的な意味を把握するという行き方が一つある。もう一つは、一つひとつの文字を頂きながらたずねていこうという行き方もある。両方が必要なのだけれども、まずはじめは、何べんも何べんも読んで、少々わからない所があってもわかるところだけでもいいから大略を理解していく、それが第一。そして次には、一つひとつ言葉の意味をたずねて、こまやかに頂くという行き方が大事です。

では、「南無阿弥陀仏は智慧の名号なれば」とは、どういうことか。南無阿弥陀仏とは如来の尊号、それが智慧の名号である。「この不可思議の智慧光仏のみなを信受して憶念すれば観音・勢至は必ず影の形にそへるが如くなり」と続いている。このご文はやさしいと言えばやさしいが、難しいと言えば難しいですね。

これと同じような文章が『一念多念証文』にもあります。

「真実功徳」と申すは名号なり、一実真如の妙理円満せるが故に大宝海に譬へたまふなり。「一実真如」と申すは無上大涅槃なり、涅槃すなはち法性なり、法性すなはち如来なり。「宝海」と申すはよろづの衆生をきらはずさはりなくへだてずみちびきたまふを大海の水のへだてなきに譬へたまへるなり。この一如宝海より形をあらはして法蔵菩薩となのりたまひて無碍の誓をおこしたまふをたねとして阿弥陀仏となりたまふが故に「報身如来」と申すなり。これを「尽十方無碍光仏」と名けたてまつれるなり。この如来を「南無不可思議光仏」とも申すなり。この如来を「方便法身」とは申すなり。（聖典四九七頁）

南無阿弥陀仏というのがいちばん大事である。南無阿弥陀仏を名号または尊号という。名号を尊敬して尊号という。この『唯信鈔文意』の最初にも、「『尊号』といふは南無阿弥陀仏なり」とあります。ここでは「『真実功徳』と申すは名号なり」という表現になっている。

なぜ、このようなことを言い出したのかというと、私どもが南無阿弥陀仏というときには、一つの固定した考えがあって、南無阿弥陀仏というと仏さまだ、それはお寺の本尊としてまつってあって、目があり鼻があり口があり、立っておられて手も足もある、そういう仏が南無阿弥陀仏だと考えている。そして西の方、西方浄土というところにおいでになるのだと思っている。しかし本当はそうではない。そこのところをはっきりしておきたいからです。

「南無阿弥陀仏は名号なり」。本文には「智慧の」が入っていますが、これを除いて簡単にしたらわかりやすい。名号とは名前です。「名号とは真実功徳なり」という。真実とは真（まこと）の実（まこと）。功徳は働きですね。功徳というのは悪を滅らす力を功といい、善を増す力を徳という、というような解釈もありますが、要するに働きです。南無阿弥陀仏は働きである。これが大事な意味です。

もう一つは、「南無阿弥陀仏は法なり」という。法というのも働きである。そこのところが非常にわかりにくい。南無阿弥陀仏は仏ではない、法である。法とはダルマという。真理を言っている。しかし法は働きをもつから法身如来といい、方便法身という。法身というのが働きということを表わす言葉である。どんな働きかというと、光明無量とわれわれを照らしぬく働き、寿命無量とわれわれを摂めとる働き、それが南無阿弥陀仏なんだ。そこのところが非常に大事なところである。ここがわかるということが大事。浄土真実にとって根本的な問題なのである。

浄土真宗ではっきりしなければならないことは、一つは浄土です。浄土というと、普通は浄土という場所を考える。浄土という所があって、どこかにディズニーランドのような場所があって、働かなくても楽ができるなどと考えている。それは間違い。そんな所はありはしない。如来の場を浄土というのである。

もう一つは、南無阿弥陀仏というのがはっきりしない。南無阿弥陀仏という仏さまがおいでになるということになりやすい。それが間違い。違っておるといっても、そう書いてあるではないか。その通りです。だが、われわれはその内容をよく知らなければならない。そうしないと親鸞聖人のおっしゃっていることがわからない。南無阿弥陀仏は働きなのである。

この南無阿弥陀仏のおこころをよくわからせようとしたひとりは、何といっても曇鸞大師ですね。この人が根本を明らかにしてくださった。そこを見てみましょう。

諸仏菩薩に二種の法身有り、一には法性法身、二には方便法身なり。法性法身に由りて方便法身を生ず、方便法身に由りて法性法身を出す。この二の法身は、異にして分つべからず、一にして同ずべからず。この故に広略相入して、統《つか》ぬるに法の名を以てす。菩薩もし広略相入を知らずんば、則ち自利利他すること能はず。『一法句』とは、謂く清浄句なり、清浄句は、謂く真実智慧、無為法身なるが故に」とのたまへり。この三句は展転して相入す。（聖典三〇五頁）

すべての根源を一法句という。これもややこしい話ですね。句は言葉。絶対の世界を一如という。真如という。言葉で表わせないのに言葉で表わしますから一法句という。絶対唯一の世界、絶対界というものを表わして一法句という。星野元豊《ほしのげんぽう》先生は、これを絶対空と言っている。一法句、これが真如一実の世界で、涅槃ともいい滅度ともいい無為ともいう。

しかし、一法句とか真如とか一如とかいっただけではその趣きが十分出ない。どんな趣きかというと、それには働きがある。そこで、働きがあるということを示すために法身という名前をつけて、一法句を法性法身、方便法身という名前で表わす。一法句と法性法身とは同じもの。そこから方便法身を生ず。同じものだといったけれども、一法句といえば真理というような真実在そのものをいっている。そのように一法句は真如そのもので絶対空なるものであるが、そこに働きがあるから、これを働きを示す言葉で言い表わしたのが法性法身。だから一法句において、一如、真如と法性法身はつながっている。そこから方便法身を生ず。

方便の原語はウパーヤというサンスクリット語である。到達する、至り届くという意味です。人間の世界に近づいてきて、至り届いて、迷いに満ちた人間の世界を救おうという働きをもつ。それを「法性法身より方便法身を生ず」、「この三句はよく展転す」などと表現されているわけである。法性法身より方便法身が生まれた、それを南無阿弥陀仏という。

南無阿弥陀仏というのは、南無阿弥陀仏という仏があるというよりも、真実真理のその絶対の世界からの働きかけをいっている。それを報身如来という。こういう道理がキリスト教と非常に違うところであって、東洋独特の深い哲学的なものを含んでいる。だから「イエス・キリストと法蔵菩薩は同じではないですか」と言う人があるが、違うわけですね。どこが違うか。法蔵とは、無為法身、法性法身、一法句の世界から現われ出て、われわれに近づいてくる。すなわち、本願を抱いてわれわれに働きかけてくる。そういう働きを南無阿弥陀仏といい、また法蔵菩薩という。法を表わしている。そして、その働きの方向が人生の方向に向かうのであるが、根源は一如にある。イエス・キリストというのはマリアの子供として生まれた人間。人間はこの世の存在である。南無阿弥陀仏は法身の存在。そこでどの人の上にも生きてくるのである。働きをいっている。それがわかるということが大事です。

非化的如化

南無阿弥陀仏は名号であり、大きな世界からの働きかけである。法性法身と方便法身は、「この二つの法身は、異にして分つべからず」。真如の世界と南無阿弥陀仏は違っているけれども分離してはならない。分けて考えてはいけない。また南無阿弥陀仏というところに法蔵菩薩があり、南無阿弥陀仏というところに真如法性が内在している。そういうのを「分つべからず」といっている。

また、「同ずべからず」。混同してはいけない。方便法身（南無阿弥陀仏）は法性法身の末端にあり、方便法身の中に法性法身がこもっている。どのように混同してはいけないかというと、一如、真如の世界を非化《ひけ》という。人生を化という。これをとりあげたのは善導で、真仏土巻に玄義分が引いてあります。少し面倒な話になったけれども、しかし新しい表現を知っておくというのは非常に勉強になることです。

真仏土巻の三十一（聖典三三一頁）です。「光明寺の和尚云く」。これは浄影の批判、浄土門に対する深い反発に対する答えである。阿弥陀仏は無量寿の仏というけれどもそうではない、と浄影が言う。それは、『観音授記経』に阿弥陀仏は入滅して涅槃に入ると書いてある。そのあと観音、勢至が次いで仏になるとあるではないか。入滅するような仏は無量寿とはいえない、と厳しく論じた。それに対して善導は『大般若経』を引いて反論している。「もし法の生滅の相有る者は、皆これ変化なり」。ならば、変化でないものは何か。「無誑相の涅槃、この法のみ変化に非ず」。変化に非ずというのを非化といいます。

変化《へんげ》は変化《へんか》。人生は変化そのものであって、みな変わっていく。初めは赤ん坊として生まれてきたものが、とうとうある年になってみな死んでいく。生き残る者は一人もいない。みな変化していくから、化《け》という。化の人生。われわれはその中でふりまわされているのである。

そういう変化がまったくない、常住、涅槃、不生不滅、一如、真如、絶対空という世界を非化という。非化というところに高い真如一実の道理、真理の世界がある。その世界に入れようがために、化なる世界に働きかけてくるその働きを法身という。一法句ではそういう働きは出てきませんから、これを二種法身として表わす。働きの本源を法性法身といい、働きかけてくる姿を方便法身という。方便はサンスクリット語でウパーヤという。近づいてくるという意味です。近づいてくる姿は、非化なるものが如化《にょけ》、つまり化の如く、変化した形で近づいてくる。それを如化といい、方便法身というわけです。

如化とは化のごとし。化のごとしとは、因縁果によって変わっていくという因果律、因縁果の道理で説いていく、すなわち法蔵菩薩となって（これが因）、四十八の大願をおこし修行して（縁）、そして仏となり浄土を成就した（果）という。化のごとくに説く。非化が如化として説かれるから化の世界の者が理解できる。本来ならば、化の存在は非化を理解することができない。しかし、如化の姿ならわかる。非化なるものが如化として現われてくる。しかしその本質は非化である。「非化的如化」と星野元豊先生は言っておられるが、非化をはらんだ如化。中身は非化、真如一実の道理。絶対なるものが相対なるものの姿をとって現われてくるのを、南無阿弥陀仏というのである。これを方便法身という。

化の世界のものは、非化を化のごとくに説かれたら何となくわかる。法蔵菩薩になって、本願を建てて信をすすめる働きをされるということになるとわかる。如化の故に衆生に理解される。しかし非化をはらんでおるから、われらの迷いを断ち切る力をもっている。南無阿弥陀仏を頂いていくと、南無阿弥陀仏の中にこもる真理、真如一実が働いてくる。絶対空なるもの、高い次元の働きが、闇の真っただ中に届いて、働いて、闇を破る力をもっている。それが浄土真実である。だから南無阿弥陀仏はものすごい働きをもっており、闇を破る力を内在している。そういうことはしかし、普通の場合はわからない。が、そういうものがはらまれていればこそ、南無阿弥陀仏は万人の悩みも打ち砕く力をもっている。

南無阿弥陀仏は南無阿弥陀仏という仏があるというよりも、われらを超えた大きな大きな高い高い世界から、われわれのために近づいてくる非化なるものが、化のごとくに説かれてわれらに近づいてくる。しかもその中に非化をはらんでいる。その非化なるものが、人間の迷いを断ち切る力をもち、その如化のゆえに人間に理解され、人間に受けとめられる。だから南無阿弥陀仏は非化的如化である。これは星野元豊先生の『講解教行信証』の真仏土巻に出ている。この人は龍谷大学の学長を務められた宗教哲学の専門家で、こういう学問を得意とされている。これを読むと、得るところが大きい。浄土真宗のもつ哲学的な背景というか、宗教哲学的な面がうまく表わされている。

こういう表現が現代には必要なのです。なぜかというと、浄土真宗を現代において明らかにしようと思ったら、こういう現代的表現でないとできない。昔々一人の国王がおりまして、その人が世自在王仏のところに行って、教えを聞いて、それから願をたて行を積んで菩薩になったのですよ。

それが法蔵菩薩であり南無阿弥陀仏です、というように話しておったのでは、今ではみんな、チンプンカンプンでわからない。

しかし非化と化のこの話ならわかるのですよ。人間の世界を超えた真実の世界、それが非化。非化からのアプローチ、それは非化なるものが如化として現われてくるしかないという話なら現代の人にもわかる。少なくともこの方がわかりやすい。仏教哲理は、キリスト教神学より深い意味をもっているからわかりやすいと思う。しかし、キリスト教の真似をしているわけではありません。二千年の昔の『般若経』に基づいた教説によって善導が説いたもので、善導のこの説も千年以上も昔の話である。

とにかく、われわれが理解しなければならないのは、「南無阿弥陀仏は智慧の名号なれば」ということです。つまり、真実智慧が非化の世界に満ち満ちて、それが如化の南無阿弥陀仏となって人間の迷いを断ち切る。南無阿弥陀仏はその働きである。だから信心成就してナンマンダブ、ナンマンダブ、ナンマンダブ、と念仏を申すということは、われわれが本当の道に立ち、広い世界に出ていく道である。南無阿弥陀仏は広い世界からの働きかけを感謝する道であり、そしてそういう世界と心通っていく道なのである。だから念仏申すということは非常に大事なことなのです。

聞法より聞光へ

では、次の「この不可思議の智慧光仏のみなを信受して憶念すれば」というところです。

南無阿弥陀仏をここでは智慧光仏といってあります。智慧光仏というのは十二光仏の一つである。

これについては憬興の『述文賛』にあります。

「智慧光仏」とは、無痴の善根の心より起る、また衆生の無明品心を除くが故に。(聖典三三五頁)

智慧光仏というのは智慧光から起こる。その智慧というのは一法句の世界、すなわち一法、絶対の法をまとめていうと一法句という。非化であり、無痴《むち》の善根である。その世界から私に近づき現われてくださった南無阿弥陀仏は非化をはらんだ如化。これが智慧光です。智慧光はその非化の働きで化なるものの闇を破る。それを「無明品心を除くが故に」という。智慧光は無明黒闇を除く、具体的には教えが届いて衆生に自分の心の闇を知らせる。そういう働きをもっている。

南無阿弥陀仏とは働きである。智慧光、無碍光、そういう光明無量の働き、照らし破る働きである。そして、寿命無量、永遠のいのちの中に摂めとる働き、摂めとって南無阿弥陀仏と自らの中にとり入れて、すべてを念仏の内容にする働き、それが寿命無量。この二つの働きがある。目があり鼻がある仏というよりも、非化なるものの働きを南無阿弥陀仏というのである。寿命無量をアミターユス、光明無量をアミターバといい、これを合わせてアミタという。

それでは南無阿弥陀仏としてお寺の本堂に飾ってある木像は何なのか。南無阿弥陀仏を表わすものは名号である。名号がたった一つの表わし方である。だから蓮如上人は「木像よりは絵像、絵像よりは名号」と言われた。けれども名号で表わすと一般の人にはわからない。したがってみんなにわかるように、一応木像の形で象徴するわけですね。これは『観無量寿経』の第九真身観の教えによっている。依りどころはあるわけですが、木像は方便法身がもう一つ具体化した姿、それを応化身という。応化身の形で表わしたものです。しかし、南無阿弥陀仏の本当の姿は働きです。

「この不可思議の智慧光仏のみなを信受して憶念すれば」についての和讃があります。

無碍光仏のひかりには　清浄歓喜智慧光
その徳不可思議にして　十方諸有を利益せり
（聖典一五二頁）

ここでは尽十方無碍光如来をもって十二光仏を代表させてあります。無碍光仏のひかりには清浄、歓喜、智慧光があると、そこに智慧光が出ている。「その徳不可思議にして　十方諸有を利益せり」。これがさきにいった非化の世界。化ならざる真如のお徳である。真実功徳という。どんな徳があるか念のために見ておくと、さきほどの『述文賛』にはこう出ています。

「清浄光仏」とは、無貪の善根より現ずるが故に、また衆生貪濁の心を除く、貪濁の心無きが故に「清浄」と云ふ。「歓喜光仏」とは、無瞋の善根より生ずるが故に、能く衆生の瞋恚の盛心を除くが故に。「智慧光仏」とは、無痴の善根の心より起る、また衆生の無明品心を除くが故に。
（聖典三三五頁）

この無碍光仏の中に三つ、清浄光は無貪の真実の世界の功徳、歓喜光は無瞋の如来のおこころ、そして智慧光は無痴のおこころ、この非化なる働きがわれらを照らして照らして照らして照らしぬく、清浄光がこの私の貪濁の心を照らして、念仏に浄化していく。われわれの貪欲の心がなくなるわけではない。除くとしてありますが、貪瞋を照らし破るのであって、貪濁の心を照破する。すなわち、われわれは自分の貪欲瞋恚の心に目覚めて念仏する。歓喜光が瞋恚の盛心を照らし出す。私の貪欲瞋恚の心といえば、二河白道の火の河、水の河である。そして無明愚痴の心を照らし出す。私の心が照破されて念仏になってゆく。それを智慧光仏のみ名を信受するという。

だから、信受とは光明の照破を受けて自己を照らし出されること。自らの心に深く目が覚めて、こういうていたらくの愚か者と目覚めて念仏申すのである。それを諸有衆生の目覚めと申します。それを諸有衆生、信心歓喜という。本願成就という。これを「智慧光仏のみなを信受して憶念す」るというのである。

では、如来の光明に照らされるとは具体的にはどういうことか。如来の光明というのは、清浄、歓喜、智慧光あわせて無碍光という。具体的には教えである。南無阿弥陀仏の教え、本願の教えである。それを光明という。何か光がパッと照ってくるというようなものではない。教えに照らされるとは、教えを聞きひらくこと。それを聞光という。

教えを聞くというのには三つの内容がある。一つは聞話。教えを聞いてはいる。けれども、話として聞いている。仏法話になっている。よその国の話として聞いている。人の話として聞いている。たとえ話だけ聞いている。こういうのを聞話という。仏法を聞く初めの段階では、みな聞話ですね。

次の段階は聞法。法を聞いている。法というのは働きである。かくあるべし、かくあるべからずと私に迫ってくる。私を教える法として聞いている。これは理性中心で聞いている。したがって理性主義の立場で聞いている。ああしなければいけない、こうでなければいけないという定散二善の心で聞いている。たとえ話として聞いている。第一段階より進んでいて、定散二善で聞いている。これが第二段階。

そしてとうとう、第三段階。それは聞光となる。『大無量寿経』には「聞光力のゆえなれば」とあって、光を聞くという表現になっている。光を聞くとは光は照らすもの。教えを聞いて教えに照らされる。そして自己を知り如来を知る。これが本当の聞法である。それを聞信という。

浄土真宗は聞の宗教です。聞がだんだんと深化していく、深まっていく宗教ですね。ほかの宗教は信の宗教。または行の宗教。信ずるということを力説する。あるいは実行ということを強調する。浄土真宗は聞いて聞いて聞きぬくという宗教であって、あなたが聞話から聞法、聞法から聞光へ進んでいく。それをみ名を信受するという。

聞光となると、如来の光明に照らされて、み名を信受する。憶念する。憶念は「憶念弥陀仏本願」。弥陀仏の本願を憶うて、ありがとうございますと念仏するようになる。そこに深い感謝がある。そして深い懺悔がある。懺悔も感謝も念仏となる。それを憶念念仏という。この憶念を信心という。聞法のままが信心念仏である。これを智慧光仏の働きによる浄化という。ここにそれが出ているわけですね。

真の仏弟子とサンガ

では、次のところです。「不可思議の智慧光仏のみなを信受して憶念すれば観音・勢至は必ず影の形にそへるが如くなり」。影がその人に必ず添うているように、観音・勢至が私を離れないとあります。

観音・勢至というのは阿弥陀仏の分身、如来のお徳を表わしています。観音が慈悲を表わし、勢至は智慧を表わす。この二つの働きは離れない、同体である。『観無量寿経』の流通分に説かれていることを、善導は次のように釈しています。

四には弥陀の名を専念する者には即ち観音・勢至常に随うて影護したまふこと、また親友・知識の如くなることを明す。（聖典二六九頁）

親友は同行善知識、知識は師主善知識。あわせて、よき師よき友をいう。信心念仏の人にはよき師よき友が離れることがないように、弥陀の分身が影の形に添うように離れない。聖人はこのご文をどこに引いておられるかというと、真の仏弟子というところに引用されている。

「真仏弟子」と言ふは、「真」の言は偽に対し仮に対するなり。「弟子」とは釈迦・諸仏の弟子なり。金剛心の行人なり。この信・行に由りて、必ず大涅槃を超証すべきが故に「真の仏弟子」と曰ふ。（聖典二六五頁）

ここでは、これに続いていろいろの経典を引いて、真の仏弟子とは何かということを表わされている中に、さきの『観経』の流通分を引いて、それは必ず観音・勢至来って、親友・善知識となってくださると示されています。それが真の仏弟子である。真の仏弟子とは、釈迦・諸仏の弟子であって、金剛心の行人プラス信心の行者をいうのである。真の仏弟子は必ず「観音・勢至自来迎」、すなわち観音・勢至が来たって護ってくださることを明かされている。つまり、観音・勢至が阿弥陀仏である。

真の仏弟子とは何か。「釈迦・諸仏の弟子なり」とあります。釈迦・諸仏の弟子であって、弥陀の弟子ではない。根本からいえば釈尊の弟子である。諸仏は具体的には七高僧、親鸞聖人、そのほか有縁の善知識、それらを諸仏という。この世にあっては菩薩という。その人たちの弟子を仏弟子という。

弟子とは、師との非常に深いつながりを表わす言葉である。すなわち、釈迦・諸仏（根本的にいえば釈迦）がおっしゃるには「あなたは後学のゆえに弟という。私より後から学んで、この本願の一道に立ってくれたから後学という。私も大きな弥陀の世界に生きさせていただく。私よりあなたが後である。だから弟という。あなたは弟、女性なら妹。私は兄である」。これを釈迦・諸仏の仰せという。それを聞いたわれらの方は、とんでもないことでございます。あなたがいなければ私はありません。あなたが親であります。あなたが親なればこそ、私を生み出し育ててくださって、私を道にあらしめてくださったのであります。わたしは子でございます。

むこうは弟といい、こちらは子という。それをあわせて弟子という。仏教者は諸仏に対して弟子という関係をもつようになっている。そこにすべての親は一つ、その親の子として生まれてくる。あとさきはあるけれども、同じ親から生まれる。それを弟といい、妹という。釈迦諸仏の弟子を僧という。僧伽という。僧として仏と法につながる。そういうつながりにあるものをサンガという。僧伽という。僧伽とは同じ志をもって、同じ道を進んでいく求道の集まりを言っている。

しかしそれはたんなる友達ではない。それは親子、兄弟というつながりになる。そういうつながりをもっているということが、具体的な護り、私を護ってくださるものをもつということである。だからわれわれは、たといたった一人でおろうとも、決して一人ではない。ひとりぼっちで孤立しているということがない。孤独であるということがない。必ず親、兄弟とつながって生きている共同体である。この世では親のない子はないが、兄弟のない人はあろう。後学の故に弟といい、養育の故に子という、親とともに兄弟をもっている人を仏弟子というのである。

現生護念

弥陀が観音・勢至となって私を護るというのは、私が仏弟子となり僧伽の一員となるとき、よき師よき友を与えられ、兄弟を賜うことである。『一念多念証文』にはこう述べられてあります。

また現生護念の利益を教へたまふには「但有専念阿弥陀仏衆生・彼仏心光常照是人摂護不捨・総不論照摂余雑業行者・此亦是現生護念増上縁」とのたまへり。この文の意は「但有専念阿弥陀仏衆生」といふはひとすぢに弥陀仏を信じたてまつると申すみことなり。「彼仏心光」と申すは「彼」はかれと申す、「仏心光」とは無碍光仏の御こゝろと申すなり。「常照是人」といふは「常」はつねなることひまなくたえずといふなり、「照」はてらすといふ。時をきらはず処をへだてずひまなく真実信心のひとをばつねにてらしまもりたまふ。かの仏心につねにひまなくまもりたまへる弥陀仏をば不断光仏と申すなり。（聖典四九二頁）

ここに「彼仏心光常照是人」とあり、護るとは現生護念と言われている。如来の願心に照らされて信心成就すると、現実人生で常に護り念ぜられている事実が生まれてくる。これを現生護念という。それが現生十種の益となる。信心の利益ですね。なぜそういうことが起こるかというと、智慧光仏のみ名を信受して、すなわち南無阿弥陀仏を頂くと、南無阿弥陀仏の光明無量の働きが常に私を照らし、寿命無量の働きがいつも私を摂め取っていく。光明無量が智慧の働きであり勢至の働きである。寿命無量の方は慈悲の働きであり観音の働きである。そういうものをわれわれが受けとることを言っている。これを現生護念というのである。

護られるとはどういうことか。さらに『一念多念証文』ではこう述べられている。

「護」は処をへだてず時をわかず人をきらはず信心ある人をばひまなくまもりたまふとなり。まもるといふは異学・異見のともがらに破られず別解・別行のものにさへられず天魔・波旬にをかされず悪鬼・悪神なやます事なしとなり。（聖典四九二頁）

異学・異見というのは、聖道門の人あるいは外道の人たちが自力の考え方を主張するのを言います。別解・別行というのは定善・散善を主張する人のこと。そういう人たちの行き方がわれわれの前進を妨害する。

護られるといえば、われわれは何を護ってもらいたいかというと、交通事故にあわないように、何かあやしげなものに襲われないようになどと思う。このような災難から護られたいと思う。

保育園は小学校に入るまでの子供をあずかる。子供の保育には一つの目標がある。三歳までに、一人で自分のことが自分でできるようになること。排泄・着脱・食事。こういう基本的なことが自分でできるようになるのが三歳までの目標です。四歳ではみんなと一緒に遊べる。そして小学校に入るまでにぜひとも達成したいのは、一人で寝れること。時間がきたら一人で寝ることのできる子にする、これが目標です。最後のが難しい。なかなか一人で寝るのは大変です。人間の独立ということを考えていくと、子育ての目標はだいたいそういうことになる。しかし実際は中学生になるまで親と一緒に寝る子がおります。これは親の方がけしからん。親がもうちょっとシャンとしなければいけない。子を育てる目標をもたないとそういうことになる。

護るというのは、例えば子供は夜中に一人で便所に行くのをこわがる。だから、「いいかな、一人で便所にいく時は、ナマンダブ、ナマンダブ、ナマンダブと言うて行くと、必ず仏さまが護ってくださる。念仏してゆけば一人でも決して心配はいらない」と教える。護ってくださるから心配いらない。

しかし、本当に子を護るというのは、この子をひとり立ちできるように育ててゆくことである。さきのところで聖人が教えられる護りとは何か。「異学・異見のともがらに破られず」とは、何か害を加えられないようになるのではない。別解・別行のものにさえられずというのは、信心の道を破られず、妨げられないことをいう。私がこの願往生の一道を進んでいくことを、誰からも妨げられず護られる。これが中心なのです。具体的にはいつも照らされ、いつも念仏を教えられて育てられていくのが如来の護り。この世の中ではこれが護られにくい。それを護ってくださるのが、本当に護られるということである。

信心も失せ候ふ

どういうところにわれわれが落ちこんでいくかということは、蓮如上人が詳しい。『御文章』にはこう出ています。

そもそも、今度一七ケ日報恩講の間に於て多屋《たや》内方《ないほう》もその外の人も大略信心を決定したまへるよし聞えたり、めでたく本望これに過ぐべからず。さりながら、そのまゝ打捨て候へば信心も失せ候ふべし、「細々に信心の溝を渫《さら》へて弥陀の法水を流せ」といへる事ありげに候。それについて、女人の身は十方・三世の諸仏にも捨てられたる身にて候ふを、阿弥陀如来なればこそ辱《かたじけな》くも助けましく〵候へ。その故は、女人の身はいかに真実心になりたりといふとも疑の心は深くして、また、物なんどの忌はしくおもふ心は更に失せ難くおぼえ候。ことに、在家の身は世路につけまた子孫なんどの事によそへても、たゞ今生にのみ耽りてこれ程にはや目に見えてあだなる人間界の老少不定の界と知りながら、たゞいま三途・八難に沈まん事をば露塵ほども心に懸けずして、徒に明し暮すはこれ常の人のならひなり、浅ましといふもおろかなり。

（聖典六六〇頁）

これはなかなか大事なところを言ってあります。蓮如上人は女性に厳しく言われた。女人の身は十方・三世の諸仏に捨てられたと書いてあるが、男性も同じですよ。しかし男性の方は省略してある。そこが上人の人気がよくない理由の一つです。この教えのもとの経典を読んでみると、女人とは書いてないのです。男女とも見捨てられている。けれども上人は大事なことを言っておられる。女性の方がこういう傾向が強いということを言っている。具体的にはどういうことであろうか。

一七ケ日の報恩講、十一月下旬にあります一週間の吉崎の報恩講で、多屋内方、つまりその坊の奥さん方も、その外の人たちも信心決定の人が多く出た。これは吉崎の御坊ができて三年目、いよいよありがたく、本当にめでたく本望、本当によかったといって上人が喜ばれた。けれども「そのまゝ打捨て候へば信心も失せ候ふべし」、そこに信心を護ってくれる人がないと「信心も失せ候ふべし」とある。ここが一つ大きな疑問になるところです。信心というのは失せるのかどうか。金剛堅固の信心だから失せるはずはないじゃないか。

失せるというのには二つあります。一つは消失、消えてなくなる。一つは忘失、忘れてとり落とす。信心というのはなくなることはない。ですから『御一代聞書』にも「一度仏法を嗜《たしな》み候ふ人はおほやうなれども驚き易きなり」（聖典七三七頁）とあります。聖教をよく読んで本当に仏法を聞きぬいた者は、その後おうよう懈怠になることがあろうとも、いわゆる驚きの心をたてやすくて、いろいろのことでまた復帰してくるのである。だからなくなるということはない。ここはよく知っておかなくてはならない。仏法をよく聞いて信心とまではいかなくて中断しても、それを聞いたことがまったく消失してしまって何の役にも立たぬということはありません。これは必ず心のどこかに残っている。それは仏さまの仕事だからです。だからたとえ、一ぺん聞きに来たがもう来なくなった。一年聞いたが二年目から来なくなったというような人であろうとも、決して心配は要らない。どこかで芽が出るということがあり、いつかまた復帰するということがある。だからどうかまた聞くようになることを願いながら気長に待たねばいかんですよ。それは大事なことなのです。播いた種は必ずどこかで芽が出る。なぜか。それは如来の働きであるから。必ず芽が出る。だから時機純熟を待つことが大切です。

ところが、実際は忘れるということがある。どうして忘れるのか。「そのまゝ打捨て候へば信心も失せ候ふべし」。なぜかというと、女人の身は、女人というと女性的性格というか、凡夫性ということを言っておる。凡夫の身は、どのように真実心になっても、疑い、如来を疑うというより、はからう心が残っておって、もしかしたらひょっとして、私は本物ではないのではないか、とはからう心があって、だんだんと喜びの心から遠ざかっていく。

『歎異抄』第九章には疑い歎く心が出ている。唯円が尋ねた。「念仏まをし候へども踊躍歓喜の心疎かに候ふことまたいそぎ浄土へ参りたき心の候はぬは如何にと候ふべきことにて候ふやらん」。どうしてこうなのか、どうしたらよかろうか、これはいけない、と歎く。蓮如上人はこれを「疑ひ歎く」と言われている。これは深いはからいである。

頭に「私」をつけると、私はどうしてこうなのか、私はどうしたらよいのか、私はこれではいけない。私、私、私、私、と私中心である。如来はこの私をどう思っておられ、どう見てくださるのかということは一つも考えない。如来のことは少しも出てこない。私中心ではからい嘆いている。こういうふうにして信心をとり落としていくのである。信心を忘れ去っていくのである。それを、人間の深い習気というか、はからいの心と申しますね。

そこに大事な存在が観音・勢至なのです。観音・勢至というのは、そういうときに大事な人といえる。僧伽の友であり、よき師よき友である。その人が教えてくれるということが大事である。

大森忍先生の『正信偈に聞く』を読んでみると、先生は末子の正士君の死によって非常に大きなショックを受けられた。そして長い間あれやこれやと悩み考えておられたときに、一人の法の友が手紙をくれて、「自分の信心に問題はなかったのか」と言うてくれた。今まで子供のことばかり考えて、子供はどうしてこうなったのか、自分はどうしたらよいのかということばかり考えていて、自分の信心など考えたこともなかった。この言葉が先生の心を非常に打った。そして自分自身の責任ということを考えられるようになった、と。これは大きな転換である。これを護られているということ。護られているとは具体的な事実である。

私は五十代のあるときにたいへんな事件に出会った。私の建てた学生寮の一室で、女子学生が自殺した。もうずいぶん前の話です。それがどうしても理解できないというか、消化できない、受けとれない。どうしてこんなことになったのか、と苦しみました。そしてとうとう病気になって、胆嚢炎にかかった。毎晩毎晩いたみました。そして半年ぐらい元気がなかった。人間は本当に大きなショックを受けたら、そういうことになりますね。そのときに私を教えてくれたのは、ある人だった。そして、「この現実が念仏ですよ」と言ってくれた。その人のこの言葉が私を助けた。なるほど、これが私の念仏すべき現実だったのかといただいた。

私はどうしてこうなったのか、私はどうしたらよいのか、私はこれではいけない。私、私、私……。如来の如の字も出てこない状態で、私中心で悩んでいるのである。そういうところに落ちこんでゆくのである。「信心も失せ候ふべし」ですよ。とり落としてしまっている。そういうところで教えてくださる人があるのである。思わないのにそういう人が出てくださり、そういう教えに遇う。それが具体的な観音・勢至の働きである。そこのところに護られているということがある。だから、二河白道の西の岸におって喚ぶ如来の招喚というのは、「我能く汝を護らん」となっている。親鸞聖人はそれを略して、如来は「我能く護らん」(『愚禿鈔』)と言われた。本当にその通りですね。「われよく護る」である。その護る働きを観音・勢至という。勢至は照らしてわれわれの本当の姿を知らせ、観音は摂取して念仏にしてくださる。

これが仏弟子といわれる事実であり、現生護念である。必ず護られるようになっている。われわれはいつも自分自身の自力のはからいに引きずりこまれるのでありますが、外からいえば、異学・異見、別解・別行、内からいえば自力のはからい、そういうもので信心も失せるようなことも出てくるのである。けれども、信心は消失したのではない。忘失したのである。それを護ってくださり、私の道を教えてくださる人が出てくる。それを現生護念という。交通安全から守られているのと違う。信心が護られていくのである。

観音菩薩と勢至菩薩

では、『唯信鈔文意』をもう一度読んでみましょう。

「観音勢至自来迎」といふは、南無阿弥陀仏は智慧の名号なればこの不可思議の智慧光仏のみなを信受して憶念すれば観音・勢至は必ず影の形にそへるが如くなり。この無碍光仏は観音とあらはれ勢至と示す。ある経には観音を宝応声菩薩と名けて日天子と示す。これはよろづの衆生の無明黒闇をはらはしむ。勢至を宝吉祥菩薩と名けて月天子とあらはれ、生死の長夜を照して智慧をひらかしむるなり。「自来迎」といふは「自」はみづからといふ、弥陀無数の化仏・無数の化観世音・化大勢至等の無量無数の聖衆みづからつねに時をきらはず処をへだてず真実信心をえたる人にそひたまひて護りたまふ故にみづからと申すなり。（聖典五〇二頁）

ここでは、観音菩薩と勢至菩薩について、少し詳しく見てみましょう。まず言葉の意味です。観音とは何か。善導は観音菩薩という。詳しくは観世音菩薩である。『探玄記』十九には、『観音経』を引いて次のように言われています。

等観世間（等しく世間を観て）

随音救苦（音に随いて苦を救う）

これを名づけて観世音といふ。

音、つまり声に随いて苦を救う。その声を聞いて助けに趣かれる。世を観じ声に随う。そこで観世音という。これを略して観音という。また、『般若理趣経』には、「この仏を名づけて無量寿仏といひ、浄土においては仏身を成じ、五濁世間においては観自在菩薩と名く」とあります。この観自在菩薩が観世音菩薩である。自在がついている。

そうすると、観世音菩薩というのは従果向因というか、かの世間すなわち浄土、涅槃の世界からこの世におり立ってくる、それを観世音菩薩というのであって、浄土においては阿弥陀仏という、そういう関係である。したがって観世音菩薩は弥陀の化身、弥陀の分身であるということができます。

そして、さきほど見たように、この観音菩薩が勝友となりたもう。無量寿仏がこの世に働きをもって現われてくる相が観音で、観音として私の友となってくださり護ってくださる。世間を観ずる。世間といえば私。私につき添うて私を観てくださる。それが観音です。私が見られている。如来によっていつも観ぜられているのである。信心とは具体的にはどういうことかというと、いつも如来に見られている。如来の前なる存在として自分が立っていることに目覚めた人を信心の人という。

念仏というのを般舟三昧とか念仏三昧とかいいます。また諸仏現前三昧ともいう。諸仏とは弥陀を言っている。諸仏、弥陀が私の前に現われてくださる。それが諸仏現前。これはどういうことなのか。諸仏の前を生きる、それが諸仏を見るということです。諸仏を見るとは諸仏に見られていること。具体的には如来は観音として、私の声を聞き私の傍にあるのである。観音は、如来の現実人生における働きである。そして、如来の前なる存在となることを信心という。それを念仏者（仏を念ずる人）といい信心の人という。われわれは観世音によって見られている。

世とは時間のこと。過去、現在、未来、これを三世という。ずっと私が見られ続けている。間はあいだ。時間に対して空間。世間とはいつでもどこでもということ。間は、もう一つの意味は間柄、人間関係である。どういう人間関係で生きているのか。そういうのが見られている。護られているのではあるが、観世という意味からいうと、こう言えますね。そして私の言葉を聞いておられる。それが観世音ですね。

念仏者にあるもの、それは必ず懺悔である。如来の前にある者はその心にいつも「申しわけないことであります」というお詫びの心をもつ。それを念々称名常懺悔という。そして「ありがとうございます」という感謝。懺悔の方がさきです。二種深信というのは、機の深信の方がさきなんです。われわれは如来によって照らされる。照らされたら自分の姿がまず見えるのであって、それを懺悔という。そして次に如来を仰ぎ見るのであって、そこに感謝、法の深信というのがある。機の深信がさきである。しかし道理としては二種同時なのである。如来の前なる存在を、観音とともなる存在という。

続いて勢至菩薩です。これは『観無量寿経』に詳しく出ています。勢至観というのがある。『観経』では観音の方はあまり詳しくない。

ただこの菩薩の一毛孔《まうく》の光を見れば即ち十方無量諸仏の浄妙光明を見る。この故にこの菩薩を号して無辺光と名く。智慧光を以て普く一切を照らし三途を離れしむるに無上力を得。この故

にこの菩薩を号して大勢至と名く。（聖典九六頁）

この菩薩は、挙身の光明とすぐ前のところにありますが、体中から光が出ていて、その一つの毛穴から出る光を見ると、十方無量諸仏の浄妙光明がその中にこもっている。そこで無辺光という。また光を放って智慧光を以て三途を離れしむる無上の力をもっている。智慧光というのは無漏真実の世界、人間の煩悩を離れた世界、仏の世界からのお照らし。三塗は地獄、餓鬼、畜生ですね。その三塗を離れしめる無上の力。それがここに出ている。

では、三塗という最もお粗末な世界を離れしめる力とは何か。それが智慧光の働き。智慧光は、『述文賛』の教えでは、無痴の善根よりおこるという。無痴の善根から生まれた智慧の光に照らされて、衆生の無明煩悩の心が照らし出され、ついに断ち切られる。それを「三塗を離れしむる」という。三塗というのは深い深い無明の心、不平不満の心、貪欲の心というものが地獄、餓鬼、畜生を生んでいる。いちばん根本にあるものが無明煩悩。それを断ち切る力が勢至菩薩なんです。したがって、観音も勢至も弥陀の化現。弥陀がこの世に力を現わす、その具体的な働きを言っている。

智慧・空・無我

地獄、餓鬼、畜生を離れるのには智慧光が大事である。智慧とは、無漏の真如のお働きである。智慧という言葉の意味は『教行信証』に引かれている、曇鸞の『往生論註』の言葉が非常にわかりやすい。

「一には智慧門に依りて、自楽を求めず、我が心自身に貪著するを遠離せるが故に」とのたまへり。進を知りて退を守るを「智」と曰ふ、空無我を知るを「慧」と曰ふ。智に依るが故に自楽を求めず、慧に依るが故に我が心自身に貪著することを遠離せり。（聖典三〇八頁）

智慧ということを、曇鸞はうまく言っています。智も慧も人間が持たないもので、如来に属する。無漏を体とするという。無漏を体とした仏智が、本当の智慧である。智は進を知りて退を守る。守は防ぐ。知進守退という。この人においては前身ということはあるけれども退くということはない。停滞ということもない。こういう状態を智という。進むを知るとは、方向をもっている。方向がはっきりしているということ。それがないと進む力が出てこない。進む方向がまずわからねばならない。それが智です。そして前進する力をもっている。この二つがそろって進むということができる。方向を失うと、くるくる回り始める。流転という。そして前進力を失うと、後退してくる。坂道を登っているときは、その途中で登る力を失ったらバックするしかない。どんどんどん下に下がっていく。方向と前進の二つが必要だ。この二つをもっていることを智という。方向と前進力、これをわれわれ人間はもっていない。

ただ、種子がある。種子には方向も前進力もないが、太陽の光と水に恵まれて時機到来すると殻を破って発芽して、双葉は太陽をめざして伸び、根は地中に向かう。方向と前進力は与えられるものである。太陽は如来の教え、水はよき師よき友、すなわち観音の具体的な働き、そこにはじめて三途を出ることができる。

慧は空無我を知る。空を知るとは、空とは執われるべき何もないということ。仏法では因縁生起という。物事は神さまが引き起こしたのではなく、何か運命的なものがあってその運命に引きずられたのでもなく、すべて因縁なのである。例えば、波が立つ。波は風が吹いて立つ。風が波の因か、風があるから波が立つのか。そうではなく、風が縁なのだ。海の水に因がある。海の水は、風がなくても、大きな船が通っただけでも波が立つ。大きなものを投げ込んだだけでも波は立つのである。そのように、水は波立つ性質をもっている。その因があるから、風が吹いたということが縁となって、波が起こってくる。これが果です。そのような結果が起ってくる因は、そのもの自体にある。そのほかのものは、みんな縁なんだ。

また、一本のローソクがあって、よく燃えている。風が吹いてきて、この火が消えた。ローソクが消えた原因は何か。風が因で、風さえ吹かなければこんな結果は起こらない。こういう考え方を因果関係という。因と果で考える。しかし、仏法ではそうは言わない。それを空という。ローソク自体に問題があるのである。ローソクの火が小さいということに問題がある。その証拠に、そのそばに大きなかがり火があって、そこに同じ風が吹く。するとその火は消えるどころか盛んに燃えあがっているではないか。風によって消えるか燃えあがるかは、火が小さいか大きいかに原因があって、その因はローソクやかがり火そのもの自体にあるのである。風は縁なんだ。これが因縁という考えである。これは非常に深い仏法の根本の道理なのです。

地獄、餓鬼、畜生というところに閉じ込められている人は、自分がこんな目に会うのはあいつのせいだ、ああいうことがあったためだ、あの時病気したからだ、あれがなければこうはならなかったのにと、みんな原因を外に求める。それを離れしめる力を智慧という。慧は空、因縁生起。本当の原因は私にあったんだと私自身にたちかえり、その苦悩をうけとめて念仏する。それを空という。

無我というのは、私といってとらえるべき私はなく、またわがものといって執着すべきものは何一つないということです。みんなたまたま如来から私が預っているもので、みんなお返ししなければならないものばかり。すべて仏法領のもの、と知る。これを「われ我所を離れる」といい、無我という。このようにわれ及びものに対する考え方がはっきりわかってくると、それが、地獄、餓鬼、畜生を離れしめる。そういう力をもっている。これは他人の話ではない。自分のこととしっかり知っておかなければならない。

大勢至とは何か。これは信心の人が生まれたら、浄土から弥陀は観音・勢至となって出てきて、その人について離れず守り、その人を地獄、餓鬼、畜生の世界から救い上げていく。離れしめるのである。それは智慧光の働きによる。前進すべき方向と前進する力とを与えて、本当の道理を知らせ、執われから離れしめる。

われわれは私、自我というものに執着する。どういうふうに執着するか。それを我執、我所執という。我執の出てくる形は、一つは優越感ですね。驕慢心ですね。驕慢心は、自分と人とを比較して、自分の方を高く買ってたかぶる。もう一つは劣等感。おれはダメだと落ちこんでいく。さらに不安感や孤立感や孤独感。こういうのは深い我執の変形ですね。我執とは深い殻の中に閉じこもっている。広い世界をもたず、閉鎖的になって殻に閉じこもる。広い世界に立ったら、友がある。「観音勢至自来迎」。よき人が来たってわが友となってくださる。こうなると、私は私であって、私以上になる必要もなくなる。私が私であることに満足して、生きていくことができるようになるのである。

きみ、この道を尋ねて行け

さて、如来が勝友を賜う。影の形に添うとは護るということであると善導は言ったが、原典は勝友となっています。また善導自身も、親友善知識という言葉で言っている。つまり、観音・勢至が勝友となりたもう。友となってくださる。勝れた友を勝友という。勝れた友とは、私のために本当に役に立つ人のことですが、もう一つ、『大無量寿経』に別の言い方があります。ここは観音・勢至ではない。『大無量寿経』の「東方偈」に出てくる言い方です。

聞法能不忘　法を聞きよく忘れず
見敬得大慶　見て敬ひ得て大に慶ばゞ
則我善親友　則ち我が善親友なり
是故当発意　この故に当に意を発すべし　（聖典四五頁）

「則我善親友」我は釈尊ですね。また諸仏です。法を聞きよく忘れず、見て敬い信心歓喜する存在、それは私の善親友であるというのです。観音・勢至はこの世における弥陀の分現。分現とはその一部分が現われた姿、これは『観無量寿経』。そして、『大経』ではお釈迦さまが、わがよき親友なりと言われている。両経を通じ、われらはまことに、まことに得がたい友をもつようになることを示されている。

求道によって人は勝れた友を与えられる。友がないのを孤独といい、一人ぼっち、孤立という。現代の社会で非常に憂うべきことの一つは、子供たちから大学生まで、とくに小学生の間で友のない者が非常に増えたことです。昔のような幼な友達というのが非常に減ったということです。私の保育園で聞いてみました。正月は何をして遊んだか。「トランプかカルタか凧上げか」と聞いてみた。首をふっている。「何をやったの」。「ゲーム」。「ゲームて何かね」。「パソコン」。私は残念ながらパソコンを知らない。やったことも見たこともない。「誰とやるの」。「一人でやる」。ああ一人でこの子は正月に遊んでおったのか。

私がいちばん恐れているのは、これからさきの女性ですね。女性をかき口説いて愛情を求める男性がいなくなるということですよ。どうしてか。彼らはそういうことが下手くそなんだ。一人でパソコンをやるのはうまいんだけれども、人に説明をしたり、言うて聞かせて説いて明かして、私の言うことを理解させようというような男性はいなくなる。人間ぎらいになっていますね。友達がいないから。

だが、人間は友達をもたなきゃダメなんだ。どうしてか。それは、人間になれないからです。人にはなるのである。人というのは知的な存在であって、働きをもった存在ですね。ホモサピエンスという人類に属する人には生まれても、人間にはなれない。

間とは何か。間柄だ。人間関係、深い連帯。そういうつながりをもってはじめて人間になる。だから人間が間というのを失ったら、人になる。人というのは動物の一種である。動物というのは雌と雄しかいない。友というのはいないですね。親子というのもない。ある時期から離れてしまう。そういうのを動物関係という。人間というのは違うんだ。たとえ親子であっても、それだけでは動物関係、人間ではない。間柄、むすびつきが大切です。本当の間柄というのは友ですよ。友としてのつながり。友というのは友情。そういうのが最も強い、そして正しい間柄です。

友というのは利害関係を離れている。そして何らかの補償、私はあなたを愛するから代わりにあなたも私を愛してくれ、というようなものではない。無償の関係をもっているのが友なんだ。友の喜びに私は一緒になって喜び、友の悲しみに一緒になって泣く。そのような深いつながりがある。それがあってはじめて人間なのだ。友がいなくてはならない。が、友もいろいろで、幼な友達もあれば釣り仲間もあり飲み友達もある。では、すぐれた友達とは何か。

それはお互いに勧証護讃する友である。「観音・勢至は必ず影の形にそへるが如く」という。観音・勢至は勝れた友である。勝れた友のあるところに具体的な、この世における本当の人間存在が生まれるのである。そして、すぐれた友がいるとは、求道において護られているということである。その友が勧証護讃という働きを起こす。

勧は勧め励ますという。勧は勧誡であり勧励である。二河白道においては、「仁者ただ決定してこの道を尋ねて行け」と勧める。勧め励ましをこういう表現で言っている。善導はこれを東岸発遣という。「この念を作す時」、自ら思念してこの道を行こうと自己決断をしたそのときに、東岸すなわちわれわれの住んでいるこの人生で、勧める声が聞こえる。これが勧です。聖典では、仁者は「なんじ」になっているが、聖人の坂東本（真蹟本）では「きみ」と大きく仮名をつけてあります。そんなに大事なところを、西本願寺のこの清書本では「なんじ」になっているから意味が通りにくいですね。なんじといえば、上から下に向かって呼ぶ声であって、いわば指導者意識をもって「なんじ」と呼ぶ、そういう感じがします。しかし「きみ」と呼べば、友であって同じ列におって、そこで勧め励ます声ですね。そういうように聖人はとっておられる。これが本当で、深い尊敬と愛情が、「仁者」の中にこもっている。「きみ、ただ決心一つだ。そしてこの道を尋ねて行け」。「仁者ただ決定してこの道を行け」ではない。「尋ねて行け」なんだ。友達らしいですね。尋ねてということになると、尋ね求めて行くのである。道は聞法、求道。それが原理。しかし、実際に具体的に求めていくということは、尋ねなければならない。自分で尋ね、求め、尋ね、求めて行くほかない。教えを聞く、聞く教えは原理、道は応用問題。応用問題は、私の現実問題の解決。これは尋ねてゆくしかない。だから、「きみ、ただ決定してこの道を尋ねて行け」。それを勧というのである。そういう友をもったら、もう大変に幸せですよ。しかし、こういう人がなければ、求道にはならない。

私の昔話で恐縮ですが、私がはじめて住岡夜晃先生にお遇いしたのは昭和十八年のことです。九月から十一月の終わりまで本部にいました。しかし、求道のためではなかった。本部に大学の寮ができたのです。戦争の終わり頃ですね。光明団に大学の寮ができた。そこに私が寮生の世話係として行っていました。私は学生でしたが、坂口君というのが体育、私が生活担当の指導学生でした。この寮が三カ月で第一期が済んで、あと一週間、報恩講という団の講習会があった。そこで一週間の講義をはじめから終わりまで聞いたというのが、非常に大きな私の転機になった。はじめて仏法というものを同朋の人と一緒に寝食を共にして聞くことができた。

それから大学に帰って、私は化学科でしたから、毎週毎週実験また実験の忙しい生活を送っていました。けれども、先生は毎週一回、土曜日に土曜会というのを開いて、学生のために『歎異抄』の話をしておられたのです。私はそれになかなか行けなかった。本当に忙しかった。そうすると、月曜日か火曜日に必ず葉書が来るんです。差出人は鳴井いしと書いてある。女の人です。本部におられました。土曜日の晩はこういうお話がありました。こういう人が見えました。どうぞあなたもおいでください、と書いてある。それがいつも来るんです。欠席したら必ず来るんです。それで、会津磐梯山という民謡があるが、「いかざなるまいエーまた顔見せに」。これだけ葉書が来れば、行かななるまい顔見せにというわけで、だいたい私は気の弱いところがあって、行きましたね。それで続いたんです。鳴井さんがいなければ、とても続かない。鳴井さんがそういう形で勧めてくれたのです。来なさいでもなく、来るべきだでもなく、こういう話があって、こういう人が見えまして、どうぞあなたも……と。本当に「きみ」だなあと思います。

その鳴井さんは私より一回り年が上で、先般亡くなられましたけれども、仏法のために生涯を打ちこんだ人です。とうとう結婚せずに、当時の女子教育としては最高であった女子専門学校を出た人でしたけれども、光明団のご飯を炊く仕事をつとめあげて一生を終えられた。

そういうところに観音・勢至があるのです。こういう勧めはとっても大きい。そういう人によって次なる人が生まれてくる。こういう人がいなければ、われわれはとても仏道には入れないであろうと思います。

よき師はよき友である

護は護る。「我よく護る」。これが二河白道では、如来のお言葉として出ている。求道というものは、護られなければとてもできるものではない。護りは如来の勧励であり、よき友の勧めである。

火の河、水の河の真っただ中に小さな道がある。火の河は怒り腹立ち。水の河は貪欲。火と水がこの白道を洗っており、その上に燃えあがっている。その上を進んでいく。それが求道である。善導は、行者が清浄の願往生心をいただいて進んでいくことを前進と言っているが、実際は火の河、水の河が私の現実なんです。私の心の現実の真っただ中の水火二河を、乗り越えて行かねばならん。それが求道だ。

白道に立ったならば、何が見えるか。白道が見えるかというと白道は見えない。白道とは信心、願心である。そんなものは見えない。見えるのは火の河と水の河。それしか見えない。問題は、この火の河、水の河をものともせず進んでいくということが大事であって、それには勧め励まし、私の手本になる人があって、その人が私にいろいろと教え、私を励まし勧め、私の質問に応じていろいろと詳しく話してくれて、継続一貫この道を進んでいくことを教えてくれる。そういうことがないと、とても行けるものじゃないですね。

信心には必ず危機がある。信心の危機についてはさきにも少し申し上げました。それはまず、世間心への埋没。世路のこと。これは『御文章』二帖目一通にある、いわゆる世間道への埋没。世間道でも世間心でも、とにかく世間のことにふりまわされて沈んでゆく。世間のことというのは必ず名聞、利養、勝他に関係がある。人がどう言うとか、利害打算とか競争とか、そういうものに落ちこんでゆく。それが大きな危機である。

もう一つは、子供のこと、家のこと。これも世間道であるが、少し違って愛憎という。深い恩愛、人間のどうしようもない愛情的なつながり。忘れることのできないような深い人間関係。そういうものに引きずられて行く。そして信心というものがだんだんと忘れられてゆくのである。

さらに言えば、自力のはからい。もしかしたらひょっとして、私はダメではなかろうか、私には仏法は向かないのではなかろうか、私はこれだけ聞いてきたけど本物にはなっていない。私はダメ人間なのではなかろうか。こういうはからいを人間はもつ。『歎異抄』第九章の唯円のように、「如何にと候ふべきことにて候ふやらん」。一体どうしたらよいであろうか、というはからいをもつようになっている。そういうときに、護ってくれる人、言うてくれる人、こうなんだと勧めてくれる人をもっていることが大事であって、これがなければ進めない。

そして最後は、私を正しく評価し批判してくれる人があることはすばらしいことである。あなたが言うていることはちょっと中途半端だ、もう少ししっかり具体的に自信をもって言った方がよいとか。いや人はみなあなたのことを悪く言うけれども、あなたの言うのが正しい、今の調子でやっていけばいいとか。私を評価してくれると進展が早いであろう。

自動車学校に練習に行って隣に座っている指導教官が、はじめから終わりまで黙っている。どんなブレーキをかけても文句を言わぬ。どんなにひどくハンドルをきっても何とも言わぬ。これはいい先生だとは誰も思わないだろう。この先生は何だ、高い金を払っても何にもならんではないかということになる。言うてくれなければいかん。「それではいけない、こうした方がよい」と言うてくれる方が上達が早い。

勧証護讃の讃というのは、適当なところで、的を得た正しい評価をしてくれること。これが非常に難しい。求道によって如来からいただく褒美は友である。これは亡くなられた先生からいただいた言葉です。求道していったら如来から必ずご褒美がいただける。そのご褒美は友だ。求道の友が与えられる。こう言われた。これは本当ですね。求道一貫して如来から与えられるのは友である。友は賜うもの、聞法によって如来から贈られるものである。

そして、よき友は同時によき師であり、よき師は必ずよき友である。友というのは勧証護讃。師というのは私を教える人。師は師主善知識と言って、一つは畢竟軟語。これが善知識の働き。化身土巻に出ている。さらに畢竟呵責である。畢竟は徹底的に、また勝れての意味で私を叱る働きをもっている。それを善知識というのである。これを師という。最後に軟語呵責という。優しいことばで厳しく叱る。これは師である。軟語呵責を受けとめることがいちばん難しい。友は必ずこういう働きをもっている。

釈尊がよき友である。則ち我がよき友。「私があなたの友となる。いやあなたが私の本当の友だ」と申されている。先生の中の先生が友となってくださる。これは弥陀の化現ですね。大変な存在の現われなのである。よき友というのはよき師ですね。よき師は必ずよき友の一面をもっておる。友は師であり、師は必ず友である。このお方を賜う、それを観音勢至自来迎という。

無明の闇を破る

さて、さきほど皆さんと一緒に頂きました『唯信鈔文意』のご文の中に、「ある経には……示す」とあります。このある経とはわれわれがよく知らないお経で、『須弥四域経』と言います。『安楽集』の下巻の第六大門に、道綽禅師が引いておられる。そこに、日天子、月天子とあります。観音を日天子と名づけて宝応声菩薩という。聖人はこれを引かれて、「ある経には観音を宝応声菩薩と名けて日天子と示す。これはよろづの衆生の無明黒闇をはらはしむ」（聖典五〇二頁）とおっしゃっております。

無明黒闇とは何か。日が出て闇が晴れて朝が来る。闇を破る働きをする、それを言っている。では、闇とは何か。無明の闇とは何か。これについては信巻のお言葉を見てみましょう。

『楽邦文類』の後序に曰く。浄土を修する者は常に多けれども、その門を得て径《ただち》に造《いた》る者は幾くもなし。浄土を論ずる者は常に多けれども、その要を得て直に指《をし》ふる者は或は寡し矣。曾て未だ自障・自蔽を以て説をなす者有るを聞かず、因りて以てこれを言ふことを得。それ「自障」は愛にしくはなし、「自蔽」は疑にしくはなし。ただ疑・愛の二心をしてつひに障碍無からしむれば、則ち浄土の一門未だ始より間隔せず、弥陀の洪願常に自ら摂持したまふ、必然の理なり、と。（聖典二五九頁）

これは『楽邦文類』の後序の言葉で、聖人の坂東本の読み方では今の訓みと二カ所違っている。「因りて以てこれを言ふことを得」は「得るに因りて以てこれを言ふ」となっている。もう一つは、「ただ疑・愛の二心をしてつひに障碍無からしむるは則ち浄土の一門なり」とそこで切って、「未だ始めより間隔せず」」となっていて、坂東本では全然意味が違っている。

それはさておき、ここには無明の闇というのが二つあります。一つは自障であり、もう一つは自蔽である。自障は自分で障えるわけであり、自蔽は自分で蔽って真っ暗になっている。一つは愛であり、もう一つは疑いである。「それ『自障』は愛にしくはなし、『自蔽』は疑にしくはなし。ただ疑・愛の二心をしてつひに障碍無からしむれば」、何の妨げもなくこれを打ち破っていくのは「則ち浄土の一門……なり」、この教えだけである。

愛と疑。愛は貪愛。我愛というような、私が独占しひとり占めしていこうという男女の愛。恩愛というのは親子の愛などを言っている。その反対は憎悪。それを一緒にして、人間の深い感情の迷いが、われわれの進展の大きな妨げとなっている。それが無明の闇の根源である。

もう一つは疑い。仏智疑惑という。如来を疑って、そのおこころがわからない。仏智疑惑というのは仏を疑っているという意味ですが、もう少し具体的にいうと、自己中心的に自分のことをいつも中心に考えて、如来のこころを無視して生きている。それを仏智疑惑というのである。したがって、私、私、私と、私中心で生きている心であって、如来の如の字も考えないで生きているのを如来無視という、これをまた仏智疑惑という。これは人間のいちばん深い、いちばん根源の考えで、根本感情であり、根本の迷い、根本煩悩と言われるもので、根本惑である。この二つが、人間の深い深い闇である。

この疑・愛の二心をしてついに障碍無からしむるは浄土の一門なり、である。この中で、愛すなわち貪愛はなくなるかというとなくならない。けれども念仏の種になる。感情的なものというのはなくならない。では、疑いはなくなるか。これはなくなる。これを打ち破られるのを、無明の闇を破るという。いちばん根本中の根本がなくなるのである。

仏智疑惑とは、自己中心の如来無視ですね。言いかえると、微塵の故業という。故は古いという意味です。古い古い昔からの、われわれの深い深い悪業、宿業。積もり積もった長い長い迷いの累積。それが自己中心というものを生んでいる。その結果が随智。自分の智慧を働かせて自分でいろいろ考える。それをはからいという。そして如来は無視して、ああだろう、こうだろう、こうでなけりゃいかん、と自分の智をふりまわしてはからう。それが仏智疑惑の根本である。行巻の『般舟讃』の引用を見てみましょう。

また云く。門門不同にして八万四なり。無明と果と業因とを滅せん為なり。利剣は即ちこれ弥陀の号なり、一声称念するに罪皆除こる。微塵の故業、智に随ひて滅す、覚《をし》へざるに真如の門に転入す。娑婆長劫の難を免るゝことを得ることは、特《こと》に知識釈迦の恩を蒙れり。種種の思量巧方便をもて選んで弥陀弘誓の門を得しめたまへり、と。　（聖典二〇三頁）

門門不同というのは、仏教の教えが八万四千、あるいは聖道門、浄土門、あるいは大乗仏教、小乗仏教とたくさんの経典があり数知れず、これを八万四千という。ことごとく仏智疑惑を滅して本当の世界を得させようとする。その仏智疑惑の根本が無明である。これが貪愛と疑いであるが、それが長い業を生んで、業が悪業を生み、悪業が悪果を生んで、そこに自障と自蔽を生み出している。無明というのは長い長い歴史をもっている。それを無明と果と業因という。そのことごとくを滅しようというところに仏教がある。

滅する刀、するどい切れ味を持った刀はすなわちこれ弥陀の名号、南無阿弥陀仏である。それがこれらを絶ち切ってくださる根本なのだ。それが届いて一声南無阿弥陀仏と念仏するようになったときに、信心決定の念仏によって罪を除いて、大きな世界に出ることができるのである。そのときに、「微塵の故業と随智と滅す」と聖人の真筆の坂東本ではそうなっている。西本願寺の清書本では、「微塵の故業、智に随ひて滅す」と読んであるから、少し意味がちがってくる。だから坂東本に統一しないといけないですね。

これからわかることは、仏智疑惑というのは、長い長い人間の迷いの累積ですね。どうしようもないような自障と自蔽が積み重なっている。これはちょっとやそっとの修行などでは除かれない。その業障の結果として人間は理性中心、自己中心にはからうわけである。

はからいというのは、自力のはからいという。自己肯定の深い心をもっておって、善いことをしなけりゃならん、悪いことではいけないと考え、人を善し悪しというて自分のことはわからない。そういう人間のはからいを打ち破るというのが、無明の闇が絶ち切られるということである。

無明の闇とは、具体的には仏智疑惑の闇。これは長い長い迷いの累積、これを故業という。故は古い。古い古い業の集まり。それが深い自力のはからいとなっている。それを絶ち切るのは弥陀の名号。けれども、弥陀の名号、南無阿弥陀仏だけでは届かない。日天子が要るんだ。観音。善知識だ。よき師よき友である。これがないと南無阿弥陀仏の働きが発揮できない。

弥陀の働きはまずよき師よき友の働きとなって、さきの文のあとの方、「覚《をし》へざるに真如の門に転入す」。真如の門は十八願。他力の信を得ること、この信によって娑婆長劫の難を免れることができる。これが二十願から十八願への転入である。それは願力自然に時機純熟して「をしへざれども自然に」転回するのであるが、とりわけ善知識釈尊のお働きであり、よき師よき友のおかげである。この方々の種々の思量巧方便、善巧方便と配慮を蒙って、われらはとうとう選びに選んでこの一門に入らしていただく。そこを「よろづの衆生の無明黒闇をはらはしむ」というのである。

私はさきの「衆生の無明黒闇をはらはしむ」という文章を読んだときにどうしてもわからなかった。観音が無明の闇を破るはずはないと思っていた。しかしこの『般舟讃』の文章を見て、なるほど、弥陀の働きというのは釈迦の働き、これなくしては発揮されない。すなわち弥陀は西岸招喚。釈迦は東岸発遣、われらを勧証護讃する人がなければ招喚はできない。まことに善知識の働きを教えられているのだとわかった。

そこに、観音・勢至は必ず影の形にそえるがごとく護ってくださるのであり、助けてくださるのであり、われわれを本当の世界に出してくださる。そういう役割を果たしてくださる。弥陀と釈迦、その釈迦の方が観音・勢至の働きなのである

蓮如上人の「五重の義」

このように聖人は信心の成立、弥陀の働きというものを力説して、第一の文章の「観音勢至自来迎」に力を入れて説かれたのである。そして、『唯信鈔』の漢文の引用文をとり上げて『唯信鈔文意』を造られたが、聖人はその引用文を重点的に解釈された。

第一の文章は、「如来尊号甚分明　十方世界普流行　但有称名皆得往　観音勢至自来迎」である。この引文では、「但有称名皆得往」。如来のみ名を称する、それだけですべての人々は往生浄土して救われていく、というのがいちばん大事なところであろうと思われるが、聖人はここはわずか一行ですまされた。そしてほとんど全体を費して、「観音勢至自来迎」という一句を主として解釈された。字数から見てもそうであるが、内容的に見てもそこに力を入れてある。なぜそうなっているの

か。それは聖人にお考えがあるからである。

『唯信鈔』は「唯信」ということがいちばん大事なところで、仏法は信心にきわまる。仏法はただこのこと一つというのが聖覚法印の教えであって、そのこころを明らかにするために、この『唯信鈔文意』では聖人は信心に中心をおいて言われている。第一のこの章では観音・勢至の二菩薩が弥陀の働きであって、その働きによって衆生の信が成就する。そこに力を入れて述べられている。

さらに次には、来迎というところに力が入れてありますね。ですから、ここではそのことを重点的に申し上げたいと思います。今はそのはじめの、観音勢至についてお話ししています。

物事というのは、まずはじめはどんどん聞いていくしかない。また、どんどんどんどん読んでいくしかない。しかしだんだんと、どこが大事なのか、どこに聖人は力を入れて言っておられるのか、わかってくる。そこが大事なところなんです。書物は平板に書いてあるが、これが立体的にというか、奥深くわかってくると、非常に進んでくるのですね。

私もはじめはこの『唯信鈔文意』をどんどんどんどん読むだけで、深い意味はわかりませんでした。文の表面の意味を解釈するだけで、深いおこころをたずねる余裕はまったくなかった。しかし恵まれて機会を与えられ、今年二月の芸北連合と今回と二回講義の時間をいただいたので、かなり立体的に頂戴できるようになりました。そのところをお話ししたいと思います。

聖人は、「観音勢至自来迎」の「来迎」に力を入れておられるが、今は「観音勢至」について話しています。その中の観音について、「ある経には観音を宝応声菩薩と名けて日天子と示す」とある。そして、そこには「無明の黒闇をはらはしむ」とあります。日天子とは太陽のことで、太陽は闇を破るというより闇をはらう。いかにしてはらうかというと、太陽が出てくることによって闇がはらわれる。それが太陽というものの徳でありますね。はらおうとしなくてもはらわれていくのである。そういう存在を観音というのです。その観音を、具体的には、聖人は聖徳太子だと申され、太子を観音の化身と言われた。

すべて信心が成立するためには、蓮如上人が『御文章』の二帖目十一通に言われたように、いちばん基礎は宿善。「宿善開発して善知識にあはずば」と蓮如上人が「五重の義」ということを言われているが、宿善が信心を得るいちばん基礎になるところです。宿善は長い長い善根の積みかさねである。まず風土の徳、土徳であろう。その地方に深い仏法の善根がしみついていて、何代にもわたって仏法を求めた人たちの血が流れている、そういう血統が続いているというところを宿善と申します。日本にはじめて仏法を請来された聖徳太子に日本の宿善の根本があります。

この芸北の地というのは、安芸門徒という大事な仏法領であって、宿善に恵まれた土地である。たくさんのよい善知識があらわれて、それが次々に受け継がれて来た。この宿善によって、善知識に遇うことができる。

今申し上げた「五重の義」の第一は宿善、第二は善知識。第三に「三つには光明」。はじめの二つ、宿善と善知識までは人間の働き、その先は如来の働きです。「三には光明、四には信心、五には名号」（聖典六七一頁）と蓮如上人はおっしゃっています。

このはじめの二つは国土の徳で、「宿善開発して善知識にあはずば」というところを就人立信という。よき人に就いて道に立っていく、これが信心のはじめです。信心のはじめは必ず就人立信。

次に、その教えを通して就行立信。行は如来の働き、つまり大行です。大行とは南無阿弥陀仏の呼びかけ。その大行に遇うて自己を照らされて、信心、念仏となっていく。こういう順番になっている。光明、信心、名号が如来の働き。その如来がわれらの上に成り立つには、そこにこの世の人の働きがなければならない。この世の人の働きというのはよき人、善知識の働きである。それを観音・勢至の働きという。観音・勢至がこの人生で働いてくださったのが、われらのための宿善となり、善知識となってくださる。そのようにして、われわれが如来の働きである南無阿弥陀仏を、本当に受けることのできる素地を作ってくださるのである。

観音とは聖徳太子

その観音とはどういう方かというと、聖人は聖徳太子を観音と仰がれた。

救世観音大菩薩　聖徳皇と示現して
多々のごとくすてずして　阿摩のごとくにそひたまふ
（聖典一七三頁）

多々は父、パパであり、阿摩は母、ママである。父母のように添って、私を育ててくださいました。救世観音大菩薩は観音菩薩。観世音菩薩が正しい名前。聖徳太子はその観世音の化身であると歌われたのが、この「皇太子聖徳奉讃」です。

そして、この聖徳太子が、『唯信鈔文意』の文章を頂くと、よろずの衆生の無明黒闇をはらう日天子となられたのである。そういう働きをされた。

今から千数百年前でありますが、この日本の国は神の国で、八百万の神を祭って、払いたまえ浄めたまえと言って罪とがを除くことを願って拝んでいた。イザナギ、イザナミを民族神として仰いで、それを中心にいろいろな神さまがおられて、その神さまたちに五穀豊穣といって、米がよくできるようにお願いをし、悪いことが起これば払いたまえ浄めたまえと言って、みそぎをくり返してお願いした。このような実に素朴な、神道の人が聞くと腹を立てるかもしれないが、実に迷信的ないわば土俗的な精神状態であった。自分を超えた大きな何ものかに向かって、それに尊敬と供養を捧げてお願いするという行き方である。そこで何か悪いことがあると、払いたまえ浄めたまえということになっていた。

仏教をそこに入れられたのが聖徳太子ですね。人間には教えがなくてはならない。何かを頼むのでなしに、教えによって自らの心を確立していく。その教えとして真如法性の道理に中心をおいている仏教を入れて、深い人間の精神革命というものを考えられたのが聖徳太子です。そしてまったくその通りに、よろずの衆生の無明黒闇を払ってくださった。それは、除くというよりも、そこに太陽が出ることによって闇が破られていく。そういう存在として世に出られた。この聖徳太子の出現の意義を、聖人は非常に大きく評価された。そこから日本に宿善というものができてきたのです。

仏教というような外国の宗教、精神文化をとり入れるということは、天皇でなければできませんでした。下っ端ではできない。必ず圧迫があって叩きつぶされてしまう。当時、物部と曾我という氏族がありました。物部氏は神道ですね。曾我氏は異民族から出たのであろうが、かなり文化的なものをもっていた。これが聖徳太子を助けた。しかし、いずれにしても聖徳太子がいなければ、とても仏教を入れることはできなかったでしょう。太子は当時、摂政でした。ですからこの聖徳太子の存在というのは大変なもので、そこで聖人は「救世観音大菩薩　聖徳皇と示現して」と言って喜ばれたわけです。

法然上人が勢至菩薩

次に勢至菩薩です。『唯信鈔文意』では、さきのご文に続いてこうあります。

勢至を宝吉祥菩薩と名けて月天子とあらはれ、生死の長夜を照して智慧をひらかしむるなり。（聖典五〇二頁）

生死は長い長い生死流転。生死流転の長い夜を眠りこけている存在に智慧をひらかしむる。月天子というのは、月というところに一つの象徴的なものがあって、『華厳経探玄記』という書物には、「月は清涼の義」とあります。

外国に行きますと、とくに熱帯の方ですがインドとかアラビアなどでは、太陽と月とどちらが尊敬されておるかというと、もちろん月の方ですね。太陽というともう殺人的な暑さでありまして、日中など外に出ていられない。三十度以上の熱で、土地も砂漠化している。木を枯らし水を涸らして、人々に死をもたらすのは太陽である。太陽には育てる力もあるのだけれども、そういう厳しい力があり、現実的には耐えかねるものがある。一方月は、日が落ちてだんだんとみなが落ちつきをとり戻して、そこに涼しい風が吹いてきて、やがて月が出て、まどかにみなを照らす。それを清涼という。清はすがすがしい、涼は涼しい。そして、人間の心を冷静にしていく。それが月の第一の働き。月は清涼の義である。

人間は掉挙昏沈と言って、掉挙は心が高ぶって、熱狂的になる。昏沈は心が沈んで昏くなって、元気がなくなる。躁鬱病でいえば、掉挙が躁、昏沈が鬱の状態。そういう二つの面をもっている。これは煩悩の一種です。煩悩には貪欲、瞋恚、愚痴というのもあるが、それは根本煩悩という。その枝末煩悩の中に、この二つがある。高く舞い上がったり深く沈んだりするものをもっている。これらがいろいろなものにぶつかったとき起こってくる。

人間は波が高くなるところと低くなるところがあって、気分が変動する。一日の中でも変動する。小学校でも午前中は児童の気分が落ちついていますから、国語とか数学とかをやり、午後は気分が散漫になりますから、音楽とか体育とかをやる。ところが世の中はだんだん変わってきて、深夜型というのが増えました。深夜に気分が昂揚して、朝はぐっすり寝る。だから午前中は昏沈でボーッとしている。そういう子が増えました。こんな子はえらいことですよ。学校へ行ってもいちばん大事な午前中に眠たいのだから学業成績が悪い。

人間は、大きな波型をもっていてはよくない。仏教では平常心というでしょう。起伏ができるだけ小さくなるということが大事。全然なくなることはないけれど、起伏が少なくなって、振幅が小さいということが、人間的に落ちついていることである。それが、ちょっとしたことに大きく揺れる。それを掉挙昏沈、これを情緒不安定という。それを静かにするのは月である。月は智慧をひらかしむる。生死の苦海の中に長い間生きている者は、必ず掉挙昏沈するのであるが、それを正常化するものは智慧である。智慧によって人は感情の振幅が小さくなる。

月は清涼の義であるとともに、また「敷発の義」ともいう。敷は敷く、発はおこる。蓮華の花は夜開くと書いてあります。具体的な事実はよく知りませんが、月が蓮華の花を開かせるという。インドの方ではそうかも知れませんね。それを敷発といい、あるいは開発という。清涼のところで物事というのは開いてくる。掉挙昏沈のところでは開かない。真夏や真昼の日のカンカン照る所でなく、月の照る所で華が開く。このように月天子の働きについて『探玄記』に書いてある。それが勢至菩薩の働きである。

勢至は具体的には法然上人である、と聖人は言われた。いろんなところで言われていますが、一つは「勢至和讃」ですね。はじめに、「首楞厳経によりて大勢至菩薩和讃したてまつる。八首」とあって、その終わりに「已上大勢至菩薩、源空聖人御本地也」とあります。

源空上人は法然房源空である。ショウニンはわれわれは上人と書くけれども、親鸞聖人はいつも聖人と書いてある。御本地とは御出身地ということ。大勢至菩薩が法然聖人として現われてくださった、とはっきり述べてある。和讃もありますが省略しまして、法然上人という方はどういう存在なのか。それには勢至菩薩というのがわかっていないと充分でない。

今、月天子というときには、月の清涼の働きによって心を落ちつけて、そこで智慧が開く。それが敷発。そういう働きをするのだと言われた。勢至そのものはどのようにして智慧を開くのかというと、これは勢至の働きを述べてある『観無量寿経』がわかりやすい。

この菩薩行きたまふ時は十方世界一切震動す。地の動ずる処に当りて五百億の宝華有り、一一の宝華、荘厳高顕にして極楽世界の如し。この菩薩坐する時は七宝国土一時に動揺す。（聖典九七頁）

この菩薩すなわち勢至菩薩が行きたもうとき、坐りたもうとき、そこに大地震動して十方世界ことごとく揺れ動く。そういう表現になっています。そして、そこに華が咲くと言われています。

今、智慧が開くとは、信心の智慧が開く。それが月の働き。智慧はどのようにして開くのかというと、十方世界一時に震動す。私の心を揺り動かして、マンネリ化を破られ、本当にそうであったかと心が震動する。そうして智慧が生まれる。だから、震動しない人は聞法しない人である。聞法しない人は震動しない。世間のことばかり考えているから、仏法の教えなどには少しも驚かない。執われているからですね。もう一つは仏法の中にいても驚かない人がある。これは俺はもうわかっておると思うている人。いわゆる底を入れているという。底を入れている人を二十願という。仏法がわかっているのは私くらいのものだろうと思うている。仏法とはこういうもんだ、というところで止まっているのを、底を入れるという。それを揺り動かす人がいる。それが善知識です。

観音は聖徳太子。聖徳太子は日本の国の全体を覆っていた無明の闇を破ってくださった。仏法を導入して宿善の大地を開いてくださった。そこから仏法を聞く人が生まれ、ついに善知識である法然上人が生まれ出た。上人はマンネリ化していた仏法を、また仏法の表面だけしか吸収していなかった聖道門を揺り動かして、本当の智慧を開かれた。聖人は月天子という名を法然上人に捧げ、勢至菩薩の化身と申された。

往生之業、念仏為本

では、法然上人という方はどういうことを言われたのか。だいたい『教行信証』には二つ言って

あります。一つはその著書『選択集』を引いて、

『選択本願念仏集』に云く。南無阿弥陀仏。往生之業には念仏を本と為す、と。（聖典二一四頁）

選択本願の念仏。念仏を申さない仏法はないけれども、選択本願、弥陀の本願の念仏が、南無阿弥陀仏。往生の業には念仏を本となす、これが『教行信証』に引用されている第一の文章である。

そこに、日本中の仏法者の心を揺り動かされた法然上人の教えが出ている。「南無阿弥陀仏。往生之業、念仏為本」。弥陀の浄土に往生してついに仏となっていくというその行業は、選択本願の念仏、南無阿弥陀仏ただ一つである。これが根本である。この教えは、強く人の心を揺り動かし震動させた。

第二は、その続きである。

また云く。それ速に生死を離れんと欲はゞ、二種の勝法の中、且《しばら》く聖道門を閣《さしお》きて、選んで浄土門に入れ。浄土門に入らんと欲はゞ、正・雑二行の中、且く諸の雑行を抛《なげす》てゝ、選んで正行に帰すべし。正行を修せんと欲はゞ、正・助二業の中、猶《なほ》助業を傍《かたはら》にして選んで正定を専にすべし。「正定之業」とは、即ちこれ仏の名を称するなり。名を称すれば必ず生ずることを得。仏の本願に依るが故なり、と。（聖典二一四頁）

ここに、仏の本願ということがはじめて指摘されている。これを三選の文という。仏法というのは、選びに選んで、捨てて閣きて傍らにして、念仏一つを選びとってはじめて得られるものなのだ。

そこに、ただ念仏ということがある。そういうことを教えられたのが法然上人です。

「それ速に生死を離れんと欲はゞ」、これが仏道である。仏道成就というと、一つには聖道門、二

つには浄土門。聖道門は五濁の世、無仏のときにおいては無効である。仏法には大乗と小乗がある。小乗を捨てて大乗をとる。大乗の中で聖道門を閣きて（それを閣《かく》という）浄土門をとる。浄土門の中には、正行と雑行とがある。正行は阿弥陀仏を中心とする行、具体的な行としては五種正行――読誦正行、観察正行、礼拝正行、称名正行、讃嘆供養正行――が中心。その対象が阿弥陀仏。それが正行。阿弥陀仏以外の対象をもつのが雑行。その中で正行をとる。この五種正行の中で、さらに称名というのが正定業である。この正定業をとってあとの四つは助業とする。この価値判断を明らかにしていく。それを助業を傍にしてという。

捨、閣、抛、傍。捨てて閣きて抛てて傍にして、選んで選んで選んで聖道門を閣きて浄土門を選びとり、雑行を抛てて正行を選びとり、助行をおいて正定業を選びとる。そのように三つあるから、三選という。ここに真の仏教（今は本願の念仏）は、捨てて捨てて捨てて閣きて抛てて傍にして、はじめてそこに成立するもの、このこと一つとなるもの、そこに智慧が成り立つのである。

そういうことを教えたのは法然上人で、この方があってはじめて親鸞という人が生まれた。これを善知識というのである。だから、観音という方が宿善を開き、勢至という方が智慧を開いて、そこにわれわれをして大きな世界に誕生せしめるという大事業を成就してくださった。こういう働きが、具体的な観音・勢至の働き。そういう人に就いて信は成り立つのである。

人に就くというのは、そういうお方をよき師、よき人と仰いで親近し、本当に頭を下げて教えを承って、そのお徳を尊敬し、時間と金と力を注ぎ込んで、供養しその道一すじに進んでいく。これを人に就くという。親近、恭敬、供養が大切である。

宿善が発露して有縁の知識にお出会いし、私に智慧を開いてくださった。善知識とは、如来の働きをこの世において私に表わしてくださる人である。東岸に人がなければ、西岸の招喚は成り立たない。向こうとこっちの二つで、人間に本当の智慧が成り立ってくる。仏法はこのようにして、この人生に開けてくるのである。信心の人の誕生というのは、まさにこの通りですね。

宿善をつくる

親鸞聖人は日野家の出身だという。日野というのは京都の東の方に今もあります。そこに法界寺というお寺が残っています。そのお寺はもともと日野家の菩提寺で、日野家の敷地の中にあった。ここに日野家の人たちがお参りしていた。今、大きな仏像があります。親鸞聖人も小さいときから、抱かれてそこに参っていられたのであろう。悲しいかな両親は早く亡くなられたけれど、なるほどこの親鸞聖人というお方は宿善の篤い人だなと思われます。小さいときからお参りしておられた。小さいときからお詣りするということが大事です。

私はだいたい、子供が嫌いでありまして、勉強しているとき子供がギャーギャー泣くのが頭にくる。それもあって、仏法の席に子供が来るのはあまり喜ばなかった。いつもにらみつけるものだから、子どもがだんだん減って、とうとう来ないようになってしまった。ところが二十年前に保育園を作りまして、その頃から非常に変わってきました。

小さいときから仏法に親しむことが非常に大事だということが、身をもってわかりましたね。私の保育園はもちろん、仏教のために作った保育園ですから、三歳以上の大きな子供たちはホールの仏前で勤行します。しかし、三歳までの小さい子供たちはそれについてはゆけませんから、別の部屋にいます。私はホールでのお勤めが済んだらそこに行って、その部屋の仏壇の前で小さな子供たちのために勤行をする。小さい子ですから何もできません、ただ座っている。で、私が、「光顔巍々」とお経をあげて、それがすむとカネと叩くものを取って、一人ひとり叩かせる。子供に撞木をもたせて叩かせる。太郎君がすむ。「ハイ、次は二郎ちゃん」と言うと、もっている太郎君が「イヤ」と言う。それで私は三本くらい用意して、それではこれ、次はこれと次の子に渡す。そのうちに気分を直して返してくれます。このカネを叩くというのが、とても子供たちにとっては嬉しいのですね。で、私がそのクラスに行くと、「アッ」と言う。仏さまにお参りをしろと言う。まだ物も言えない小さな子ですよ。そのころがもう、本当に大事なんです。小さいときからお参りをしているといいですね。それが直ちに信心ではないが、宿善です。仏さまに縁が結ばれていくのです。それがやがて、よき人にお遇いして、親近し恭敬し供養していくきっかけになる。そういう素地が非常に大事ですね。

小さい時にやっておかねばならんことは、遊びと南無阿弥陀仏ですよ。これをやっていると伸びる。こういう保育園を作ると、日本中に仏教が盛んになると思うがなかなかできない。なぜなら補助がないのです。宗教教育をしたら、保育園には補助が一つもこない。保育園は社会福祉のためのもので、母親が家庭にいなくて子供が困っているのを助ける施設です。社会福祉法人の保育園の費用は国が半分、県が四分の一、市町村が四分の一で賄う。税金で賄うのです。その保育園で「如来大悲の恩徳は」なんて歌ったら文句が出る。一宗一派に偏してそんな宗教教育をやってもらっちゃ困る、というわけです。だから、宗教をやろうと思ったら、法人でない私立でしかやりようがない。私立だと何の補助もありません。東京都のように補助のあるところもある。しかし、補助金をもらえば必ず制約がある。したがって、私立で補助なしで保育園をやっている人というのは、何か考えをもっている人です。だから、尊敬してあげた方がいい。みんな赤字です。なぜ赤字か。それは、保育園の親は若いから収入が少ない。しかし保母はある程度、俸給を出さないと雇えない。ですから、子供の保育費は高くとれないし、補助がないから大変ですね。

私のところも、毎年かなりの赤字です。これを十九年間やってきたのだから、これは相当の出費ですね。でも金で済めば、たいしたことはない。それよりも、一人でも多くの子に宿善をつくることの方が大事。この子たちが仏教を聞くようになってくれたら本当に嬉しい。要するに、如来は日天子と月天子を作った。この二人の存在が、具体的な働きをする。このことが一つ。それと、この観音・勢至というのは、友ですね。友になってくださるのである。このことを申し上げました。

願力自然

如来みずから来たりたもう

さて、観音勢至というところを終わって、次に「『自来迎』といふは」というところですね。ご一緒に読んでみましょう。

「自来迎」といふは「自」はみづからといふ、弥陀無数の化仏・無数の化観世音・化大勢至等の無量無数の聖衆みづからつねに時をきらはず処をへだてず真実信心をえたる人にそひたまひて護りたまふ故にみづからと申すなり。（聖典五〇二頁）

化仏といえば弥陀の応化仏という。われわれにわかるような姿で、無量の化仏また無量の観世音の姿をとって現われてくださった。いろいろの姿をとって、あるいは善知識となりあるいは友となって、現われてくださった。その多くの諸々の聖衆がみずから来たりたもうのである。「自」はみずからという。「自」にはもう一つの意味があって、「しからしむ」というのが後に出てくる。「自来迎」の「自」に二つ意味がある。そのはじめの方ですね。それは臨終来迎のときでなくて、信心定まるとき来たりたもうのである。それが「自ら」ということですね。

このご文の出典は善導に依っています。行巻に『往生礼讃』からの引用が出ています。

『十往生経』に云はく。「もし衆生有りて阿弥陀仏を念じて往生を願ずる者は、彼の仏即ち二十五菩薩を遣して、行者を擁護し、もしは行・もしは坐、もしは住・もしは臥、もしは昼・もしは夜、一切時・一切処に悪鬼・悪神をしてその便《たより》を得しめず」と。（聖典二〇一頁）

これはさきの文とよく似ているけれども、二十五菩薩とあって、観音、勢至、阿弥陀仏は出てこない。その次の文をみると、

また『観経』に云ふが如し。「もし阿弥陀仏を称礼念して、彼の国に往生せんと願ぜば、彼の仏即ち無数の化仏・無数の化観音・勢至菩薩を遣して、行者を護念したまふ」。また前の二十五菩薩等と、百重・千重行者を囲遶して、行住坐臥、一切時処、もしは昼・もしは夜を問はず、常に行者を離れたまはず。今既にこの勝益まします、憑むべし。（聖典二〇一頁）

これは『往生礼讃』に出ています。そこにはまず、『十往生経』を引いて、二十五菩薩をつかわすとある。しかし主文は『観無量寿経』。『観経』の中に弥陀の無数の化仏以下がある。聖人はこれを引かれている。この『観経』の経文はどこにあるかというと、第十二観の「普観想」の終わりにあります。

無量寿仏の化身無数にして観世音・大勢至と与《とも》に常にこの行人の所に来至す。（聖典九八頁）

これは普観想の成就した人ではなく、称名念仏の人、念仏衆生について述べられてある文と善導は受けとめていることがわかります。『往生礼讃』のさきの『観経』の文は、「常にこの行人のとこ

ろに」とあって、時をきらわず、また、前の『十往生経』には「一切の処」とあって、いつでもどこでも護ってくださるのである。それがさきの聖人のご文である。

親鸞聖人の文章には、必ずその依りたもうところがある。聖人は自分勝手な想像とか、考えとかいうのはほとんど交えられない。そこで、深励師はこの『唯信鈔文意』の講録に「いつも聖人の文はその依り所を注意して頂かねばならない」とくり返し注意しています。

さて問題は、そのような聖者たちがなぜ自ら来られるのか。それは護りたもうからである。その人に「そひたまひて護りたまふ」。そのために来られた。自ら来られた。自らというのは自発的である。こちらから頼んだのではない。お願いをしたのでもないのに自ら来られるのを、「みづから」というのである。

では、護ってくださるために、なぜ来られるのだろう。自分で来なくても、誰かに命じてやらせなさればよかろう。そうではない。自ら来られるのを「自来迎」という。これを聖人は強調しておられる。すなわち観音・勢至を遣わすとあるけれども、観音・勢至は自己の分身なのである。すなわち浄土においては無量寿仏、この世で働く時は観音・勢至として現われてくださる。したがって観音・勢至を遣わすということは、弥陀自身がおいでになるということである。その姿を無数の化仏、つまり応化身と言われているけれども、仏自ら来たりたもうという一面がある。

なぜ来られるのか。それを尋ねてみる必要がある。それは護るためですね。ではなぜ護るために来なさるのであろうか。偉い人が自ら来る場合はよほどのことである。よほどのことでないと来ないと思います。例えば、私なら行かない。偉くはないが出向かない。結婚式があっても行かないし、葬式があってもよう行かない。今はとくに静養に努めているというせいもあり、なるべく外出しないようにしています。みな家内が代わりに行きます。家内も遠い所はよう行かないので、そのときは、祝電とか弔電とかを打つことにする。ずっと偉い人でも、やっぱり行かねばならない時と所がありますね。世間的な義理でなしに、そうではなしに、本当に喜ぶとか悲しむとか、ぜひとも行かねばならない時があります。

信の人の誕生を喜ぶ

なぜ、如来が自らおいでになるのだろうか。私は、如来が深く喜ばれたからだと思います。深く喜ばれた。それは例えば「現世利益和讃」の百十首目にはこう歌われています。

南無阿弥陀仏をとなふれば　十方無量の諸仏は
百重千重囲繞して　よろこびまもりたまふなり　（聖典一五六頁）

「百重千重囲繞して」という。これは前にありました。行巻に引用されたように、『十往生経』にあった。その十方の諸仏の代表が弥陀である。そして現実の諸仏の代表は釈迦である。諸仏如来が百重にも千重にも繞って、その周りをとり囲んでいなさる。護ってくださる。それはなぜか。「よろこびまもりたまふなり」。その信心の人の誕生を心から喜んで、諸仏如来が自ら来なさる。その諸仏が弥陀であり、弥陀が諸仏である。

自らというところに、如来の喜びがある。「よろこびまもりたまふなり」、これが大事なところである。信心歓喜といって、信心の人は天に踊り地に躍るほどに喜ぶというのは、よく聞いている。

反対に、自分は喜びが足りないということも聞く。けれども、如来が喜びなさるというのは、あまり聞かない。しかし、本当は誰がいちばん喜ぶかというと、それは如来です。如来がいちばん喜びなさるのです。

これは俗な話で当たらないかもしれないが、子供が生まれたとしましょう。生まれた赤ん坊自身は喜ばない。それはあたり前です。親は喜びますよ。無事で生まれてよかったなあと言って喜ぶでしょう。子供が学校に行くようになった。子供も嬉しい。けれども親はもっと嬉しい。子供が結婚した。子供も嬉しいだろう。が、親は本当に嬉しい。親の方がもっともっと嬉しい。もっとも、いろんな結婚があるから、この例はあまりよくないかも知れない。けれども、だいたいそういうものなんです。その人を最も愛している者、その者に深い願いをもっている者が、その願いのように愛する者がなっていったら、「よかった！」というのは、そうなった本人よりも、愛する人自身の方が嬉しいんです。信の人が生まれたら、いちばん喜ばれるのは如来なんだ。如来の喜びというのは、さきの「現世利益和讃」のように、「よろこびまもりたまふなり」なんだ。

如来にとっての願いは、「衆生若し生まれずば正覚をとらじ」。衆生が信心の人になってくれよというのが、その大きな願いである。如来はそのためにこそ生きてこられたのである。それが達成されたときに、「百重千重囲繞して　よろこびまもりたまふなり」となる。だから、自ら来られるのである。

また、釈尊の喜びが、『正像末和讃』に出ています。

他力の信心うるひとを　うやまひおほきによろこべば

すなはちわが親友ぞと　教主世尊はほめたまふ

聞其名号と教えを聞きひらいて他力の信をえた人を、釈尊は敬い大いに喜んで、わが親友であるとほめてくださった。そこに、教主世尊すなわち釈尊の大きな喜びがある。最大の慶喜がある。（聖典一七〇頁）

それは何故か。聖人は「釈迦世に出興して道教を光闡し」と教巻に引かれていますが、釈尊の出世本懐、つまり釈尊がこの世に生まれて仏法を説かれる所以は、真実の利を恵みたい、明らかにしたい、「群萌を拯ひ、恵むに真実の利を以てせんと欲す」という。念仏の道一筋を勧めようがためのご生涯であった。そのお方が、いま目の前で、他力の信心をうる人が生まれたら、敬い尊び、大いに喜んでくださって、やあ私の友が生まれたとおっしゃった。これが、釈尊の最大の喜びである。

人間も大きな喜びがあると、そこへ駆けつけるのじゃないですか。みずから諸仏が現われて護ってくださるというのは、諸仏が嬉しい、よかったと喜んでおられるからである。われわれは自己中心の塊りだから、親が喜んでいるのも、あまりわからない。まして如来が喜んでくださるなんて考えたこともない。自分が信心をえて喜びたいという一心で、それで明け暮れしているのである。ところが、私の喜びどころではなくて、本当に喜んでくださる尊いお方があるのだ。これは一つ視点を変えて、本当によく頂かなければならないところであります。

本当の喜びとは

人間の喜びで最大のものは何だろう。それは、願いごとが叶ったときでしょうね。どういう願いごとが叶ったときか。それもいろいろありましょう。しかし、信心歓喜といって、信心の喜びというのは大きい。これはもう、天に踊り地に躍るともいう。本当によかったと、手放しで喜べるのは、信心の喜びですね。

けれども、もう少し大きな喜びがある。それは、この人に仏法がぜひわかってもらいたいと思うて、あなたが一生懸命に根回ししたり心を配ったりした人が、なかなかはじめはわからん、わからんと言っていたけれども、だんだんとそのうちわかってきて、少しずつはっきりするようになった。そして、とうとうその人が、本当によかったと言って信心を喜ぶ人になったら、あなたはものすごく嬉しいですよ。その嬉しさは、自分が信心をえたときの嬉しさとは比べものにならないくらい嬉しい。バンザーイと言わずにはおれないくらい嬉しい。

日本人のバンザイは、昔は天皇陛下バンザイ、大日本帝国バンザイだった。しかし戦争とともに終わった。われわれのバンザイはそれとはちがう。南無阿弥陀仏バンザイだ。南無阿弥陀仏バンザイと言いたくなる。自分が信じているというのも喜びだけれど、自分のほかにそういう人が現われてくるとき、その人を「如来正覚の立証者」という。如来ましますことを証明してくれる人が生まれた。自分がそれに多少ともお手伝いしたことがあれば、ますます嬉しい。それは大変な喜びです。

これに近いのは、少年錬成会その他で小さな子供たちが、今まで動物園の猿みたいに、会場を走り回ってキャッキャッ言うて、フトンの上をころげまわり、枕は投げるわ、まったくもうどうなることかと思ったのが、だんだん落ちついてきて、ナマンダブ、ナマンダブと念仏申すようになり、食前食後の言葉も覚えて、帰るときには「来年また来ます」と言うて帰ったときには嬉しいですね。本当に嬉しい。これはまだ如来正覚の立証者とまではいかないけれども、仏法に進んでくれるというのは、とても嬉しい。この喜びが如来の喜びに通ずる。世尊の喜びに通ずる。仏法の喜びというのは、そういうものなのである。自分が何かお礼をしてもらった喜びとちがう。自分は何ももらわない。けれども喜びがあると、そこに駆けつけて一緒に喜びたい。よかったと言いたい。バンザイと言いたい。こういうことが、如来自ら出てきなさる根本であろうと思います。

この阿弥陀仏の喜びは、蓮如上人の教えを頂くとよくわかる。蓮如上人のは少し擬人化した感じがあるが、『御文章』の五帖目十二通にはこうあります。

当流の安心の趣を詳しく知らんと思はん人は、あながちに智慧・才学もいらず、たゞ「わが身は罪深きあさましき者なり」と思ひとりて「かゝる機までも助けたまへる仏は阿弥陀如来ばかりなり」と知りて何のやうもなく一筋にこの阿弥陀ほとけの御袖にひしとすがりまゐらする思をなして「後生を助けたまへ」とたのみ申せば、この阿弥陀如来は深くよろこびまし〳〵て、その御身より八万四千の大きなる光明を放ちてその光明の中にその人を摂め入れて置きたまふべし。
（聖典七一二頁）

この「御袖にひしとすがりまゐらする」とか、「『後生を助けたまへ』とたの」むというのは、非常に誤解の多い言葉で、擬人化して人間の袖にすがるような表現になっているから、かなり問題があります。けれども、その次の「阿弥陀如来は深くよろこびまし〳〵て」というのは、これはその通りですね。如来がいちばん喜ばれるのだ。五劫の思惟、永劫の修行そのものがようやくに実って、そこにこういう信の人が誕生した。蓮如上人はそこを的確に言って、「この阿弥陀如来は深くよろこびまし〳〵て」と、これはこころ打たれますね。

上人はほかにも大事なことを言っておられる。これは如来の喜びではなく、われわれの喜びを書いてある。同じく『御文章』の一帖目一通です。

古歌にいはく「うれしさを昔はそでにつゝみけり、こよひは身にも余りぬるかな」。「嬉しさを昔は袖に包む」といへる意は、昔は雑行・正行の分別もなく「念仏だにも申せば往生する」とばかり思ひつるこゝろなり。「今宵は身にも余る」といへるは正雑の分別を聞きわけ、一向一心になりて信心決定の上に、仏恩報尽の為に念仏申すこゝろはおほきに各別なり。かるがゆゑに、身の置きどころもなく踊り上るほどに思ふあひだ、よろこびは身にも嬉しさが余りぬると言へるこゝろなり。（聖典六四七頁）

文明三年といえば蓮如上人は五十六歳です。八十五歳の御一生からいえば、まだお若いときですね。それがこのようなおこころが言われている。蓮如上人という人は並々のお方ではないということがよくわかる。

「うれしさを昔はそでにつゝみけり」。昔も喜びがあった。なかったのではない。人にはわからないように、人には見せないように、自分でこっそりと喜んでいた。その程度のものであった。だが、「こよひは身にも余りぬるかな」。まことに本当の意を聞き開いてみると、喜びは身に余るという、身の置きどころもなく踊り上がるという。そこが、身に迫った言い方である。上人御自身の体解がなければ、とてもこういう言い方はできないであろう。上人は信心で苦労をされた。身の上にもご苦労が多かった。その苦労の境涯の中で、このような深い喜びを味わわれたお方であった。そういうことがよくわかります。

さらに、善知識の喜びが『御一代聞書』に出ています。

ある御門徒衆に御尋ね候。「そなたの坊主心得の直りたるを嬉しく存ずるか」と御尋ね候へば、申され候。「寔《まこと》に心得を直され、法義を心にかけられ候、一段ありがたく嬉しく存じ候ふ」由申され候。その時仰せられ候。「我はなほ嬉しく思ふよ」と仰せられ候。　（聖典七三五頁）

「われはなほ嬉しく思ふよ」というところに、門下に対する善知識の喜びが表われている。ご門徒の方に尋ねられた。あなたのところの坊主（坊の主、ご坊を預っているリーダーの方）の聞法求道の姿勢というのが直って、信心が深くなられた。「嬉しく存ずるか、と御尋ね候へば」、「本当にありがたく思っております」と申された。そのときに、上人がおっしゃるのに、「わしの方が一層嬉しい」と。これも切実な言葉である。そうだろうなあと思われる。このことから連想して、われわれの喜びというのは小さなもので、本当に喜ばれているのは如来聖人である。そういうことを考えさせられる。

死んで往生するのではない

では、『唯信鈔文意』の続きを見ていきましょう。「自」のもう一つの意味が出ています。

また「自」はおのづからといふ、おのづからといふは自然といふ、自然といふはしからしむといふ。「しからしむ」といふは行者のはじめてともかくも計らはざるに過去・今生・未来の一切の罪を善に転じかへなすといふなり。「転ず」といふは罪を消し失はずして善になすなり、よろづの水大海に入れば即ち潮となるが如し。弥陀の願力を信ずるが故に、如来の功徳を得しむるが故に、「しからしむ」といふ。はじめて功徳を得んと計らはざれば「自然」といふなり。誓願真実の信心をえたる人は摂取不捨の御誓に摂めとりて護らせたまふによりて、行人のはからひにあらず、金剛の信心となる故に正定聚の位に住すといふ。この心なれば憶念の心自然におこるなり。

（聖典五〇二頁）

このあたりは少し文章がごたごたしていて、何回読んでもわかりづらいところです。しかし中心は、自はおのずからということ、そして次にしからしむということ。自然《じねん》ということが言われています。

つまり、「自来迎」の「自」に二つの意味がある。一つは、自ら来たり迎う。誰がかというと、観音・勢至が自ら来たり迎う。もう一つは、おのずから、「来迎」である。「来」は浄土へ来たらしむという。また「来」はかえるという、とあります。そのはじめだけとると、おのずから浄土に来たらしむ、という。

このように「自」というのを二つにわけて、観音・勢至その他、無量の聖衆来たり迎う、自ら、自発的に、喜び勇んで来たって護ってくださる。もう一つは、おのずから、その信心の人というのを浄土へ来たらしむ。信心決定のそのときから、おのずから自然に浄土に来たらしめるということが始まる。それを来迎という。それを「自来迎」という。だから、「来迎」という内容に二つある。また、「自」におのずからとみずからと二つある。大きく言って、そういうことを申されている。そこが面白いですね。

何が面白いかというと、はじめの方は非常に喜んで、来て護ってくださったという。後の方は、浄土に来たらしめる、すなわち往生浄土していくことが、そこから始まることを申されている。私が始めるのではない。おのずから、願力自然に始まる。ここが非常に面白い。なぜ面白いかというと、往生浄土は死んでから、こういう考えはどこから出てきたのか知りませんが、浄土門の教えの中で動かせない常識みたいなものになっている。しかしそうではない。親鸞聖人はそうは申されてない。往生は死んでからではないということが、こういうところからよくわかる。そこが面白い。

現在の浄土真宗の教えを蒙る者にとっていちばん大事なことは、親鸞聖人はどう言われたかということを明確にすることだと思う。これがいちばん大事ですね。そうでないと、いろんな人がいろんなことを言うてきた。偉い人もあり偉くない人もあったろうけれども、その結果、往生浄土は死んでからだ、死んでから仏になるんだと言う。しかし、親鸞さんがそうおっしゃっているのか、どこでおっしゃったかということになると、必ずしもはっきりしない。われわれはそういう従来の考えをしっかり押さえて、聖人自身はどうおっしゃっているのか、そのおこころに帰らなければいけない時代です。浄土真宗には長い伝承の歴史の中で、いろいろの錆びや、汚れがたくさん附着して、現代に通用しないところが少なくない。それは聖人の仰せかどうか、それはどこに書いてあるかという原典をしっかり知っておく必要がある。伝統だけではなしに、本当の浄土真宗とは何なのか、これを常に尋ねていかないと、何か他の宗教や人間の考えがごちゃごちゃに入ったようなものが生まれてきて、真実性を失っていく。これが一番いけない。

蓮如上人の「弥陀をたのむ」という言い方も誤解の多い表現である。親鸞聖人はそうはおっしゃっていない。全然おっしゃってないこともないけれども、非常に少ない。このような誤解の多い言葉はできるだけ避けて、聖人はどうおっしゃっているのかということを明らかにすることが、現代ではとくに大事なことだと思う。今はまずさきの聖人の文章をしっかり理解しなければならない。

現生十種の益

これに関連して、信心を得たらどうなるのかについて、まず触れておきたい。はじめの「如来尊号甚分明　十方世界普流行」。本願の名号を聞き開いて信心決定、念仏申す。あとは「但有称名皆得往」。ただ念仏となって、みなの者が往生を遂げていく。これが出だしである。それからどうなるのかということについて、今は二つ言ってある。一つは護られるということ、一つは往生が始まるということが言ってある。これをもう少し確かめてみると、現生十種の益という教えがあります。そのことが信巻末のはじめに出ています。

金剛の真心を獲得する者は、横に五趣・八難の道を超え、必ず現生に十種の益を獲。何者をか十とする。一には冥衆護持の益、二には至徳具足の益、三には転悪成善の益、四には諸仏護念の益、五には諸仏称讃の益、六には心光常護の益、七には心多歓喜の益、八には知恩報徳の益、九には常行大悲の益、十には入正定聚の益なり。(聖典二六一頁)

これを現生十種の益といいます。これは『唯信鈔』から少し離れますが関連事項ですね。信心が定まると、現生十種の益が与えられる。益は利益ですね。利益というのは、証果の一部分である。田植えをして秋になると、米がとれる。米が証果。信心を得て、滅度に至り仏になるというのが米。これが証果。しかし、米と同時に藁もとれる。藁は米にならないうちからとれる。これが現世利益。

どちらを目的にしているのかというと、もちろん、米をとる方が目的であって、藁をとろうと思って田植えをしておる人は一人もいない。利益を得ようと思って求道しておるのでは毛頭ない。仏になるのが証果である。

現生に十種の益がある。その第一は、護られている益。これには、冥衆護持、諸仏護念、心光常護と三つある。冥衆は目には見えない多くの神々、無数無量の聖衆に護られている。諸仏は無数の化仏を含めてよき師よき友。観音・勢至もこの諸仏の中に入れる。浄土においては仏、この世においては菩薩ですね。心光常護は摂取心光常照護、これは弥陀。これらを観音勢至自来迎という。『唯信鈔文意』では観音勢至と書いてあるが、聖人はこれをたくさんの聖衆の代表者ととられた。自来迎というのは来たり護るということです。これが第一である。信心決定によって正定聚の位に入り定まるところに、護られるという利益が与えられる。

次に転悪成善。これは『唯信鈔文意』でもこの次に出てきます。そして、心多歓喜、至徳具足、諸仏称讃。これらは功徳が身につくことをいわれている。これが第二の利益。おのずからしからしめられる。つまり、こういう徳を自然《じねん》に与えられる。心多歓喜、心に喜び多く明朗である。信心の人は必ず明朗、これはもう間違いない。明るさというのを失わない。そして、転悪成善。どんな悪も念仏の縁となる。至徳具足とは、南無阿弥陀仏が至徳、南無阿弥陀仏が身に備わってくる。そして諸仏称讃、よき師よき友にほめ讃えられる。

常行大悲というのは、念仏を勧めるようになること。われわれははじめは人に勧める力がないけれども、だんだん深まってくると、必ず常に大悲を行ずるようになる。念仏を勧めて、どうかこの道を一緒に行きましょうというようになる。これが第三の利益。

そして知恩報徳。これがいちばん大切でいちばん難しい。ご恩に報い、その徳に報いていこうという知恩報徳の働きというのが最後ですね。これが信心をえた人の働きです。それがいちばん最後に書いてある。あとの入正定聚の益というのは以上のまとめである。如来のご恩、師主知識の恩徳というのが本当にわかってきて、その恩徳の万分の一でも報いたいという心が生まれてくるのが信心。しかしなかなかそこまで深まらない。けれども、そのようにだんだんと深まって行くのを、信力増上という。だから、

如来大悲の恩徳は　身を粉にしても報ずべし
師主知識の恩徳も　ほねをくだきても謝すべし
（聖典一七〇頁）

という。これはもちろん聖人の恩徳讃ですが、八十六歳のときの作です。三十六歳とはちがう。そんな若いときにはできない和讃である。そこまで気持ちが進まない。いや、おまえは勝手なことを言っているが、親鸞聖人はそこまで進まれたかも知れないぞ。そうですな、どうでしょうか。あの頃は信行別座という言い争いをされた。信心が大事か、念仏が大事か、どちらで往生を遂げるのかという信行両座の争いが三十五歳前後に出ていますね。体失、不体失往生の論争も信心一異の諍論というのも、この年代です。三十代というのは、本当の生き方がわかってくる時期です。しかしまだ浅いから、知恩報徳までいかないと私は思う。やっぱり八十六歳ですよ。本当にそうだろうと思う。私はまだ八十六にならんけれども、だいたいその時期のものじゃないかと思っています。それまでは、世間心がかなり強く残っているのではないでしょうか。

「浄土に来たらしめたもう」ということが起こる。その、「浄土に来たらしめたもう」という働きを感じとる大事な契機は、いろいろの問題に出会って、それが転悪成善されることであろう。われわれは信心を得ようと得まいと、それはたくさんな悪業を身につけている。根本的にいえば、煩悩が心の奥深く巣喰っており、それがもとになっていろいろの罪を犯す。今も犯している。そしてなかなかこれは改まらない。そういう私は浄土に行く資格がない身である。信心があればいいじゃないか、と言われるかもしれないが、そうはいかない。

住岡夜晃先生はこういう話をされましたね。牛小屋に牛がおる。汚ない所にいるから、おまえは可愛想だ。わが家の奥座敷に連れて行って、そこにおまえを住まわしてやりたい、といって牛を小屋から引っぱり出して奥座敷まで連れて行った。ところが、牛は奥座敷でペタペタやり始める。たちまちそこが牛小屋になった。だから、奥座敷に案内しようとすれば、まず牛が四つ足で立っていたのを、二本足で立つようにしなければいけない。そして角が落ちて、とうとう人間になってしもうた。人間にならないと、奥座敷に案内してもダメです。これと同じように、人間のままでは浄土も穢土になる。だからいちばん初めに、過去、現在、未来の罪がたちまちに消えて、今までに積もりに積もった悪業煩悩というものが消え、転悪成善となるということがないと、往生浄土は始まらない。だから、おのずからそういうふうになっていて、信心のところでまず転悪成善となり、その人が変わっていくのである。これが往生浄土のはじめ。こういう話をされました。

悪が転じられて、至徳である南無阿弥陀仏が身についた。南無阿弥陀仏が身についたとは、今まで南無阿弥陀仏というのを手にぶらさげておった。南無阿弥陀仏、これが大事だと思って手に握っていた。しかし、これでは身についていない、身から離れている。これが身につくにはどうするか。一つは、どっこらしょとこれを荷なう。すると大分身につく。しかし途中で落ちるということもある。身につくには食べる。食べてわが身になる。喜ぶのもナマンダブ、悲しむのもナマンダブ。罪を犯してもナマンダブ、悔やんでもナマンダブになってしもうた。

そして心多歓喜、心に歓喜多いというところが往生浄土の始まり。これが浄土に来たらしめたもう働きである。それは大悲自然《じねん》にそうなるようになっている。そして、その往生の途中に、皆さん、どうか一緒に参りましょう、念仏申しましょう、この教えを聞きましょうと、他人の人に勧める。そしてご恩に報いなきゃならないと心に思うようになる。

現生十種の益を、私はこのように三つに分けて考えるのがよいとかねてから思っています。しかし、この『唯信鈔文意』を頂いて、ははあ、これが如来の働きであったのか、自ら来たって護ってくださる、そして、他力自然《じねん》に功徳具足し、常行大悲や知恩報徳の働きを展開してくださるのだ。行者の働きと思っていたけれども、賜った信心自体がそういう働きをもっているのだ。これが往還の二廻向、つまり南無阿弥陀仏の中に常行大悲と知恩報徳の還相の働きがこもっているのであって、それが現われ出てくるのである。往生浄土の途中に、他への働きかけが出てくる。こういうように頂ける。そうすると、聖人はご晩年にこのようなことを「じねん」と言おうとしておられたんだなあと、だんだん頂けるようになりました。

そういう思いをもって、もう一度『唯信鈔文意』を頂いてみると、「おのづから」の前は「みづから」である。そこのところで文章が切れておる。観音勢至と前の文で終わって、次は如来がおのずからしからしめたもう。そういうことが起こってくる。来迎が起こってくる。観音勢至が来迎するのでなしに、浄土に来たらしむということが自然に起こってくる。それは、「来迎」というは「来」浄土へ来たらしむという。そのための第一の条件は、「行者のはじめてともかくも計らはざるに過去・今生・未来の一切の罪を善に転じかへなす」ということ。これが自然《じねん》にしからしめられないと、往生は始まらない。往生浄土していく資格がない。牛のままだと奥座敷へは行けない。人間でなしに、浄土に入る存在すなわち菩薩たらしめられなければ、浄土へは入れない。

菩薩たらしめられるのにまず大事なことは、転成であって、過去、現在、未来の一切の罪を転じかえされるということがまず大事。したがってそういう文章になっている。このように、私ははじめて理解できた。なぜこのところで転悪成善がいるのかはじめはわからなかった。一応の解釈は文章に従ってできたけれども、なぜかということがよくわからなかった。やっとわかったので、そのことを申し上げておきます。それが、おのずからということのいちばんはじめの意味である。

転悪成善

では、転悪成善ということが、おのずからできるとはどういうことか。これがなければわれらは一生、過去、現在、未来の罪を背負って、この穢土に埋没してゆくしかない。これを転ぜられてはじめて、出離の縁というものが生まれてくる。

真仏土巻に曇鸞大師の懺悔が出ております。

我無始より三界に循《めぐ》りて、虚妄輪の為に廻転せらる、一念・一時に造る所の業、足六道に繫り三途に滞《とどま》る。

（聖典三三一頁）

ここに曇鸞は自らの過去、現在の罪を告白している。私はずっと測り知れないかなたから三界（欲界、色界、無色界）を経めぐって、虚妄輪（間違った考え方）にふりまわされてきた。そして一念、一時でもいろんな悪業を造って、足は六道（地獄、餓鬼、畜生、修羅、人間、天上）のその欲界に繋がり、身は三途（地獄、餓鬼、畜生）の三悪道の中に滞っておるのである。これが自己の悪。それを曇鸞大師が懺悔しておられる。

それが転ぜられるというのはどういうことか。もう一度、さきほどの『唯信鈔文意』のご文を見てみましょう。

また「自」はおのづからといふ、おのづからといふは自然《じねん》といふ、自然といふはしからしむといふ。「しからしむ」といふは行者のはじめてともかくも計らはざるに過去・今生・未来の一切の罪を善に転じかへなすといふなり。「転ず」といふは罪を消し失はずして善になすなり、よろづの水大海に入れば即ち潮となるが如し。弥陀の願力を信ずるが故に、如来の功徳を得しむるが故に、「しからしむ」といふ。はじめて功徳を得んと計らはざれば「自然」といふなり。

（聖典五〇二頁）

このように詳細に述べられています。

自はみずから、これが第一。次におのずから。おのずからという時は、じねんという。じねんは他力自然、願力自然、如来の働き、本願の働きで、おのずからしからしめるということを自然という。すなわち如来の働きをいってある。それは、「行者のはじめてともかくも」。生まれてはじめて。

それまでは、行者は計らって計らって計らっておった。それがはじめて、ともかく、少しも計らわないようになった。それが、しからしめるということなのである。弥陀の願力を信ずるがゆえに、如来の功徳を得しむるがゆえに、それができた。はじめて少しも計らわないようになった。それがしからしめるということ。そこのところがなかなか面白い。

善と悪ということについて、人間は理性というものをもって考える。廃悪修善、悪をやめて善を行ぜよ、これは本当の人間の生き方であるという考え方、これは人間理性の考え方であって、教育というのはこの考えを根本にしている。悪いことをしてはいけない、善いことを励みましょうというのは非常に大事なことで、小さな子供には習慣になるまでそれを言わねばならない。

善悪を言わなければ教育にならない。これは大切なことです。男の子が女の子の髪を引っぱる。中には噛みつくのもいる。物を言うよりも、直接的である。どこに噛みつくかというと、耳たぶとかほっぺたとか。あれは欲求不満の証拠で、保育園でわれわれは、ははあ、これはこれは、と思います。ガブッと噛みつく子というのはいちばんの要注意。何が足りないか。あまり会話ができない。相手に説明したり相手を説得することができない。また、これはいやとか、ありがとうとか言えない、そこで、犬と同じでガブッと噛みつく。そういう状態になっている。そういう子は非常に危険なところがあります。

そういう時には、そういうことをしちゃいけないよ、と厳しく言っておかねばならない。この子はそれが悪いということがよくわかるのです。善いと思うてはいない。どうして悪いとわかるのか。人間理性は小さいときから、善悪に対する分別をもっている。これを分別心という。思慮分別をもっている。したがって善いことをやろう、悪いことはやめよう、という教えは非常に説得力があるのです。

罪とは「摧折の義」と嘉祥が言っている。摧も折もくだく。心をへし砕く。人間の心をへし折ることを罪という。悪いことをしたら、意気揚々として元気が出るという人はあまりいない。悪いことをすると、深い劣等感、自己嫌悪に陥る。どうしてこんなことをしたであろうかと、心がへし折られて自信を失っていく。馬鹿なことをしたなという自己卑下に陥るのである。

犬を飼うていると、犬にも劣等感があることがよくわかる。犬も罪を犯すと、しょんぼりする。私は犬を連れて散歩をする。引っぱっていくのは大変だから、放してやる。口笛を吹くと帰ってくる。時々、帰ってこないことがある。呼んでも探してもいない。仕方がないから家に帰っていると、二、三十分して帰ってくる。意気揚々として帰ってくるかというと、決してそんなことはない。頭を下げて、しっぽを下げて、耳をたれて申しわけないという姿で帰ってくる。だから、ははあ悪いとわかっとるなあ、罪を犯して心が砕けておるということがよくわかる。

自力のはからいというのは、人間理性を表わした言葉です。自力の心というのは人間の考え。それを聖人は『唯信鈔文意』の第三条に出されている。

「自力の心をすつ」といふはやう〳〵さまざまの大小の聖人・善悪の凡夫のみづからが身をよしと思ふ心をすて身をたのまずあしき心をさがしくかへりみず、また人をよしあしと思ふ心をすてて、一向に具縛の凡夫・屠沽の下類、無碍光仏の不可思議の誓願・広大智慧の名号を信楽すれば、煩悩を具足しながら無上大涅槃にいたるなり。（聖典五〇六頁）

ここに「自力の心をすつ」ということが成り立つ。それが転悪成善されていくいちばん根本にあるものである。

「やう〳〵さまざまの大小の聖人」とは大乗小乗の聖人のこと。大乗の聖人といえば三賢といって、十行、十住、十廻向の三十段の人。善悪の凡夫とは善凡夫と悪凡夫。したがってすべての人。人間存在がたとえどのような修行をしておろうと、しておるまいと、善人であろうと悪人であろうと、みんながもっておるはからいを自力の心という。それを人間の考えというのである。自らが身をよしと思う心、身をたのむ。この二つが深い自我意識。この自我意識が自己中心の考えのもとである。その内容は、自らが身をよしと思う深い自己肯定の考え方であり、わが身をたのみにして如来をたのまないという深い自己過信である。その次が、悪しき心を「さがしく」かえりみる。さがしくは賢げにということ。こんな悪い心ではいけない、何とか善い心にしなければ、と倫理的に理性的にわが心を扱う。それを計らうという。そして「人をよしあしと思ふ」。人のことが目について離れない。そして善いとか悪いとか批判する。そこには自分をぬきにして、他の人の善悪を考えるということがあるとともに、自分を他の人といつも比較しているという心が除かれない。そのような心を計らいという。

「おのづからといふは自然といふ、自然といふはしからしむといふ」。この「しからしむ」というのは、行者がはじめて少しも計らわないようになるということ。それは人間の自力の心を超え離れる、深い自我意識と計らいがすたっていくということ。そこが、おのずからしからしむる出発点である。

前に申しましたが、観音は日天子、日天子というのは無明の黒闇をはらう。無明の黒闇というのは深い自我意識、深い計らい。計らいは自己中心の自己肯定の心。悪しき心をさがしくかえりみる、または人のことを冷たく批判する。それが無明の黒闇。これをはらうというところに日天子の働きがある。無明の黒闇をはらうというところに、自己肯定の心が除かれ計らいを打ち砕かれる。

そして月天子は勢至で、智慧を開かしむ。智慧を開かしむとは、如来の智慧が開いてくると、これが本当の私と、自己への目覚めが起こってくる。それを夜が明けたという、あるいは智慧が開かれたという。そこに「こういうていたらくの愚か者である私であった、南無阿弥陀仏」と念仏が生まれる。それが智慧の開顕である。人はみな深い深い自己肯定の心をもって、自分は決して間違っていないと思っている。それをどの人間もどの人間もそして私自身ももっている。

だから、外国人にでも日本人にでも、幼い子供にでも年寄りにでも、絶対に言ってはいけないのは、「この馬鹿野郎」という言葉ですよ。これは誰も絶対に認めない。必ず「馬鹿野郎とは何ごとか」、「俺は馬鹿じゃないぞ」となる。自分を馬鹿と思っている人は一人もいない。だからそんなことを言ってはいけない。誰も受け取ってくれない。とくに外国人はそれぞれ自尊心をもっている。それを自らの身をよしと思うという。悲しいかな、皆そう思っている。だから、そのような人を侮辱する言葉を決して言ってはいけない。誰も受けとる人はいないのだ。日本人が戦時中に犯した、思いあがった、人を馬鹿にした言葉が、今に至るまで悪評を受けている。馬鹿野郎とか恥知らずとか、人を軽蔑するようなことを言ったら、必ず相手の心に深い傷跡を残す。一生恨まれるにちがいない。子供は決してひどい言葉で叱っちゃいかん。これは教育の鉄則です。保育園ではいちばん大事なことです。私の園では、「そういうことをしちゃいけないよ」と言う。悪いことをしたら、はっきり、「いけない」と言う。それ以上のことは言わないようにしています。

仏の智慧を与えられると、自己に目覚めて、自己主張と自己顕示とそして自己肯定の愚か者とわかる。これを智慧を開かしめるという。そして計らい多い私、南無阿弥陀仏となっていく。そういうのを「しからしむ」という。はじめて計らわないようになるのを、「しからしめる」というのである。今までそういうことはなかった。それがはじめて起こるのを、聖人は「はじめて」と何回かくり返し申されているが、これは印象に残る言葉である。

「しからしむ」というのは、転悪成善から始まっている。そこが浄土への出発点である。そこに必要なものは、自力の心がひるがえされるということ、それを通してはじめて転悪成善ということがなされてゆく。ここからその出発が可能となるのである。

信不具足とは何か

自然《じねん》とは「おのずからしからしむ」ということである。転悪成善が成立して、そこから、来迎すなわち浄土に来たらしむということが、おのずから始まる。そういう文章になっている。そのところに「ともかくも計らはざるに過去・今生・未来の一切の罪を善に転じかへなす」とあります。過去・現在・未来の「一切の罪を善に転じかへなす」。ここが大事である。その「転ずる」というのは、「罪を消し失はずして善になす」とまたくり返して、さらに「よろづの水大海に入れば即ち潮となるが如し」と譬えを引いてある。

どうしたら転ずるのかというと、「弥陀の願力を信ずるが故に」しからしめられるのであり、「如来の功徳を得しむるが故に」転悪成善すなわち転じ変えなすということが成り立つといわれている。弥陀の願力を信ずるということが根本。そこから如来の功徳がわが身に得られる。ここが人間の計らいを打ち砕いて転悪成善のなり立つ世界。計らいを超えたところを言ってある。

「如来の功徳を得しむる」という。如来の功徳とは、円融至徳の嘉号という。円融至徳とは、円はまどかにかけるところなく、融は融かす。如来は真如一実の非化。高次元の真理そのものが大きなエネルギーをもっていて、低い次元の迷いを融かす、その働きを円融の徳という。円かに融かす力をもっている。人間の迷いも罪咎も、すべて融かして如来の徳とする。煩悩の氷が融けて功徳の水となる、それを融という。融けるということが大事である。それが人間の最高の問題解決の道であり、救いである。融かされていくところに真の解決がある。

逆にいうと、人間の心が融かされないと、心にわだかまりがあって、それが大きな岩石のように心の中でかたくなに凝固して、やりきれないということになる。これが融かされてはじめて、「道光明朗超絶せり」と明朗さが生まれる。心の岩石が融かされてはじめて、顔は明るくなってきて柔らかになりニコニコとなっていく。心の中に氷のようなものがかたくなに残っていると、顔は硬直し、声も震え、冷たい表情になっていく。それが融かされるというのは、まったく異質の高次元からの働きであり、如来のお徳、すなわち、円融の徳の力である。如来に融かす力がある。人間の救いは、融かされていくところにある。

どうしたら融かされるのか。それは、弥陀の願力を信ずるというところに、円融の徳が届くのである。転悪成善は弥陀の願力を信ずるところに、如来の功徳が至り届いて融かしてくださるということが中心である。

では、弥陀の願力を信ずるとはどういうことか。弥陀の本願の働きを信ずるとは、本願成就ということである。私が信ずるというよりも、本願成就して私に至り届くところに生まれる事実が、弥陀の願力を信ずるということである。本願成就とは、本願成就文にある「諸有衆生　聞其名号　信心歓喜」。これに対して、信じない姿（不信の姿）は、諸有衆生という主人公が生まれない。諸は諸々の、有は迷い。迷い深い私という目覚めが生まれない。真の私の姿に目覚めない。聞。聞く、聞きひらく、聞きぬく。それが生まれない。それを聞不具足という。

其。よき師よき友。よき師よき友がいない。

名号。本願つまり名号のわけがらがわからない。南無阿弥陀仏のいわれがわからない。本願がわからないとは、誰のための本願かがわからない。そして信心歓喜しない。だから転悪成善されない。それゆえ計らいの中から抜け出せない。この、よき師よき友がいない、私の姿に目覚めない、本願がわからない。この三つを一括して、一つにまとめて信不具足というのである。

不信の姿というのは、聞不具足、信不具足である。聖人は信巻にこれをあげて、誡められている。

忻求浄刹の道俗、深く信不具足の金言を了知して、永く聞不具足の邪心を離るべきなり。

（聖典二五七頁）

金言とは如来の教えをいう。聞不具足の邪心、聞不具足に落ちこんでいる間違った考え。その金言がわかると、後の邪心というのがわかってくる。さらに信不具足については、聖人は『教行信証』の二カ所で言っておられる。一つは信巻、一つは化身土巻にある。信巻の方では、『涅槃経』を引いてこうおっしゃっています。

また言はく。信にまた二種有り、一には聞より生ず、二には思より生ず。この人の信心、聞より生じて思より生ぜず。この故に名けて「信不具足」と為す。また二種有り、一には道有りと信ず、二には得者を信ず。この人の信心、唯道有りと信じて、すべて得道の人有りと信ぜず。これを名けて「信不具足」と為す、と。（聖典二五〇頁）

この人の信、聞より生じて思より生ぜず。聞はもちろん、聞法である。聴聞に励んで、十年、二十年、三十年と聞法の日を重ねているのに信心にならないのは何故かというと、この人は聞いてよくわかっていて、仏法に対する深い知識ももっている。けれども、「思より生ぜず」。

そもそも信とは何なのか。内容からいうと、一つは信知。わかるということ。認識する。何が認識されるのかというと、一つは教えです。何が教えられているのか、何が説かれているのか、私に対して今何を教えられているのかという教えがわかるようになること。もう一つは、自己自身がわかってくるということ。

聞いて、おっしゃったことはよくわかる。が、思より生じない。思とは思惟といい思索という。教えを聞いて自分にひきあてて考えてみると、まことにその通りと思わざるを得ない。そういうところにまだいかない。聞いてなるほどそうだと思ってはいるが、思索してそうだという認識まで達していない。

信は二つには信受である。受けとめるということ。そして、三つには信順、教えの通りに順っていくということである。受けとめるとは、教えが実行されていく。その教えに順っていく。そのように教えが自己において展開されてゆく。それが信である。

例えば、勤行についての話を聞いた。そこで勤行の必要性も内容もよくわかった。勤行が本当に仏法に欠かせないものだということもわかった。よーくわかった。が、それを実行しない。それに順わない。それはまだ信じていないのである。聞いてよくわかっているけれども、観念的な段階に立っていて、具体的な実行にならない。思惟し実行していくということにならない。それは本当にはわかっていない。この人の信は聞より生じて思より生ぜず。観念的に頭でだけわかっていて、体全体の問題にならない。これを信不具足と言っている。

また、如来の廻向と聞き、ご恩であると聞く。それはよくわかった。よくわかったけれども、わかったというだけで、それを本当には受けとっていない。これをこの人の信「思より生ぜず」という。信の第一段階でとどまっている。

聞法というのはいつも申すように、宿善開発して善知識に遇う。よき人についてわれわれは教えを承るのである。聞くのである。これは、人との出遇い、教えとの出遇いである。よき人と遇い教えに出遇って、聞いているが、その教えが私に働きをもって私を照らし、私をつき動かし、本当の認識というところまで達しない。如来との出遇いということにならない。それが問題点である。

思は正見、正思惟という。正見がないと正思惟は生まれない。正見、正思惟が生活の上には正語、正業、正命となる。これが日常生活。正しい言葉、正しい行い、正しい職業。そして正精進。これが宗教的な実践。勤行とか念仏とかをいう。そして正念、正定。正しい念願、正しい憶念、正しい心の三昧。教えが日常生活の上に展開し、後は念仏生活、宗教生活となる。その根本は正見、そして正思惟、これが成り立つことが大事なんです。

その正見が成り立つためには、宿善開発して善知識と遇い、教えを聞いただけでは足りない。その教えは私において具体的には何かと自己に引きあて、積極的に教えと取りくんで実行してゆく。それが教えを受けとめ思索することであろう。すると、ついに如来のお照らしに遇うて正見が生まれ、それが正しい思いとなり、日常生活の上に、また念仏生活の上に展開されてくる。そういう順番になっている。聞にとどまって思にならない。ここが信不具足ということである。教えを聞くという段階にとどまっておって、教えによって照らされて自己自身を考えていくということが欠けている。それが信不具足。聞より生じて思より生ぜず。聖人はこれをまずあげておられる。

人格崇拝の落とし穴

では、もう一つの信不具足を見てみましょう。

この人の信心、唯道有りと信じて、すべて得道の人ありと信ぜず。

道とは仏道であり、念仏道である。その念仏道については疑いはない。念仏道によって正しい仏道が展開していくということは、よくわかっている。が、そういう道を体得して、それを実行している人が現においでになるということがわからない。これが非常に大事な問題である。得者を信ぜず、得道の人ありと信ぜず、というところがなかなかわかりづらいところですね。

例をあげてみましょう。例えば、法然上人をいかにみるか。

第一は人格崇拝。多くの弟子たちは立派な人格者として、法然上人を見た。三百何十人かのお弟子があったが、それが大半であった。法然上人は非常にすぐれたお方である、まず第一に深い学問がある。智慧第一といわれるお方です。一切経を三回も読んで、すぐれた学者と問答をし、あるいは比叡山、あるいは南都の学徳すぐれた僧たちと論議をやっても、ただ一人として上人に勝つ人がいない。そして天皇、上皇、関白というような方々の師であり、宮中に入ってやんごとない人たちのために戒律を授け、仏法の話をなさる。天皇、上皇の善知識である。

次に、勉強家である。毎日毎日経典を読誦して、一日も休んだことがない。ただ一日だけ木曾義仲が都へ乱入した日だけ仏書を読まなかったとあります。

その上、一日に五万遍念仏を申す。三万遍という説もありますが。だいたい念仏というのはどれくらい申せると思いますか。ナンマンダブ、ナンマンダブ、ナンマンダブ……。一秒間に一回ですよ。ですから一分間に六十回、十分間に六百回。一時間で三千六百。十時間で三万六千回ですよ。一日に五万遍といったら大変ですよ。これだけみても偉い人じゃなあと人々は思うた。私も感心します。十時間も念仏申しなさる。大変なお方じゃなあ。

そして、ものすごく庶民的な人である。『法然上人全集』に、問答がいろいろ出ています。その中に、上人が非常に庶民階級の人を愛し、いろいろの質問に答えておられる。物腰の低い実に大変な人なんですね。そして懇切丁寧な答え。とても偉い人と仰がざるを得ない。

ところが、その上人が自ら言われた。「愚痴の法然坊、十悪の法然坊」と。十悪といえば、殺生、偸盗、邪淫、妄語、倚語、悪口、両舌などをいう。上人は聖であって一生独身で、嘘を言ったことなどなかった。いわんや殺生、人を殺すとか生き物を殺すなど、さらに邪淫なんか、そんなことは毛頭ない。であるのに、十悪の法然坊、愚痴の法然坊と言われる。それは偉い人だから自分を謙遜して、そういうようにおっしゃっておられるのだ、謙虚な人だ、という人が大半であった。

しかし、それだけ偉い人だと、当然非難する人も出てくる。それは専門家に多い。坊さんと学者というのは嫉妬心が強い。昔からそうです。現代でも嫉妬心が強いのは坊さん、次は学校の先生。この二つです。私は両方に関係があるからよくわかる。明恵上人という方は当時一流の学僧である。その明恵上人が言った。「私はかねて法然上人という人を尊敬しておった。彼は立派な人であると思うていたが、実に見誤った。『選択集』を読んでみると、偏依善導一師（善導ひとりを師と仰ぐ）と言って、善導の教えを頂いていると言っているけれども、中を見ると違うではないか。善導が言わないことまで善導の説にしている。善導は、聖道門は群賊悪獣であるなどとは言っていない。それを、聖道門は群賊悪獣だと、嘘を言っている。実にけしからん」と。このように枝葉末節をあげて、大非難をした。

明恵上人がいちばん言いたいのは、菩提心ということです。善導は、菩提心は要らないとは言っていないじゃないか。それを勝手に、浄土門では菩提心は要らないと言っている。念仏一つで助かるのだという。これはまったくもっての外である。これは嘘つきじゃ。そこで、この人は『摧邪輪』という本を書き、さらに『続摧邪輪』というのまで書いて法然上人を非難しています。

また、笠置の解脱上人という人は、念仏をもって新宗（新しい宗派）を立てるというのは、まったく間違っている。念仏はすでに八宗の中で行じているではないか。どの宗でも念仏を尊ばない者はいない。それを、念仏だけをとって新しい宗派を立てるなどというのは、中国の仏教界にもない、とんでもない話だ。これはもう処罰しなければならないと、朝廷に訴えた。

これらの人たちは、嫉妬心ばかりとは決して言えない。解脱上人はあるいはそういうところがあったかも知れないが、明恵上人は違うでしょう。この人は純粋な立場だったとも思われる。が、このように、非難する人があった。数は少なかったかも知れないが、質的に、専門家の非難というのは鋭い。いちばん根本をえぐっています。その立論、すなわち論を立てていくいちばん根本を批判しているわけですから、これは厳しい。人格崇拝者と非難者が法然上人を取り巻いていた。

阿弥陀如来化してこそ　本師源空としめしけれ
化縁すでにつきぬれば　浄土にかへりたまひにき
（聖典一六六頁）

智慧光のちからより　本師源空あらはれて
浄土真宗をひらきつゝ　選択本願のべたまふ
（聖典一六五頁）

これは聖人の和讃ですが、これとさきの人格崇拝とは同じかどうか。「愚痴の法然坊、十悪の法然坊」というのは謙遜の言葉である、というのが人格崇拝です。

「阿弥陀如来化してこそ　本師源空としめしけれ」。法然上人の信心は、如来が来たって彼の上に届きたもうて生まれた信心である。その信心において、上人は自らを「愚痴の法然坊、十悪の法然坊」と自覚されたのである。これは上人の心底のお言葉、上人の自己への目覚めの言葉である、というのが親鸞聖人の思いです。信の天地においては、信心一異の諍論というのが『歎異抄』に出ておりますが、法然上人の信心も私の信心も如来より賜った信心であると言われている。そこに得道の人として上人を拝まれた聖人のお姿がある。

得道の人とはどういう人かというと、得道とは道を得る、仏道を得ること。仏道を得るとは、仏より道を賜るという、如来来たって私に生きてくださるということ以外に、得道ということはあり得ない。その得道の人とはどういう人か。その人は必ず諸有衆生と目覚めて、愚痴の法然坊、十悪の法然坊、お粗末な私であると目の覚めた人。それがまず第一。自己への深い深い目覚めをもっている人です。また、得道の人というのは肩書きでなく、学歴でなく、地位でなく、人格でもない。そういう地上のものでなしに、弥陀の本願が本当に届いている人。そういう人を拝むことができるのを、得道の人ありと信ずという。しかし得道の人を見出すことができる力をわれわれはもっているでしょうか。

得道の人というのは、「阿弥陀如来化してこそ　本師源空としめしけれ」。つまり、弥陀如来が上人の上に生きて、そこに本願が生きている。そして深く自己に目が覚めて、「ありがとうございます、南無阿弥陀仏」と念仏になっている。そういう人が本当にいるとわかり、その人を拝むことができることが大事である。「愚痴の法然坊、十悪の法然坊」とは謙虚の言葉でなくて、本願に生きる人が、自己の心の黒闇を抱いて懺悔する声である。そこに如来が生きていてくださる姿がある、と聖人は拝まれた。これは、信心がないとわからないのです。だから、「得道の人を信ぜず」という教えは非常に厳しい。人は信心がない間は、得道の人というのがわからない。だいたい、人格崇拝に終わってしまう。

住岡夜晃先生に対しても、あのお方は偉い人じゃ。あんな人は二度と出ない。本当に立派な人だ。

深い信心をもって、いろいろの苦労の中をめげずに一道を生きぬいて、多くの信心の人を育てた偉い人だとほめる人は少なくないでしょう。が、このお方は得道の人であった、と言える人はどれくらいありましょうか。あのお方の上に阿弥陀如来が化して、生きてくださった。本当に弥陀の本願を生きぬきなさった。そう見える人はあまりいないかも知れない。

われわれは本当に人を見る目がなくて、外側の肩書きとか学歴とか、その人の著作とか、そういうものに振り回されて、その人の中に生きる如来の真実まごころを拝む力がないことが多い。それを信不具足という。まことこの通り。われわれはみな信不具足なんですよ。信不具足で、円満な信心を頂いているという代物ではない。信が具足しない。本当に申しわけない存在である。これがわかるところに、十八願の信心の世界があるのです。

晩年の親鸞聖人

自分自身というのは何であるのか。自分は完成された者であるのかどうか。未完成の者で、本当にお粗末なものを抱えている存在だとわかるかどうか。そのへんが、信不具足における大事な問題である。

信不具足は、聞不具足から出てくる。聞不具足が解決されてくるとはじめて、弥陀の願力を信じて本願成就するということがわかってくるようになる。本願成就した姿は、必ず諸有衆生と頭が下がって、本当によき師よき友によって教えていただいた、私を知らしていただいたと感謝の心をもって、ありがとうございましたと喜んで生きてゆける。これが、願力を信ずる者の姿である。ここから如来の功徳を頂戴して、「おのずからしからしむ」、「融かされる」ということになる。過去のあらゆる悪が如来の徳に融かされて、変えられてゆく。そこから、おのずからしからしめられて、浄土へ至るという道が生まれてくる。至らしめられるのである。こういう順番になっている。『唯信鈔文意』は聖覚法印の『唯信鈔』の中にある漢文の論釈を抜き出して、その意が述べられている。しかし、ただたんなる解釈ではなく、聖人独自のお考えがよく出ている。

例えば、この第一の文章は「如来尊号甚分明　十方世界普流行　但有称名皆得往　観音勢至自来迎」とありますが、その中の「但有称名皆得往」、「ただ称名するあれば皆往くを得」という、念仏一つで助かるということが出ている文は、聖人はほとんど解釈せず触れてない。ただ一行「ひとへにみなを称ふる人のみみな極楽浄土に往生すとなり」とあるだけで、内容は解釈されてない。

力を入れてあるのは、その次の「観音勢至自来迎」である。これは、さきの『法事讃』の文章の前の三句に対すれば、何かつけ足したような附随的な文章のように考えられる。けれども、聖人はここを中心にして、信心の人はついに二つの大きな働きを得ることを述べられている。それは、観音勢至がみずから、諸の聖衆とともに、信心の人に直ちに来たって護りたもうのである。そういう現生護念という如来の働き、そして次に「おのずから浄土に来たらしめたもう」。浄土への往生がそこから始まるということを、他力の働きとして出されている。そういうところに多くの字数を費して縷々述べられていて、ここが第一の文章の中心点となっている。

この『唯信鈔文意』は、親鸞聖人の七十八歳の書物である。豊平道場では『尊号真像銘文』を頂きましたが、これもご晩年八十三歳の著作である。実は今から十年以上前に、小倉の朝日カルチャーセンターで、毎週一回、親鸞聖人の講座を担当するように頼まれました。以来、『唯信鈔文意』とか『一念多念証文』『往還廻向文類』『尊号真像銘文』などを受講生のみなさんと読み、現在は『末燈鈔』を頂いておりますが、これが十年以上も続きました。毎週一回二時間の講義を十年続けるということはなかなか大変なもので、かなりの力を打ちこんでゆかないとできないものです。私はこの講義をもって、それまでほとんど勉強したことのなかった、聖人のご晩年の教えというものを頂戴する機会をいただいた。

そして得たことは、『教行信証』を中心とした聖人の教えだけをやっていると、聖人の教えの全貌というものがわからない。聖人の教えを本当に全体的に領解していくのには、『教行信証』と和讃、中でも晩年の『正像末和讃』と『歎異抄』、そしてこの『唯信鈔文意』その他の仮名聖教と言われるものをぜひ頂かねばならない。そうしないと、聖人の教えの全体はわからない。『教行信証』はいわば聖人の教えの基礎篇である。聖人の教学の基礎となるものである。そしてその晩年、すなわち七十六歳以降の約十年間の教えはその実践篇。『教行信証』にある教えを、わが身に実践されたその報告。とくに八十四歳で子息の善鸞を義絶するという大悲劇の後に、自分の頂いてきた教えがどのように具体的に領解されたかということを、『正像末和讃』や『歎異抄』そして『二廻向文類』などに明らかにされた。このご晩年の教えによって、親鸞聖人というお方の教えが、たんなる教学でなしに、聖人の体解を声として具体的に頂けるようになる、とわかりました。

では、このような晩年の聖人の教えにどういう特色があるかというと、だいたい三つある。

一つは、念仏を勧められるようになった。おそらく、ご自分でも念仏を非常に申されるようにおなりになったのであろう。このことは『教行信証』にも和讃にもあまり出てこない。もちろん、まったく出てこないことはないけれども、「ねてもさめてもへだてなく　南無阿弥陀仏をとなふべし」とまで勧められたということはないですね。

弥陀大悲の誓願を　ふかく信ぜんひとはみな
ねてもさめてもへだてなく　南無阿弥陀仏をとなふべし
（聖典一七〇頁）

これは『正像末和讃』のお歌です。聖人八十六歳の作ですね。

信心のひとにおとらじと　疑心自力の行者も
如来大悲の恩をしり　称名念仏はげむべし
（聖典一七一頁）

こちらも八十六歳の作です。この二首を一緒にしますと、信心のある人もない人も、寝ても覚めてもへだてなく称名念仏はげむべしとなる。こういう教えが、ご晩年の特色の第一である。

晩年というのは、よくわかるように、春が青少年、夏が壮年、秋が熟年、冬はその完成する時である。晩年が一生のつづめになる。それを結論といい、締めくくりという。親鸞聖人は、最後の締めくくりで何を言いなさったか。これをよくよく知っておかないと、聖人を理解したことにはならないだろう。その一つが、この念仏申すということを重ねて申しておられることである。

もう一つは、仏恩報謝。知恩報徳。「他力の信をえんひとは　仏恩報ぜんためにとて　如来二種の廻向を　十方にひとしくひろむべし」（聖典一七三頁）という和讃が「皇太子聖徳奉讃」にあります。この和讃には後にも先にもないような内容、「如来二種の廻向を　十方にひとしくひろむべし」とある。聖人はそれほどに、「仏恩報ぜんために」如来の教えを伝えようということを強調された。

これがご晩年ですね。これが第二の特徴である。

第三番目には、宿業ということをおっしゃるようになった。「そくばくの業をもちける身」、それも他人の業というのでなしに、自分が深い業をもった存在であって、「さればそくばくの業をもちける身にてありけるを助けんと思召したちける本願のかたじけなさよ」(聖典五五七頁)と喜ばれた。『歎異抄』の後序です。こういう喜び方は、ほかにはありませんね。ないこともない。喜びは『教行信証』にも出ているが、「そくばくの業をもちける身」という言葉は出てこない。そくばくは、底しれない、大きな業を抱えている身。それも、他の人が抱えているのでなく、私自身が抱えているのだとおっしゃった。これはご晩年にはじめて出てくるお言葉である。こういうところを合わせて、信力増上という。信心の働きが深まり、以前よりも高い世界に出られた。それが信力増上である。それが如来の働きなのである。

『教行信証』は聖人の立教開宗の書であって、聖人の教学のまとめである。けれどもその製作後に聖人は十数年、生きておられた。その間が本当の締めくくりの時期であって、その間に信力増上されて残されたお言葉や教えが大切である。それは、『教行信証』が聖人の教えの基礎篇とするならば、その実践篇というべきものであろう。この二つを合わせてはじめて聖人の教えの全体像が窺えるのだと思っています。

浄土への歩みが始まる

もう一つ、晩年というのは大方の人が誰しも迎えなければならないものである。その晩年にどのように生きていったらよいのか。それについて確かな道案内があると、お互い非常に助かります。それが自分自身の一生の締めくくりになるからです。

登山を例に考えると、人生の初期の段階はまず山を登ることが中心である。しかし、ついに山を下りるというときが必ずある。この二つをあわせて登山という。そして、これが人生のあり方でもある。山を登る段階では、外からどんどん自分に取り入れていく行き方が中心。学問、研究、学歴、地位、職業、家族、家庭。そういうものを取り入れていくときが、山を登るときである。何をどのように取り入れていくかが大切な時期。

けれど、山を下りるときは、それを次々となくしていく。一つ一つそれを捨てていかねばならない。まず定年が来て仕事がなくなり、子供は結婚したり遠くへ行ったりしていなくなり、後には家内と二人しか残らない。そのうちにだんだんと健康を失い、ついには体力も気力も失ってしまう。それが山を下りていくときの状況である。そのとき、大切な心構えは何か。これを知ることが一生の締めくくりとなる。

私にとっては、親鸞聖人の下り方というのがいちばん力強い道案内である。聖人のご晩年を学ぶことは自己の晩年を学ぶことであり、ぜひ晩年の教えを学びたいと、十年以上頂戴してきました。「観音勢至自来迎」、これが聖人が非常に力を入れて述べておられるところで、その中で「自」が一つの中心ですね。その「自」に二つある。「自」はみずからという、これが一つ。これについてはすでに申しました。もう一つの「自」は、おのずからという。おのずからしからしむ、願力自然に浄土に来たらしむという。そのように二つに分かれている。聖人は後の方の、おのずから来たらしむというところに力を入れて述べておられる。

おのずから来たらしむるには、条件というか、成立しておらねばならないものが四つある。その第一のものを申してきました。もう一度復習すると、しからしむという、あるいはおのずからという、あるいは行者の計らいを離れたというようなことを言葉で表現してあるから、それを見てみる。

「しからしむ」といふは行者のはじめてともかくも計らはざるに過去・今生・未来の一切の罪を善に転じかへなすといふなり。

①そこで、第一が転悪成善。これは人間の浄化という問題。浄化を浄除業障という。浄は浄化する。除は除く。人間は罪業にまみれ煩悩にまみれ、泥まみれの存在である。その存在のままでは、浄土に趣くことはできない。転回が必要である。すなわち浄化されなければいけない。浄土に迎えるには、われらの業障が取り除かれなければならない。それを取り除くというのを転ずるという。転じてくださるのである。それがいちばん先。そうしないと、その先の進展というのはない。

具体的にはどういうことか。それは、凡夫から菩薩へ、凡夫から正定聚の菩薩への転回。卵からヒヨコへ生まれ変わる。その生まれ変わりを転悪成善という。なくなったのではない、変わったのだ。それを転ずるという。浄化され、生まれ変わった。殻を出たのである。しかもそれは、「行者のはじめてともかくも計らわざるに」とある。今の引用のすぐ後にも、こう出ています。「誓願真実の信心をえたる人は摂取不捨の御誓に摂めとりて護らせたまふによりて、行人のはからひにあらず」。これが「しからしむ」ということです。

②金剛の信心となる。

さきの引用の続き。「金剛の信心となる故に正定聚の位に住すといふ」。はじめから金剛の信心でありたいと思うが、はじめからそうはならない。信心というのははじめは柔らかなのである。

柔らかとはどういうことか。それは「打捨て候へば信心も失せ候ふべし」と蓮如上人は『御文章』二帖目一通に言われている。信心というのはそのままでおいたら、やがて風化していくような面をもっている。信心は人間の煩悩の真っただ中に生まれてくる。はじめは煩悩の方が強い。信心の火は小さい。煩悩の働きが強いから、ほっておくと信の火は消えはしないけれども、ほんとにかすかなものになって、あるかないかというようなものになってしまう。そしてやがて「失せ候ふべし」と厳しく言われている。そこで、それが金剛の信心になるということが大事。

③憶念の心つねとなる。

第三は、またその続きです。「この心《こころ》なれば憶念の心自然《しんじねん》におこるなり」。自然というのが第三番目に出ているところは、憶念の心ということである。信念が自然《じねん》に憶念の心となっていく。憶念の心は、三帖和讃のはじめにあるように、「弥陀の名号となへつゝ、信心まことにうるひとは　憶念の心つねにして」とあって、ついにはつねとなる。つねとは憶念持続、それが願力自然として成り立つのである。

④信心成就。

そして最後に、自然ということが出てくる。「この信心のおこることも釈迦の慈父・弥陀の悲母の方便によりて無上の信心を発起せしめたまふとみえたり。これ自然の利益なりと知るべし」。このような信心は、しからしめられる、自然である。「この信心」とは、前の①②③をまとめてある。

それが釈迦、弥陀二尊によって起こってくる自然のもの。行者のはからいにあらず、二尊のお働きである。

この①から④が二尊の働きとして成立して、これが往生浄土を展開して、一歩一歩の歩みを進めていく。これが成り立って、自来迎という。おのずから来たらしむるのである。「涅槃の真因はただ信心を以てす」。①も信の成立であるが、浄化という面からいってある。これらのことが成り立つことが信心の具体相。それが成り立つとき、浄土に来たらしむとなる。浄土に来たらしめたもうということがまき起こってくるのが、信心の働きであり、実際の姿である。

だから、信心はただ頂いた、というものではない。信心を頂いて、心にもっているというものではない。三年前に済んだのともちがう。浄土真宗の信心というのは、そこから浄土への歩みが始まることなのである。聖人はそうおっしゃった。それが自然《じねん》の展開である。願力自然の働きがわれわれの上に成り立って、そこで、おのずから浄土に来たらしめたもう。こう言っておられる。だから、信心というのは働きだということがわかる。人間を前進せしめる根本の働きなのである。

浄除業障

くり返しになりますが、転悪成善ということについてもう一度申し上げます。つまり、転悪成善とは具体的にはどういうことかということです。さきには浄除業障ということを申しました。聖人は「過去・今生・未来の一切の罪を善に転じかへなすといふなり」とおっしゃっている。過去、今生の罪といえばわかったような気がするが、未来の罪というのは何なのだろう。この点について少し説明しておきます。

業障には三障といって、煩悩障、業障、報障の三つがある。煩悩障がいちばん根本で、それが因となって働く。因が働きを起こして悪業罪業となってくる。それが業障です。そして報障といって、未来に影響を残す。果報ともいう。したがって、過去からずっと煩悩があって、そこから悪業がおこり、その悪業が続いて、その結果がいま、果報となっている。それゆえまた未来にもこの連続が伝わる。だから、過去、現在、未来にわたって煩悩障というものを抱えて、貪欲、瞋恚、愚痴の心をもっている限り、われわれは昨日も悪く今日も悪く、未来もまた悪いという存在なのである。

そこで、善導大師の機の深信の教えを見ても、「自身はこれ現に」とある。現は現在、「曠劫より已来」これは過去、「出離の縁あることなし」というのは未来をいっている。過去、現在、未来を通して自分の深い罪障というものが懺悔されている。

その業障の現在の相を凡夫という。この世に生きておる者は、みな凡夫という。安田理深先生の書物を見ると、凡小（凡夫・小人）とは、「世にある者の名」と言われている。「凡小を哀んで選んで功徳の宝を施すことを致す」という言葉が『教行信証』の教巻にあります。五濁の世にある者はことごとく業障を抱えている。つまり、三障を抱えている。そこで凡夫という相《すがた》をとっている。凡夫という相の上に、五濁の世の中にある業障深い者の現実がよく表わされている。これは名文ですね。『一念多念証文』にある次のお言葉は、覚える価値のある文章ですね。

「凡夫」といふは無明・煩悩われらが身にみちみちて欲もおほく瞋り腹だちそねみねたむ心多くひまなくして臨終の一念にいたるまでとゞまらずきえずたえずと水火二河の譬にあらはれた

り。

「無明・煩悩われらが身にみち〳〵て欲もおほく瞋り腹だちそねみねたむ心多くひまなくして」(聖典四九八頁)、実にその通りである。私はもうだいぶ長い間ご法を聞いたから、だんだん変わったなあと思っていた。それは、腹を立てることが少なくなった。そこでだいぶ柔軟になったかなとひそかに喜んでいた。ところがこの頃、やっぱり昔の通りだなあと思う。欲も多く瞋り腹だちそねみねたむ。

本当に腹を立てている。誰に対してかというと、政治家ではない、ほかでもない鶏です。鶏の愚かさにいつも腹を立てている。今頃は青いものが少なくて、八百屋でも大根の葉っぱも少ない。私の家で作っている青物は保育園に出さにゃならんから、鶏にやるのがない。だから私は、朝早く起きて草を採りに行く。鶏の草です。かなり遠い所まで行かないとない。われわれの方ではギシギシというが、それを鶏は食べるから採ってくる。帰ったときは汗びっしょりになっている。それをちゃんと切ってやっているのだけど、彼らはつつきちらして食べない。何ということじゃ、おまえたちは、と瞋り腹立ちそねみねたむ。私がこれだけ苦労しているのに何ちゅうこっちゃ、と腹が立つ。餌をやる。ちゃんと競争しないでよいように、何カ所にも分けてやっている。それなのに、他の容器にもあるのに、みんな一カ所に集まってけんかしながら食べる。一羽があっちへ行くと、みながまたそっちへ行って騒ぐ。おまえたちは何という馬鹿な奴じゃ、と言って腹を立てる。

念仏は出てこない。まあ、俺の柔軟心もあやしいとよくよくわかりました。瞋り腹立ちそねみねたむ。これは本当にいい文章だとつくづく思う。人間にはあまり腹が立たなくても、他の生き物に対して腹が立つということもある。まこと凡夫である。

何が転じかえなすのか。私を転じかえなす働き。それは、「弥陀の願力を信ずるが故に、如来の功徳を得しむるが故に」とある。弥陀の功徳は南無阿弥陀仏の功徳。ここに転じかえなす根源がある。業障の根本である煩悩障、また業障の結果である報障、これらは南無阿弥陀仏の光明無量の働き、そして寿命無量とお命の中に摂めとってくださるその働き、それが弥陀の功徳。この光明無量の働きがわれらの根源的な煩悩の因を照らし破り、照らしぬいてくださるのである。この光明を清浄歓喜智慧光という。十二光の中、清浄光は無貪の善根より起こって、われらの貪欲の心を照破すると憬興は言った。それはすでに申した。寿命無量のお命の中に私の苦果を摂めとられる。光明の照破のところに私自身への本当の目覚めと懺悔が起こり、摂取のところに感謝が与えられる。摂めとるとは、「他力の悲願はかくの如きのわれらがためなりけり」南無阿弥陀仏と、念仏になるのが、摂めとられる事実である。こういうていたらくの愚か者とわかるのが照破せられた事実である。この感謝と懺悔を南無阿弥陀仏という、念仏と申す。それが「転じかへなす」である。南無阿弥陀仏が転じかえなす働きをもっている。そこに浄除業障ということが生まれる。

浄除業障とは、そのような業障が破られて、卵からヒヨコへ、凡夫から正定聚不退の菩薩へ、世間道から出世間道（仏道）へ、生まれ変わっていくことである。これを転じかえなすという。ただかえなされたのではない。本質的な革命というか誕生というか、そういう思いもかけぬものがわれらの上に生まれてきた。それを浄化という。煩悩の泥田の中で泥まみれになっていたものが、泥をなくして泥田から出てくるのではなくて、泥田の中にありながら念仏の華となって咲き出るのである。それをかえなされるという。業障が念仏になり、感謝になり、懺悔にかえなされる。それを

「転成」という。転悪成善である。悪が浄化されたのである。和讃にはこうあります。

南無阿弥陀仏をとけるには　衆善海水の如くなり
かの清浄の善身にえたり　ひとしく衆生に廻向せん

（聖典一六六頁）

これは『浄土和讃』と『高僧和讃』を結んだ、いちばん最後の廻向文というのにあたる和讃です。「かの清浄の善身にえたり」とは、如来廻向の清浄無垢の南無阿弥陀仏の善根。光明無量、寿命無量のお徳を賜って、わが身に清浄の善を賜って、新しい転回が生まれてきた。私だけではもったいない。どうかこれを皆々に同じように勧め届けて、同じ道を進みたいというおこころがここに出ている。「かの清浄の善身にえたり」と聖人は、浄除業障と喜ばれている。

浄土建立の意味

ところで、如来の本願を考えると、その本願の中心になるものは、『大経』の言葉で言えば、「荘厳仏国清浄の行を思惟し摂取せり」ということであろう。

荘厳仏国とは、荘厳とはかざりをするという意味もあるが、もとの意味は建設するということで、仏土の建立である。仏土の建立とは、浄土を建立するということ。それは人間をして世を超えしめる世界、超世の世界、人間が人間を超えていく場。世を超えしめる境涯を作りたい。その世界を仏土という。清浄の土ですね。それが荘厳仏国である。

世界というのは環境です。そこには主体がある。仏が働きをする世界を浄土という。如来ましまして如来の説法の届いている世界が浄土である。その浄土を超越の場といい、本当の人間が生まれて、仏となっていく世界。そういう世界を建立しよう。われわれは如来がどこかにそういう世界を建立することと思うが、そうではない。そういうのは人間の考えです。

真如一如の世界を一法句という。それを法身ともいう。真如法性を法性法身と申す。善導はこれを非化と言った。これは、『般若経』にあるのを善導が引用した言葉である。化に非ず。すなわち変化しない。不生不滅の世界ですね。その法性法身から方便法身を出す。その方便法身の世界を如来浄土という。一如真如から現われて、荘厳仏国（如来浄土）となろうという願が、如来の本願の根本である。そして、ここに迎えとろうというその働きを方便法身という。

方便はサンスクリット語でウパーヤといい、ウパーヤは到達という意味で、われわれに近づいてくださる。人の世に住むわれわれに近づいて、われわれが超えていくべき世界、本当の自己を完成すべき世界を建立しようというのが、如来の本願である。それを如化という。これに対し、人間の世界を化という。化は変化してあとかたもないようになっていく世界である。如化とは、化のごとし。まったく変化しない常住不変の非化の世界から、われらの化の世界に近づいて化のごとき世界を説く。化というのは、因縁果の道理にしたがって変わってゆく世界を化という。非化の世界から法蔵菩薩となって願を立てて、兆載永劫の修行をしてできた浄土を化のごとしという。これを方便法身という。その如化の中にこもる非化の働き、それが人間を超越せしめる働きをもつ。

南無阿弥陀仏は如化だ。化のごとし。その中にこもる真如法性の道理が働きをもっていて、人間を転回せしめるのである。非化の世界を化のごとく説いてあるから、如化という。これを浄土門という。聖道門はこれをもたない。化から一そくとびに非化に行こうとするから、人間の力では及びもつかない。これに対し浄土門では、非化の世界が如化の世界として現われる。これを聞き開くと如化の中にこもる非化が人間の化なる世界を超越せしめて、非化の世界に出させる。一如真如の非化の世界から如化の世界に現われ出て、人生に働きかけ、それを非化の世界に送ってゆく。それが如来浄土ですよ。浄土の建立はこのような意味をもっている。

浄土の建立といえば、神話のようで、われわれは何か子供だましの話みたいに思う。そういうものを作りなさったんですか、ご苦労でしたな、というような話になってしまう。が、そうではない。そのことの意味をしっかり知っておかねばならない。大いなるものが、いとも小さなもののために働きかけてくださった。人間われらにわかる表現で説いてくださった。その中に真実のものがこもっている。それが浄土門である。

もう一つは、清浄の行。「荘厳仏国清浄の行」と続けると、荘厳仏国を作ってそこを浄化する行と理解されて、法蔵菩薩が国土を作ってそこを一生懸命に浄化したと解釈できる。そういう講録も多い。しかし、これは誤りです。なぜかというと、浄土を浄化する必要はない。真如一如の世界から従果向因して生まれてきた国を浄化する道理はない。浄土というものの道理がわからないとそういう解釈になる。文章の文面だけに振り回されるからである。そうではなく、これは人間の浄化を願われている。

人間の浄化の行です。この汚染された人間世界に住んでいる、過去、現在、未来を通して罪障悪業を抱えたこの者を、浄土に迎えとるには浄化しなけりゃいけない。畑で働いていた人は泥や砂を払って家に入らなければ、家中が泥だらけになってしまう。浄土に入るためには菩薩に変わらなけりゃならない。これを浄化という。転悪成善という。卵からヒヨコに、凡夫から菩薩に変えられなければ、浄土に入ってゆけない。だから、荘厳仏国と清浄の行のこの二つが、南無阿弥陀仏の働きである。

親鸞聖人は真仏土巻を顕わして、第十二願と第十三願を真仏土の願とされた。荘厳仏国が真土、清浄の行が真仏。両方ともに南無阿弥陀仏なのである。南無阿弥陀仏の中に仏国を作り、そしてわれらを浄化する両方の働きが入っている。ここに浄土真宗の根本がある。そして、その二つは具体的には信の成立、すなわち光明無量、寿命無量を頂いていってとうとう南無阿弥陀仏の念仏になった、それが信心。その信の成立が涅槃の真因である。南無阿弥陀仏が浄除業障の働きをもつ。荘厳仏国と清浄の行と、今は別々にしてあるが、これを合わせて南無阿弥陀仏といい、われらにおいては信心念仏という。

こういう教えを頂くと、親鸞聖人は非常に几帳面なお方で、田舎の人たちに話される仮名聖教でも、決していい加減な話はされない。ちゃんと教学に添うて、本当に正しい道理に立って、しかもやさしくそれを説いてある。その中にわれわれの見逃しやすい、しかし決して見逃してはならない教学の骨格が入っている。そういうところが、注意して頂かねばならないところです。

この『唯信鈔文意』については、二つのすぐれた講録がある。一つは香月院深励のもの。もう一つは法海のものです。この二つの講録はよく似ている。だから、どちらかを見ればよいといえるくらいである。深励さんはこのことをくり返し述べておられる。聖人のこの仮名聖教を決して馬鹿にしてはいけない。これはねんごろに頂いていかねばならない、と何度も注意してあります。

金剛の信心となる

では、次のところを一緒に読んでみましょう。

誓願真実の信心をえたる人は摂取不捨の御誓に摂めとりて護らせたまふによりて、行人のはからひにあらず、金剛の信心となる故に正定聚の位に住すといふ。この心なれば憶念の心自然におこるなり。

（聖典五〇三頁）

このところを二つに分けて、前半は「金剛の信心となる」まで。つまり、誓願真実の信心をえた人が金剛の信心となる。そして後半は、それがついに憶念の心となるという。このように読める。金剛はダイヤモンドで、金剛堅固の信心といい、金剛不壊あるいは金剛不可壊という。このような表現で、善導大師がよく使っておられる。信巻を見ると「散善義」が引いてあって、「此の心深く信ぜること金剛の若《ごと》くなるに由りて、一切の異見・異学・別解・別行人等の為に動乱破壊《はえ》せられず」とあります。破壊せられず、壊せられない、破られない、動かされない、乱されないことが述べてある。その引用に続いて聖人のご自釈があって、こうおっしゃっています。

「能生清浄願心」と言ふは金剛の真心を獲得するなり。本願力廻向の大信心海なるが故に、破壊すべからず。これを金剛の如しと喩ふるなり。

（聖典二五五頁）

さらに、このご自釈のあとに「玄義分」が引かれていて、「金剛の志を発《おこ》して」、「正《まさ》しく金剛心を受けて」とあり、「正信偈」には「行者正受金剛心」とあります。その上、このあとの「序分義」の引文にも「金剛の志を発す」とあり、「定善義」の引文には「『金剛』と言ふは、即ちこれ無漏の体なり」とあります。無漏とは真実清浄、如来清浄真実のこころ、それが金剛の本体。金剛というのは、そこから出ている。

人間が堅い堅い信念をもって、何が起こっても壊れない、たじろがない、動かないというものをもっているということではない。如来の心が無漏を体として金剛なのである。人間が堅い心をもっているというよりも、如来のこころを頂いて自己の何であるかを知り、愚かな私であるとわかって、その思いが動かない。乱されない。それが不壊である。

仰ぎ見る世界をもって、ありがとうございますと感謝する心が動かないのである。人からほめられようとほめられまいと、何が起ころうと、感謝し懺悔する心が変わらない。そういう心が動かない。本体が無漏であり、そのため堅固不壊である。これを金剛というのである。

では、「金剛の信心となる」というのはどういうことか。信心がそういう如来の心を体として生まれてくるのならば、信心というのははじめから固い、壊れない、そしてすばらしいものであるのではないのか。そうではない。金剛の信心になるのである。さきほどの『唯信鈔文意』のお言葉にある通り、「行人のはからひにあらず、金剛の信心となる故に正定聚の位に住すといふ」のであり、「誓願真実の信心をえたる人は摂取不捨の御誓に摂めとりて護らせたまふによりて」、行者のはからい、努力、精進でなしに、自然に金剛の信心となるのである。ここが大事なところである。

龍樹菩薩は、はじめて菩薩が誕生したところを初歓喜地と言われた。その初地の菩薩の信心というものを説いて、それは非常に柔らかで、喩えていえば、煩悩のまっただ中に生まれ出た柔らかな信心。煩悩の働き方が強いので、その信心がだんだんと成長していくことが大事だということを、入初地品や浄地品で説いておられる。中でも浄地品では、初地の浄化、信の進展ということを問題にしている。柔らかな信がだんだんと金剛の信となっていく。本質的にははじめから金剛だけれども、実際は最初から金剛というわけにはいかない。すべて物が生まれ出たときは、柔らかな非常に頼りないところがあるものです。

同様のことを、蓮如上人も指摘されている。『御文章』の二帖目一通に出ています。これは吉崎の御坊が建立以来三年経ち、三回目の報恩講があったときの様子で、すでに一度見ましたが、その中で上人は決定した信心も「そのまゝ打捨て候へば信心も失せ候ふべし」とおっしゃっている。「金剛堅固の信心の　さだまるときをまちえてぞ」という和讃があって、聖人は金剛堅固の信心とはじめから言うておられるではないか。それを、「打捨て候へば信心も失せ候ふべし」というのは納得できない。こういう議論はかなり多い。このところの解釈はいろいろあって、昔から大きな問題になって論じられているところです。

しかし、ここで失せるというのは、消失するのではない。忘失、忘れ失せるのだという人が多い。それほどに、信のはじめは忘失されやすい。何に忘失させられるのか。それは、さきの『御文章』では、「疑の心は深くして」ことに「女人の身は」と、女性について書いてあるので、ああそれでは男性は疑いの心はないのかなと思うたり、女性だけが悪く言ってあるなと思ったりする。

まだ読んでないが、最近、仏教と女性問題について論じた本が出ています。仏教はインド以来、女性を軽蔑している。女に生まれてこないような本願があったり、この次生まれるときは男になるようにという誓願があったりする。四十八願の中にも変成男子の願というのがありますね。第三十五願です。女性が信心をえたら男性になって生まれてくるように、と願われている。差別もはなはだしい、と言うてあるのではないかと思います。

だがこの場合、男性、女性というのがよくわかっていないのではないか。男性と女性というのは共通の面があることが遺伝子の研究でよくわかっています。遺伝子というのは染色体上にあり、染色体はほとんど男女共通ですが、一部に性染色体というものがあります。その性染色体が男性の場合は、XとYの二つからできている。女子はXXで、Xが二つダブっている。つまり、Xは女性だけにあって男性はそれをもたないかというと、男性も半分はXで、女性と同じものをもっている。しかし女性はもう一つもっている。そこが違う。男性はXとYでできている。したがって、男性、女性を問わず人間は共通な性質と、男女で違った性質の二つがあることになる。

それでは女性の特性とは何で表わされるかというと、女性の方が余計にもっているもの、したがってX、これは男性ももっている。両方にともにあるもの。これを別の言葉で言うならば、凡夫性ということである。人間性と言ってもいい。凡夫性に属する部分が、女性ではダブっている。Xプラスx、これが女性です。男性はXプラスY。もう一つ違ったものが入っている。それは攻撃性です。男はそういう違うものをもっている。こうして人生は成り立っている。だから、女を悪く言ってもしようがない。しかし、男がすぐれているというのも間違い。蓮如さんがそんなことを言われるはずがない。だから上人が女人といわれるときは、よく考えねばならない。人間のもつ凡夫性を言ってあると考えたらよいのではないかと思う。

疑い歎く心

さて、疑いの心が深い。疑いの心とは何か。それは疑い歎く心。それは男女を問わず人間が本来的にもっている心で、とくに女性に多くみられる凡夫性です。

疑い歎く心とは何か。ひょっとしたらもしかして、私は助かっていないのではないだろうか。信の人とはこんなことではいけないのではないだろうか、とはからう心。蓮如上人の『御一代聞書』にも、そのことが述べてあります。

仰《おほせ》に「とき〴〵懈怠することあるとき『往生すまじきか』と疑ひ歎くものあるべし。しかれども、もはや弥陀如来を一たびたのみまゐらせて往生決定の後なれば、『懈怠おほくなることのあさましや、かゝる懈怠おほくなる者なれども御たすけは治定なり、ありがたや〳〵』とよろこぶ心を、他力大行の催促なりと申す」と仰せられ候ふなり。（聖典七二二頁）

これが大事なところですね。たとえ信の世界に出た人も、ときに聞法を怠り、勤行にも出ず、懈怠で世間のことばかりやっているときがある。そのときに、私はこれでは往生できないのではないか、私の信心は本当ではなかったのではないか等とはからって歎く者がある。その「疑いの心は深くして」、これが自力の心である。信ができようとも、計らう心が深い。これが人間なのである。そこで信が忘れられ失われていく、忘失されていく。その計らいの中にうずもれてしまう。信が凡夫性の中に埋没する。

しかし、そうではない。一度、南無阿弥陀仏と如来をたのんだ者は、そういうときに、このようなことではいけない、この信では間違っているのではないか、というのではなしに、こういうていたらくの愚か者、懈怠多くなることの浅ましや、これが本当の私の姿、「他力の悲願はかくのごときのわれらがためなりけり」南無阿弥陀仏、と念仏申すことが大事なのである。

そして、そういうことを勧めてくれる人がいるとき、それを護られているという。金剛堅固の信心となるということは、はじめからなるのではない。はじめは非常にお粗末なところにいるのである。疑い歎く心が深い。それを護ってくれる人、教えてくれる人が大事。そのことを上人は言われている。二帖目一通では女性ばかり言われているが、男性も同じですね。

さらにこの『御文章』では、「また、物なんどの忌はしくおもふ心」と言われています。これは、物忌のことです。いまわしいというのは、普通は人を恨む心かと思いますが、物忌というのは「ものいみ」というふうに使ってある。日のよしあし、方角その他、そういう迷信めいたもの、そんなものは間違いだと思っているが、物忌というものに執われて、方角が悪いの日が悪いのと言われると、どうしてもそれが心にかかる。そこで、「更に失せ難くおぼえ候」。そういうところに引きずられて、信心がうずもれていく。これが二番目です。

新聞や週刊誌にも、いろいろとその日の運勢など書いたものがありますね。私はよく読みます。どこを読むか。三月のところをまず見ます。私の生まれた月ですから。ほう、お前そんなのに引っぱられとるのか。いや別に、ただ何と書いてあるかと思うて見る。だいたいあまり悪く書いてない。そこで自分の月を読んだら、次は女房のを読む。一月です。はあ、ああいうふうに書いてあるな。決してそれに引っぱられるわけではないが、そこに目がゆく。蓮如さんはよく言うてあるなあ。

「物なんどの忌はしくおもふ心は更に失せ難くおぼえ候」そんな占いなどあてにならないことはようわかっているのに、どうしても見る。ついでだが、大新聞ともあろうものが、あんなものを載せているとはけしからん話である。運勢をやらないのは、NHKと朝日新聞だけだ。さすがにNHKでは今日の運勢は放送しないね。朝日新聞も書いてない。しかし中国新聞には出ている。九州の西日本新聞というのも出ている。やはりかなり読者の要望があるのかも知れない。

世路—世間道。世間のことにとりまぎれて、ことに「在家の身は世路につけ」。世間の人はどう思うか、どう言うておるか、損か得か、名聞、利養、勝他など。そして、子や孫のことが心にかかって離れない。そういうところへ初地の菩薩というのは引きずられていくのである。

これが金剛心になるためには、諸仏が「百重千重囲繞して　よろこびまもりたまふなり」ということがなくてはできない。そこで、『唯信鈔文意』では、「摂取不捨の御誓に摂めとりて護らせたまふによりて、行人のはからひにあらず、金剛の信心となる」という表現になっているのである。

だからわれわれは、自分の力で金剛不壊の信心をえたなどとは毛頭思えない。それは如来のおかげだということはよくわかっているが、信心ははじめから金剛ではないのだ。そのことはよく知っておかねばならない。まことに長年のお育てによって、だんだんと少しずつ、何があっても壊れない、何があっても自己への目覚めになってゆく。何ものによっても壊れない。いつも仰ぎ見る世界をもって、ありがとうございますと感謝することができるようになるのは、多くの護りによってそうなっていく。それを自然《じねん》、しからしむというのである。

親鸞聖人の信心の成長を見ても、そういうことがうかがえる。聖人の若いときには、信心一異、あるいは体失、不体失往生、あるいは信行両座、これら三つの諍論が述べられているが、それは深い信心の表われというよりも、本当の信心とは何かという論争である。まだお若い頃のことで、破邪顕正の心が強い。これは決して悪いことではないが、聖人のご晩年に比べるとまだ熟していない。他を切って捨てるというか、自分の正しい言い分を貫き通して真実信を明らかにするという姿勢が強い。

如来大悲の恩徳を深く頂いて、感謝の天地に住するという世界は、聖人のご晩年である。「摂取不捨の御誓に摂めとりて護らせたまふによりて」というお言葉が、そういうこころをよく物語っていると思う。

憶念のこころ

そして、第三に、聖人は憶念の心となるとおっしゃっています。

憶念というのは、信心の別名ですね。「弥陀の名号となへつゝ　信心まことにうるひとは　憶念の心つねにして　仏恩報ずるおもひあり」と、冠頭讃にある通りです。憶念のこころには、「憶念の心つねにして　仏恩報ずるおもひあり」と、知恩報徳の念が生まれているのである。また、「正信偈」を頂くと、「憶念弥陀仏本願　自然即時入必定　唯能常称如来号　応報大悲弘誓恩」と、憶念というところに称名念仏がある。弥陀仏の本願を憶念するというところに南無阿弥陀仏がある。憶念というところに歓喜があり、感謝がある。それが憶念ともなるもの、ただたんに信心というよりも、もう少し憶念の方が幅が広い。憶念は知恩報徳、称名念仏、歓喜を離れない。

この憶念というのを取り上げたのは龍樹であって、聖人はそれを行巻に引かれている。今は答えだけを見てみます。

答へて曰く。「常に諸仏及び諸仏の大法を念ずれば必定して希有の行なり、この故に歓喜多し。かくの如き等の歓喜の因縁の故に、菩薩初地の中に在りて心に歓喜多し」。（聖典一八九頁）

この引文の聖人の読み方は独特なものです。

憶念の対象、憶念の内容は何か。何を憶念するのか。一つは諸仏。諸仏を念ずという。諸仏とは弥陀。諸仏が弥陀であり、弥陀が諸仏。弥陀を憶念する。南無阿弥陀仏と弥陀を憶う。そこに念仏が生まれ喜びが生まれ、知恩報徳の心が生まれる。

二つには大法。これは教えと本願。憶念弥陀仏本願とある。三番目には必定の菩薩。正定聚不退の菩薩。具体的にはよき師よき友。教えを憶い、よき師よき友を憶う。そして、四番目にご苦労の歴史を憶う。私までこの大行、すなわち南無阿弥陀仏が伝わってくださったご苦労を憶う。あとの文から憶念の対象を考えると、このような内容になる。

今まで旅行した中で、いちばん印象に残ったのは、中国の西端のカシュガルからタクラマカン砂漠まで千五百キロを越えて、シルクロードを西から東へ旅して、ウルムチ、トルファンに行ったときである。あの付近に敦煌があります。この旅行には、本当に深い深い感動をおぼえた。それはご苦労の歴史を身にしみて感じたというにつきます。仏法というのは、今まで私は、仏教が伝わってきたとばかり思っていた。仏教東漸といって、西から東へ移って伝わってきたのだと思っていた。しかし、そうじゃない。あの沙漠を見たら、仏教が伝わったのじゃない。仏教を伝えた人がいたのだ。仏教は、伝えようという意思がなければ決して伝わらない。あの沙漠を渡ってくることはない。自然に水が低い方へ流れていくように、流れていくものじゃない。タクラマカンという名前は、行った人が帰ってこないという意味だそうですね。それこそ、ものすごいところなんだ。水も木も何もない。二、三百キロごとにしかない。いちばん長いところは五百キロも隔てている。今は五百キロといっても大したことはない。時速八十キロくらいで車をとばせば、半日くらいで着く。われわれが乗っていたのはクーラー付きのバスで、日本製でした。相当涼しかったですね。外は酷暑も酷暑、四十度近いカンカン日照りで、何も日差しをさえぎる物もない。仏教がこの沙漠を越えてきたことは、仏教を伝えようという意思がなければ、決して伝わらない。私はこのシルクロードに行って、憶念の心をもたざるを得なかった。まあ何とご苦労をかけたものじゃ――と。そういう憶念の心が自然に起こるようになるということは、まことにお護りいただいて、深い深い信の世界を知らしていただくからこそである。

では、つねというのは何か。「憶念の心つね」という。つねというのは不断常という。いつもいつも絶えない。夜昼つねに絶えない。それを不断常という。それは如来にある。如来は不断常なのです。しかし、われらは寝ているときは思わない。ご飯を食べておるときも忘れている。けれど、「憶念の心つね」というのは、相続常という。相続というのは、つながっている。火山脈というのは、火山と火山の間がつながっているのをいう。地表に出ている火山は、何百キロごとにしかないが、下では火山脈でつながっている。すなわち、如来のわれわれを護念してくださるその念が不断常であるから、憶念がわれわれの上に相続常となって、「憶念の心つね」となる。それは如来の護念あればこそである。

そして、そういう憶念が生まれてきてはじめて、おのずから浄土へ至るという、来たらしむという世界が開けてくる。そこに、はじめの「観音勢至自来迎」が生きている。観音勢至が喜んで、来て護ってくださった。それがわれわれを変化せしめて、ついに深い堅い信心の世界が続いて、さらに続いてついに憶念の心となる。

そのように、「自来迎」、自ら来たりたもうた本願が生きてきて、われわれの上にしからしめてくださったのである。こうやってわれわれが動かされていく世界を他力という。このようなことを聖人は、よくぞ順序だてて言ってくださったなあと思う。深励師が指摘された通りである。本当に順を追うて、聖人は詳しく頂いておってくださる。この第一章では、信心というのはそういう働きをするのだ。信心が成立したときに、諸仏菩薩が百重千重にとりまいて護ってくださったことが、われらの進展となってくる。こういう次第がたいへんよく順序だてて書いてあります。

釈迦の慈父と弥陀の悲母

では、もう一度本文を見てみましょう。

誓願真実の信心をえたる人は摂取不捨の御誓に摂めとりて護らせたまふによりて、行人のはからひにあらず、金剛の信心となる故に正定聚の位に住すといふ。この心なれば憶念の心自然におこるなり。この信心のおこることも釈迦の慈父・弥陀の悲母の方便によりて無上の信心を発起せしめたまふとみえたり。これ自然の利益なりと知るべし。

（聖典五〇三頁）

以上が、自然にしからしむということについて述べられているところである。これは、くり返し申しているように、最初の観音勢至自来迎から生まれている。そして最後に、「この信心のおこることも」から、発起は自然の利益である、願力自然の利益であると知れと申されている。

この信心というのは、前に「金剛の信心となる」とあり、それが憶念の心となる、となっている。憶念の心つねとなる、という。金剛の信心となり、憶念の心となる。そういう信心が起こるとも、となっている。釈迦の慈父、弥陀の悲母というのは方便。釈迦が父、弥陀が母というこの教えを二尊教という。仏法は二尊教である、と明らかにされたのは善導大師である。『観経疏』のはじめに二尊の教えというのが出ている。釈迦はこの地上において教える。この道をゆけと教える。それを慈父という。

慈はサンスクリットではマイトリーという。マイトリーというのは、直訳すると友情という意味です。慈はいつくしむ、いつくしみ育てる。いつくしむとかはぐくむとかいうのは、かわいがって育てることをいう。しかし、原語を直訳すると友情です。友情というのは年齢の差別なく相手を尊敬し、指導者意識をもたず、愛情、尊敬、責任感をもって接する。エーリッヒ・フロムは、そういうのが友情の特徴であると言っています。

友情というのは深い愛情。その愛情は無償の愛。私があなたを愛するから代わりにこれをくれとか、代わりに私を愛してくれとか、何らの要求もしないのが無償の愛。それが友情である。友情はそういう愛情と尊敬と配慮、そしてその人を最後まで見届けようという責任感、そういうものである。それが釈尊のおこころです。二河白道の譬えで釈迦は、「きみ、この道を尋ねていけ」とおっしゃる。「きみ」と言ってわれわれを尊敬し、敬愛しているところが特徴である。こういう人を教主善知識といって、それを父と表わす。父というのはだいたい、子供と友達になりやすい。そうでない父、ガミガミ言う父もいますが、子供が大きくなると子供と友達になる一面がある。相手をひとりの人格として認める。社会的になれていますからそういうところがある。それを父という。

それに対して、弥陀のほうは悲母という。悲はカルナーといい、うめきという意味です。相手の悲しみをわが悲しみとし、相手の痛みをわが痛みとして、ともにうめき悲しんでいる。それがカルナーです。わが子の悲しみが自分の悲しみで、これを何とかせねばおかないという心を悲という。

片方を抜苦といい、もう片方を与楽という。両方ありまして、慈を抜苦といったり、悲を抜苦といったりする。慈では何とか苦を抜いてやりたい、悲は何とか大きな世界に出してやりたい。これが反対になっている場合もあります。どちらも通ずる。

本願というのは、大慈の願あるいは慈願、大悲の願あるいは悲願といいます。しかし、あまり大慈の願というのは聞いたことがない。普通、大悲の願という。慈も悲も実際は慈悲喜捨といって、四無量心という如来のおこころを表わしている。喜は随喜といって衆生の喜びがわが喜びであり、ともに随って喜ぶ。捨は私心を捨てる。大捨といい、無私という。それが慈悲喜捨という四無量心の根本にある。釈迦弥陀で表わすとき、喜捨というのが略されていて慈悲で表わす。慈はいつくしみ、育てる。与楽という。こちらが釈尊。それが友情に直結している。慈悲喜捨という中で、いま浄土の一門においては大慈大悲という。それをもって釈尊と弥陀のこころを表わす。けれども本願というときには、大慈大悲の願とはあまりいわない。大悲の願という。

弥陀の本願を悲願といいます。内容的に申すなら、本願は非常に切迫している。苦悩にあえぐ衆生をみそなわすとき、これをいつくしみ育てようという余裕がない。悲しみに自らうめき、こらえてどうしても助けねばおかないという切迫したもので、だから大悲という。大悲の願の方が、苦悩の衆生に対する弥陀のこころを表わすのにいちばん適した願名なのです。

私はあるところで質問を受けた。「弥陀の本願はなぜ大悲の願というのですか。なぜ大慈の願といわないのですか」と。はたと困りました。言葉につまった。それは今までに考えたこともない質問だったからです。面白い質問をするなあと思ったけど、答えられなかった。いい質問です。弥陀の願だから悲なのだ、母なんです。だから大悲の願という。父と母は違う。仏法では父と母とどちらを重要視するか。それは母です。母なる大地なんです。母が弥陀なんです。それは自分を投げ出して、自己の全体を衆生に廻向してゆくのである。それが弥陀、母です。

その釈迦、弥陀。釈迦が地上の教主。この世に釈迦まします、それを東岸という。この世の教主はこの道を行けと励まし勧める。「私には救う力はない。本当に救ってくださるのは弥陀である。この道を行けよ」と友となってそれを勧めるのが教主。これが教主の働きです。それを父でもって表わし、その心を慈しみ、深い愛情という。そして、この世を超えた大きな世界からの働きかけは救主弥陀。その働きが私を救ってくれる。そこから信心が起こってくる。

釈迦の善巧方便

ところで、釈迦の方便を善巧方便という。いろいろ配慮をつくし、手段をつくしてわれわれを本当の道に近づけていこうとするその努力、それを善巧方便という。方便がなければ、人間が育っていくということはできない。例えば教育というのはすべて方便である。うそも方便という言葉があるが、方便とはそうではなしに、善い手だてのことをいう。善巧方便とは、正しい道に導くためにいろいろ考えられた配慮である。そして、この釈迦の配慮は、八万四千という教えになって表わされている。

凡そ八万四千の法門はみなこれ浄土の方便の善なり、これを「要門」といふ、これを「仮門」と名けたり。この要門・仮門といふは即ち『無量寿仏観経』一部に説きたまへる定善・散善これなり。定善は十三観なり、散善は三福・九品の諸善なり。これみな浄土方便の要門なり、仮門ともいふ。この要門・仮門よりもろもろの衆生を勧めこしらへて本願一乗円融無碍真実功徳大宝海に教へすゝめ入れたまふが故によろづの自力の善業をば「方便の門」と申すなり。

（聖典四九六頁）

「釈迦は要門ひらきつゝ」という和讃があって、その要門が釈迦の方便である。釈迦の方便は、人間の本質をよく理解してその本質に合ったようにそこから出発して、だんだんと本当の教えに近づけていこうとする努力をいっている。八万四千というが、実は『観経』一部に顕われている定善散善、正しい心と正しい行い、それが定善十三観と散善三観。散善には三福あって、大乗善、小乗善、世間善の三つ。それをやる人として九品、九通りの人たちがいる。そこで三福九品ともいう。八万四千というけれども、実際は『観経』一巻の中に集約されている。そこで具体的には『観経』を説いたというところに釈迦の方便があるといえる。

釈尊の出発点には人間の考えというものがある。人間の考えとはどういうことかというと、宗教を求めるには、つまり信心を得るには具えねばならない必要なものがあると考える。それには四つある。一つは求道心が必要だ。これは教えられなくてもわかっている。これを菩提心という。そして何かの実行が必要だ。これを行という。戒ともいう。これだけはしなければならないという行。これだけはしてはならないという戒。さらに、読むべき経典がある。それを読誦という。そして、覚り。それは第一義諦という。これは法然上人が『選択集』の終わりの方で言っておられる内容である。人間はみなそう考えている。求道ということになると、この四つはどうしても必要だと思う。

求道心がいる。志をしっかり立てて深い自己決断、決心をもって、始めたならば続けていこう。続けたならば、最後の最後までやり抜こう。そういう求道心と、これだけは実行しなくてはならないというものがある。それは勤行とか念仏。あるいは仏前を荘厳するとか、礼拝するとか、そういう行が必要だ。そういうのを戒行という。そして読まないといけない、聞かないといけない、それを読誦。覚らなければならないそれを、第一義諦という。

普通、人はみなそう思う。けれど選択本願念仏この一道においては、念仏一つで助かる。法然上人はこれを申された。宗教についての人間の常識を打ち破られた。そして菩提心もいらないと言ったから、明恵上人に厳しく反論を受けた。聖道門であれ浄土門であれ、仏教において菩提心がなくてよいとはどういうことだと反駁された。

釈尊の教えははじめは方便の教え。まず、はじめに大切なのは菩提心。そして戒定慧といって、次に戒から出発する。戒があって、定があり、智慧に至る。これが仏教の根本になるものである。

そこに釈尊の配慮と教えの順序がある。

一般的に求道の順序を考える場合、法相宗でいうように資糧位、加行位という順番がわかりやすい。この二つに通達位、修習位、究竟位の三つを加えて五位という。これが仏教における求道の段階である。

いちばんはじめが資糧位で、もとでになり糧になるものを集める。つまり、聞いていく、読む、そして考える、尋ねる。聞思、尋求という。わからないところは、尋ね質問して進んでいく段階を資糧位という。これは五段階ですが、五十一段では十信と十住が資糧位。そして十行、十廻向は加行位にあたる。十信、十住が聞思・尋求して、十行、十廻向は加行、つまり実行ということになる。自己の充実が十行、他への働きかけが十廻向である。そして、それらの根本が求道心である。まず聞思し読誦する。さらに行を実行する。この資糧位・加行位というのが第一段階です。

次に行きづまりがある。先に進まない。それが生じたところを通達位という。通じ達する。信の成立をいう。五十一段でいえば歓喜地という。そこで、信に立って修行、実践する。それが修習位。信自体が行を展開していくのが真の修行であり、実践であるというのが修習位。そして、ついにさとりの世界に至る。究竟位である。

第一段階の資糧位、加行位と信の世界とはまったくかけ離れている。そういうのを断絶の宗教という。しかし、人はなかなかそうは思わない。やったことのない人は、「分け登るふもとの道は多けれど　同じ高嶺の月を見るかな」とこういう。この人は何も知らない人です。山ならあっちから登ってもこっちから登っても、同じ高嶺の月を見るかな、です。どこから登っても頂上へ到達する。

道は連続しているからそう考える。しかし、実際の仏道においては道は頂上まで連続していない。間があいている。途中に断絶がある。頂上へ向かう道は非連続なのです。断絶がある。これを真の宗教という。それを言ったのは龍樹菩薩です。

「龍樹大士世にいでて　難行易行のみちをしへ」という和讃がありますが、道は難行から始まる。聞いて、考えて、尋ねて、実行していく。これをくり返していけば、信心の世界に出そうなものだが、なかなかそうはいかない。難行。ついには行きづまって、加行位と通達位の間の絶壁の下に立ってどうにもできなくなる。とうとうこの断絶の絶壁の下にひざまずいて泣くしかない。われらはみなそういう存在である。

たった一つの道は、究竟位のかなたから私の上に届いてくださる本願の教え。その教えだけが私を本当に通達位の世界に引き上げて、さらに仏果への世界を歩ませてくださる。それを易行道という。こういう教えをはじめて説いたのは、龍樹菩薩の『十住毘婆沙論』である。「龍樹大士世にいでて　難行易行のみちをしへ　流転輪廻のわれらをば　弘誓のふねにのせたまふ」というところに、本当の仏教の理解がなされ、仏教は断絶の宗教、非連続の宗教ということが理解される。連続しているのなら、そういうことはあり得ない。難行も易行もない。難行のはてに到達できるものがあるはずなんだ。しかし、そうではない。どの宗教でもそうはいかない。

韋提希の求道

何故なのか。それは、真如という世界は非常に高次元の世界である。これを絶対界という。その絶対の世界に対して、われらの世界は低次元の世界、煩悩の世界。相対有限の世界。変化の世界である。その低次元の世界から何を積み重ねていっても、絶対界まではおよばないのである。高次元の世界に届かない。だから非連続といわれる。しかし、届くという人もある。そういうのは低い宗教ですね。目標が低いのである。どういう宗教か。例えば幸福追求の宗教。祈れば幸せになれる、この壺を買えば幸せになれる。金を出せば幸せになれる。そういう低次元の宗教である。この世の金を積んで高次元の世界に行けるわけがない。

「釈迦は要門ひらきつゝ」です。お釈迦さんの担当は資糧位、加行位まで。これを教主という。ここまでもっていくのが実は大変なんです。それを非常によく表わしているのが『観無量寿経』です。この経典では、韋提希が主人公である。韋提希は悲劇の中で何を言ったか。「お釈迦さまにお願いしたい。どうか阿難を私のところへ遣わしてください。私は今は心配事で苦しんでいます。私の心を聞いてください。私の心を慰めてください」と言う。最初から、私はどうしたらいいでしょうか、どうしたら救われるでしょうかとは言わない。聞いてください、なぐさめてください。これが聞法の始まりです。韋提希はそうであった。このことは人間全体に共通していると思う。だから女性は、とくにまず聞いてあげることが大事です。黙って聞いてあげなければならない。自分の思いや苦しみを言うことによって、転回してくるのです。そのうち自分でだんだんと道がわかる。だからまず、聞いてあげることが第一です。

次に韋提希は、「私はこういう世界にはいたくありません、本当の幸せな世界を教えてください」と言う。それでもお釈迦さまは黙っている。黙っておられるというのがまた面白いですね。黙っておるということは、賛成しているわけではない、しかし反対しているわけでもない。要するに答えない。幸せということを、この人はどう思っているのだろう。あるいは、何も問題のない世界があると思っているのだろうか。そのへんからわからないので答えられない。答えようがない質問なのです。

すると、それを韋提希が察して、清浄真実の世界を教えてください、それを見せてくださいとお願いする。そこでお釈迦さまは眉間から光を出してたくさんの世界を見せられた。その見せられた世界にはいろいろな世界があった。黄金に輝いている世界もあれば、いろんな色に輝いている世界もある。このような世界を通して仏の教えを聞き、菩薩道を行じている人たちがたくさんいるということを見せる。そして、その中から韋提希が決心して、「我今極楽世界の阿弥陀仏の所に生れんと楽ふ。唯願はくは世尊、我に思惟を教へ、我に正受を教へたまへ」と言う。私の生き方、方向はよくわかった。そこまで韋提希の願いが純化した。

はじめは慰めてください、聞いてください、だった。それがだんだん純化していくところに釈尊の配慮がある。釈尊の愛情がある。釈尊の深い心根がある。純化して最後は、「我今極楽世界の阿弥陀仏の所に生れんと楽ふ。唯願はくは世尊」と言う。これが「唯願世尊」と呼ばれている。「教我思惟　教我正受」。われに思惟を教えたまえ、正受を教えたまえ。それが韋提希の願いの最後に出てくる。そこに人間の思いというものが非常によく出ていますね。私が阿弥陀仏の世界に至りますのには、私がやらなければならないことがある。それは思惟、ものを考える。今は阿弥陀仏を考える。どう考えたらよいか教えてください。阿弥陀仏のことをどう考えていったらいいか。思惟、そして正受。人間の理性に訴え、それをフルに使って、立ち上がる努力をすることを、釈尊はいちばんの仕事としておられるのである。

化身土巻の意義

思惟と正受ができる人といえば大変ですよ。普通できません。われわれにはそういう力がない。本当に力がないですね。いろいろな人に接するたびにそう思う。昔と今はだいぶ違っていまして、今は新しい人類というのか、未来の衆生というのか、そういう人がいろいろいて、昔の論理が通じないことがありますね。昔はこういう言い方をよくしたものです。「君はそれでよいのか」、「君は何もしないでぶらぶらしてそれでよいのか、どうなんだ」とこう言うと、「いや、これではいけないんです」、と返答がかえってきた。これじゃいけないというものをもっていた。近ごろはそうではないですね。「君はそれでよいのか」、「はい、これでよいのです。私には私の考えがあるのです」。これでは二の句がつげませんね。つくづく、私もだいぶ古くなったなあと思います。

いろんな本を読んで、そういう人にどう接したらいいか勉強しなくてはならない。すると、「その人たちのところまで下りていけ」と書いてある。それで、「そうじゃ、君の言うとおりじゃ。君の思うとおりにやるがよい。俺も一緒にやろう」と下りていって、ついていかなければならない。これはまあ、大変です。体がいくつあっても足らないし、私も今はそれだけの元気も時間もない。これはやっぱりできないことだなあと思います。

今たくさん問題のある子供がいるでしょ。不登校児、登校拒否の子供も多い。精神的には正常なんですよ。私の近くに、三十歳を越えて家でぶらぶらしておる青年がいる。父親は市会議員で副議長。母親は美容師。その青年は大学は出たけれど、ひとつも働かない。どうかしてあげたいと思うけど、どうしようもない。小学生でも学校へ行かない子がいる。中学生、高校生はもちろんのこと。大学でも留年また留年でまったく卒業しようとしない青年がいる。

今の大学の先生というのは大変ですよ。私は大学をやめてだいぶ経ちましたが、時々後輩の教授の声を聞いてみる。「近頃の学生のようすはどうかね」と。「ダメですなあ。勉強する奴がひとりもいません」と嘆く。「もう僕も大学をやめたいと思っています。講義をすればペチャペチャ、ペチャペチャ私語をして、ひとつも講義を聞かない。こういう所で講義をしたくない」。こちらは、「そうかね、そうかね」と聞くだけで、どうしたらいいかわからない。昔は、そういう時は「黙って聞け」と一喝した。そうすると、黙るか出ていくかどちらかだった。最後は、「俺の講義を聞きたくない奴は出ていけ」と言い放ちました。そしたら、サッサと出ていきましたね。それでも理科系の学生でしたから、勉強するのが多かった。近ごろは理科系も何もない。皆そうで、やる気がない。だから、大学のある先生は教育者としては何も面白くないと言っていました。

それにしても、その原因はどこにあるのか。大学の先生は「高校にある」と言う。高校は受験勉強ばかり強調して、「今は辛抱のしどころ、夜も寝ずに勉強して、大学に合格しさえすればあとはいくらでも遊べる」と、こう教えている。だから、「彼らは遊ぶために大学へ来ているのだ」と大学の先生は言う。高校の先生はこう言っています。「中学から来る奴はガラが悪くて勉強しない。基本的な知識がなくて何を習ってきたのか。こういう奴らに勉強をさせるのは大変ですよ」と言う。

中学校の先生は「小学校はなっとらん」と言う。とにかく大変な時代です。ですから、宗教も難しい時代になっている。若い人に勧めるのが非常に難しい時代になっている。

私がかろうじて希望をかけているのは、「こころじゅく」ですね。岡本英夫君が始めてくれた。あれが今からどうなるだろうかなあと思う。今までの状況では、求道の集まりとはとても思えない。昔の考え方ではそうは思えない。けれども、あれが新しい時代の形かも知れない。仏教に対する好奇心があるようだ。ひょっとしたらうまくいくかも知れない。ああいうのが伸びてゆく時代かも知れない。そういうわけでだんだん世の中次第に変わってきている。

釈尊のこの教え、つまり戒定慧を勧める教えは昔の考え方ではないかなあと時々思います。しかし、まだ大多数の人はこういう考え方だろう。もし人々のレベルが下がったのなら、こちらも要求水準を下げて、そしてそれを何とか求道まで持ち上げてこようというのが、釈迦の善巧方便の教えです。したがってこれは大変なことなのです。今から先、この行き方が非常に大事になる。

われわれは要求水準を下げるということを常に考えねばならない。そういう時代なのです。保育園を開いて小さな子どもに接してみたら、世の中どんどんどんどん変わっていくのがわかる。どういうふうに変わっているかというと、悪い方に悪い方にと変わっていっている。それでも、それに応じて対応するのが釈迦の善巧方便です。相手のレベルに応じて自分も下がっていって、そして、資糧位、加行位、何とか勉強しよう、求めていこうというところまでもってくる。これが大変な努力を要する。仏教を伝えるのはとても難しい時代です。

「釈迦は要門ひらきつゝ　定散諸機をこしらへて」という。そこに、本当は真実の世界を説きたいのが釈尊の本心であるが、相手のレベルに応じてこの方便の世界を説くのである。そして何とか資糧位、加行位までもってこよう。それが釈迦の方便。そこで聞思、尋求となっていきます。私流にいえば聞法と勤行と念仏。これが聞思修。これをしっかりやっていこう。資糧位、加行位の段階とはこれなのです。そうしたら絶壁に近づいて来る。聞思修で成功するのではない。聞思修で頂上へ達するのではないが、これが出発点。それを方便という。善巧方便といいます。手だてをいっている。それでもって絶壁の下まで行かなくてはならない。しかし、絶壁の下へ行こうと教えるわけにはいかない。しっかりやろうと教えているわけです。

これをやるのが第一段階、資糧位、加行位の段階です。絶壁の下までもって来るのを釈迦の方便という。これを別の言葉でいえば、聞法し、わからんところは尋ねて実行しよう、勤行と念仏を実行しよう。『こころじゅく通信』を読んでみると、念仏を取り上げた人はいませんね。勤行をしようかすまいかというのは取り上げた人がいました。さすがにここまでですね。そこまではわかってくれたかと喜んでいます。まあもうひと息、念仏を力説するのが次の段階、しかしこれはなかなか面倒です。

定善というのは観察ということにあたる。聞法も念仏も散善にあたる。勤行も散善。勤行の中で考えるということもあって、考えるというのは定と結びつく。だから聞法、念仏、勤行の中に定散二善が入っている。そこで「釈迦は要門ひらきつゝ」、定散二善は大事なものだと思っていますから、そういう人たちの心を整えて、それを調熟して最後に「ひとへに専修をすゝめしむ」。そこまでもってこようと言っておる。ここまで来るのが大事。それが釈迦の方便。そこから先は弥陀の方便。釈迦、弥陀の方便。釈迦慈父、弥陀悲母の方便。そういうふうになってゆくのである。

そんなことは方便だからやめた、そういうものはやらなくてもよいと、そういうわけにはいかない。一段一段積み重ねていかなければ、物事というのはできない。ですから親鸞さんも九歳から二十九歳まで比叡山で頑張った。定善散善を頑張った。要門の教えを頑張った。聞思修を頑張った。それがあったから、法然上人にお会いして転回することができたのです。その法然自身も四十三歳まで約三十年近く、比叡山で頑張った。そして聞思修をやった。それをやらなければ先に進まないのである。これを十九願、二十願の世界という。

現在の浄土真宗は悲しいかな、この段階を省略しようとしている。ダメなものはいらないのだと考えておる。自力の世界、要門の世界というのは捨てて、本願一つで助かっていく、だから自力の段階はいらないのだという。信心がないもんだから、そういうことをいう。親鸞、法然の教えというものがわかっていない。親鸞聖人の教えの出発点は化身土巻にあるのですよ。

化身土巻に本当の信心を得る過程が書いてある。方法論が書いてある。方法論なしに結論は出てこない。結論は信心。真実信心が生まれる方法論は十九願、二十願にあるのです。これは化身土巻にある。化身土巻の問題が聞思、尋求であり、聞思修であって自力の段階なのです。それを除いてしまったらダメです。二階に上がるはしごがない。階段もなければエレベーターもエスカレーターもない。そんな状態からどうしたら二階に登れるのか。だから親鸞聖人の教えを無視して、自分勝手な解釈をすると、本当の信心の人が生まれない。本当の人をひとり誕生させようと思って、努力してみなさい。どれほど時間がかかり、どれほど泣くような努力を重ねなくてはならないか。これをやったことがないと、聞法求道といっても観念論に終わる。それは人の問題ではない。あなた自身、私自身が本当の信心の世界に達するまでどれほど時間がかかるか。ただ本願をたのんで助かるというようなことでは、とても信はできないでしょう。まず資糧位、加行位まで来なければできない。自力の限りをつくさなければ、他力易行の道には届かないのです。ここが大事なところ。ここまで連れてくるのを釈迦の方便という。そこが地上で教えを説く人の立場、みんなを指導し、みんなと道を歩んでいこうとする人が、心がけなければならないところです。

救ってくださるのは本願。その本願を聞く、そこまで連れていくというのがわれわれ。これはわれわれでなければ、弥陀では連れてこれない。この世に命あって、煩悩を抱えた人間でないと連れてこれない。友達になって一緒にならないとできない。釈迦の方便というのはそういう道を言っておるのです。

弥陀の方便━法蔵菩薩

釈迦、弥陀二尊の方便によって、無上の信心を発起したもう、ということを申しました。超世無上という信心の根源は、二尊の方便にある。今は釈迦の方便、それは要門の教えを開いて、われわれを資糧位、加行位の世界まで連れ出してくださった。要門は必要で、重要な教えであって、本当の肝心要に出会える門です。

では、弥陀の方便について、次の和讃から考えてみましょう。

諸仏方便ときいたり　源空ひじりとしめしつゝ

無上の信心をしへてぞ　涅槃のかどをばひらきける　（聖典一六五頁）

諸仏というのは十方の諸仏でもありますが、今は弥陀を言っている。諸仏の根源は弥陀である。『諸仏阿弥陀三耶三仏薩楼仏檀過度人道経』というお経があるが、弥陀をおいて諸仏はなく、弥陀は諸仏として存在する。これを諸仏弥陀という。弥陀の方便ときいたる。時機純熟して源空上人と現われてくださって、そこに無上の信心を教えて、われらのために涅槃のかどを開いてくださったのであると和讃された。

求道を続けている者の行きづまり。聞法も勤行も念仏も相続一貫せず、なかなか続かない。そして、信心の世界に到達できない。そういう私の行きづまり。それを究竟位の弥陀、実際には諸仏が、「弥陀の方便ときいたり」、方便すなわちウパーヤによって私に至り届く。時が純熟して弥陀の方便、すなわち諸仏方便と聞いたが、それが私のところに至り届いて、無上の信心を教えて、涅槃のかどを開いてくださった。それが実は、源空法然上人その人であった、と喜んでおられる。

弥陀の方便というのは何なのか。弥陀が法蔵となって、法蔵菩薩の因位の行、法蔵菩薩の願行を励み、衆生のために永劫の修行を始めるのを、聖人は五念の行と言われた。それを書いてあるのが『入出二門偈』です。この聖教に弥陀の方便の行、弥陀の働きというものが明らかにされている。

菩薩五種の門に入出して、自利利他の行成就したまへり。不可思議兆載劫に、漸次に五種の門を成就したまへり。何等をか名けて五念門となす。礼と讃と作願と観察と廻となり。云何が礼拝する、身業に礼したまひき。阿弥陀仏正遍知、諸の群生を善巧方便して、安楽国に生ずる意を為さしめたまふが故に。　（聖典四六〇頁）

不可思議兆載劫の修行というものが、五念門の内容である。それは法蔵の行である。そこに弥陀の方便のはじめがある。礼拝、讃嘆、作願、観察、廻向。われわれは五念門の行というと、天親菩薩の『願生偈』に出てくる天親の行だと思う。「世尊我一心　帰命尽十方　無碍光如来　願生安楽国」。一心帰命というところに天親菩薩の礼拝門がある、とそういうように教えられている。聖人はそれをもとに戻して、これは実は法蔵の行なんだ。弥陀が法蔵となって、修行してわれわれに至り届こうとされる、その努力を法蔵因位の行という。それを五念の行とされた。

その中で礼拝。「身業に礼したまひき」。法蔵が礼したもう。普通の講録では、法蔵菩薩が阿弥陀仏を礼拝するとなっている。ところが住岡夜晃先生は、阿弥陀仏が衆生を礼拝したもうたのだと言われた。そういう講義を聞いて、私はびっくりした。なるほど、われわれが仏法を聞いて、ついに往生浄土の道を進んでいこうというのは、如来の礼拝がなければできないなあと思う。如来がわれわれを拝んで、どうぞ安楽国へ生ずる意をなしてくれよと諸々の群生に願われた。それが本当だなあと思う。どういう講録を見てもそういう講録がない。しかし、たとえ講録になくても、先生のおっしゃるのが本当だなと思っています。

いま言わんとすることは、そのような仏の働き、菩薩の働き、そこに如来の方便があるということです。そして、礼拝、讃嘆、作願、観察と行を積んでいく。衆生を礼拝し、如来の徳を讃嘆し、願を起こし、観察する。そういう行を行じて、この功徳によって近門、大会衆門、屋門、宅門、薗林遊戯地門と、こういう五功徳門を成就された。

礼拝の行によって近門を、讃嘆によって大会衆門を、作願によって宅門を、観察によって屋門を成就する。そういうのを入《にゅう》という。また、自利成就という。廻向によって薗林遊戯地門を成就。これを出《しゅっ》といい利他という。この自利利他の功徳を成就して、これらのすべてを廻向しようとする。それを法蔵の願行という。そして、それが弥陀の方便なんです。

弥陀の方便とは、まず法蔵の願行を成就して、法蔵菩薩となってそれを廻向しようとする働き。その全体を南無阿弥陀仏という。南無阿弥陀仏の廻向が届いてそこに入出、すなわち自利利他の徳がわれらに生まれる。それがわれわれの上に一心となる。弥陀の方便とは、法蔵因位の願行となってあらゆる功徳を成就し、南無阿弥陀仏として至り届いてわれらの信心となる。

弥陀のわれらに至り届くとは、具体的にはどういうことか。法が働いていくところを法法蔵という。法、働きとしての法蔵。それが諸仏の讃嘆を通して、人間の世界に法蔵菩薩を誕生させるのである。諸仏の讃嘆というのは善知識の讃嘆。讃嘆というのは教え。善知識の教えによって、法蔵菩薩が誕生するというところに弥陀の方便がある。人法蔵が生まれる姿が弥陀の方便である。人間界に生まれる法蔵菩薩を人法蔵という。弥陀が法蔵となって働いてくるところを法法蔵という。法法蔵が善知識の上に働くところを、「阿弥陀如来化してこそ」という。この法法蔵が人法蔵を生むところに、弥陀の方便がある。弥陀の働きが届いて、法蔵菩薩が人生に誕生するところに弥陀の方便がある。

善知識の誕生

宗教の成立、あるいは信心成就というのは、私の上に本願が成り立つ原理（根本の法則・道理）

である。これが『大無量寿経』に説かれている。「その時仏有《まし》ましき」とある。はじめに仏さまがおられた。その後です。

時に国王有り。仏の説法を聞きて心に悦予を懐き、尋《すなは》ち無上正真道意を発《おこ》し、国を棄て、王を捐《す》て、行じて沙門と作《な》る。号して法蔵と曰ふ。（聖典九頁）

ここに信心成就、宗教成立の原理がある。これは、住岡先生の教えでした。仏の説法を聞き、心に悦予を懐く。そして、国を棄て王を捐てるというのが根本の原理です。国は財産。王は権力。財産、金、物と力を命として生きておった世間的な存在が、仏の説法を聞いて心に喜びをもった。聞法が響いた。仏の説法の中を流れるもの、それは弥陀の意、本願、具体的には法法蔵の働き。五念門と五功徳門、自利利他成就の行、そのことごとくを届けようという弥陀の働き。それが善知識の教えを通して、一人の世間中心の存在に届いて、この存在が国を棄て、王を捐て行者として発足した。それを法蔵という。それを人法蔵という。この人法蔵が具体的な現実存在なのです。「諸仏方便ときいたり　源空ひじりとしめしつゝ」。これがまことに弥陀の働き、法法蔵の働きが機熟して、そこに一人の法蔵が誕生した。それが法然上人であった。そこに弥陀が届いたのである。人法蔵として源空法然上人が誕生された。その上に生まれたものが信心である。この無上の信心を、そして念仏を教えてくださる方が生まれたのである。この源空上人は、もとは力と財を命とする国王だった。けれども今は法蔵となった。それは弥陀の働きである。

信心が生まれるとはどういうことか。それは法蔵菩薩の誕生である。法蔵菩薩の誕生とは、一人の人の上に法法蔵の働きが成就すること。法法蔵の働きとは何か。弥陀の方便である。弥陀がわれわれに近づいて、われわれに届こうとする働き。その働きが「諸仏の方便ときいたり」である。私に先がけて、私のよき人の上にその法蔵が生まれている。そのよき師法然上人を通して、私の上に法法蔵の働きが届けられて、涅槃のかどを開いてくださったのである。すなわち、諸仏の方便とは、彼来たって私のよき師となって、私を教えてくださることである。そこに法法蔵が成立している。そこが私の信心が開ける根拠である。

われわれはまず十八願成就して、自分の上に信心が成立すると考える。しかし、『大無量寿経』ではそうはなっていない。十七願成就がさき。よき人が生まれるのがさきなのだ。善知識が生まれるのがさきである。その善知識の教えを聞き開いて、そこに「聞其名号　信心歓喜」していくのが十八願なのです。「諸仏の方便ときいたり」というのは、私自身に届いてくださるというのが結果であるが、その根本というかいちばんはじめは善知識の誕生です。私を導いてくださるよき師よき友をたもうた。それが「諸仏の方便ときいたり」である。

弥陀の本願は、具体的にはよき師よき友を私にたもうて、無上の信心を教え、涅槃の門を開いてくださるというところにある。私に届いてくださるのは、よき人の仰せなのである。よき人の仰せというところに、弥陀の善巧方便のご配慮とご努力がある。そこが浄土真宗の教えで非常に大事なところです。弥陀がわれわれと直接に取り引きするのでなくて、「諸仏の方便ときいたり　源空ひじりとしめしつゝ」なのである。この「源空ひじり」が十七願。ここが大事。そこに、よき師よき友十方の諸仏がある。そこに、広大無辺の大乗仏教がある。絶対者と相対者が一対一の関係ではなく、絶対なるものが十方諸仏となって届くという仏教。そこが何とも広大無辺であり、大乗である。

釈迦は、私を弥陀の本願を受けとめるところまで押し出してくださった。弥陀の働きはよき人の仰せの中に流れていて、そのよき人を法蔵菩薩たらしめている。善知識の上に弥陀の本願が生き、私に働きかけてくる働きの根源がある。こういう二段構えになっている。そこに宗教成立の原理というものがある。神秘性を排除し、密室性を越えた健康さがある。

仏法は二重になっている。一つは弥陀である。弥陀は高い次元の世界。そこに真の根源がある。これを西岸という。通達位、修習位というのはこの世界。もう一つは東岸です。東岸に勧める人がいる。そこに弥陀の方便が生きている。勧める人の働きの第一は、われわれを本当に教えを聞くところまで育てていってくださる。そして、とうとう弥陀の本願を届けてくださる。弥陀と勧める人、届ける人とは二つなんだけれども、実際は一つ。よき人の仰せを被ぶるままが弥陀の本願に遇うこと。そこは一つになる。

要するに、根源の世界とそれを届ける世界と二つに分けている。それを弥陀、釈迦という。届ける世界は十七願。届いた世界は十八願の世界。さらにその根源をたずねると、必至滅度の十一願、光明無量、寿命無量の十二願、十三願の世界。それが弥陀の世界。そのように二つの世界を分けて説いている。弥陀と釈迦とに分けて説いている。それをまとめると、「しからしむ」、すべて他力なのである。如来の働きなのであるということを申しました。

臨終来迎にあらず

では、次のところを一緒に見てみましょう。

「来迎」といふは「来」は浄土へきたらしむといふ、これ即ち若不生者の誓をあらはすみのりなり。（聖典五〇三頁）

「きたらしめる」とはどういうことか。自来迎、おのずから他力の願力によってわれらに来たらしめるのである。それが若不生者の誓い、十八願なのである。「穢土をすてゝ真実の報土にきたらしむとなり」、それが来迎なのだ。これは、従来の考え方とは非常に違っています。まず、そのところに触れておきましょう。

臨終来迎、十九願の自力往生、これがその当時の浄土門の考え方である。聖人は臨終来迎については、『末燈鈔』のはじめに詳しく取り上げられている。『末燈鈔』というのは、「本願寺親鸞大師の御己証並に辺州所々の御消息等類聚鈔」と題されていて、親鸞聖人のお手紙だけではなく、「御己証」すなわちご自分の考えも書いてあって、あて先もなければ手紙の形式もとっていないものがいくつかある。それと「辺州」、つまり遠いところの人たちにあげられたお手紙、そういうものを集めたものです。覚如上人の長男が存覚で、その弟を従覚といった。その人が集められたものです。そのいちばんはじめのものはお手紙ではなく、御己証が出ています。あとのほうに「愚禿親鸞　七十九歳」と書いてあるだけで、あて先も何も書いてありません。そこに諸行往生について出ています。

有念無念の事。来迎は諸行往生にあり、自力の行者なるが故に臨終といふことは諸行往生の人にいふべし、未だ真実の信心を獲ざるが故なり。また十悪・五逆の罪人のはじめて善知識にあうて勧めらる丶時にいふことなり。真実信心の行人は摂取不捨の故に正定聚の位に住す。この故に臨終まつことなし、来迎たのむことなし。信心の定まるとき往生また定まるなり、来迎の儀則を待たず。（聖典五一五頁）

諸行往生というのは念仏往生に対する言葉で、念仏往生は信心念仏、十八願成就を言っている。「聞其名号　信心歓喜」であり、「即得往生　住不退転」である。一方、諸行往生は十九願。定善と散善、すなわち大乗善、小乗善、世間善。そういう諸善を実行していく。これが十九願の諸行往生。そして臨終往生は臨終のとき、仏菩薩きたり迎えたもう。これを臨終来迎という。それをお迎えがあると申します。それは諸行往生においていう。念仏往生ではそういうことはない。なぜなら信心定まるそのときに往生は定まっているから、お迎えなどいらない。お迎えはもう信心定まるそのときに来ている。それを「観音勢至自来迎」という。「ただちにきたらしむ」。それ以来ずっと護っていられるのです。

「諸行往生の人にいふべし」、「自力の行者なるが故に」。現在でもお迎えがあると多くの人が言います。それほど、お迎えがあるというのは非常に多くの人々の心に沁みこんでいる教えである。諸行往生。念仏も諸行の一つになっている。だから、信心はなくても南無阿弥陀仏、南無阿弥陀仏と申しておくと必ずお迎えがある。そして、臨終が安らかになる。如来のお迎えによって浄土に往生していくというのが、大多数の仏教徒の思いである。

それは間違いではない。十九願に如来が誓われているのであるから、決して間違いというものではない。ただ、それをきっかけとして、十九願から十八願に入れようがための願なのである。十八願が達成されないということは残念である。けれども、十九願の臨終来迎は、それなりに人を仏法に導く役目を果たしているともいえよう。

現在、日本にいろいろの来迎の図というのが残っている。山越えの阿弥陀とか、すぐれた芸術作品がたくさんあります。これらはほとんど臨終来迎の絵です。そして、そのとき来迎を待つのに、来迎の儀というのがある。それが来迎の儀則。儀は行儀、則は規則というか定まり。さきほどの引文の最後に「来迎の儀則を待たず」とあるが、来迎の儀則を待つのが臨終来迎。源信和尚の『往生要集』の別時念仏というところに、その来迎の儀則というのが出ています。

別時というのは特別の時。平常ではない。病気をしたときとか死ぬとき。その別時念仏のところに臨終念仏の章があって、来迎の儀をどういうふうにするのかいくつかの方法が書いてある。

例えば、部屋を改めて、臨終の人を別室に連れていく。この部屋はいろいろの飾りものをとり払って、ただ一つ仏像だけが置いてある。そういう部屋を作って、臨終の人をそこへ移す。仏像は西の方に置く。そして、仏像の中指から五色の糸が出ていて、その糸を病人の手に持たす。西の方を向いておられる仏さまに従って、その糸に引かれてお参りする。そういう形をとる。そして部屋の中をきれいにして、病人の心に執着が残らないようにみなで念仏申して送っていく。そういうように書かれている。

第二のやり方は、別室に移さなくてもいい。仏さんも西の方を向かなくてもよい。仏像は西の方を背にして東の方を向く。そして、病人は西に向き仏像から出ている糸をもって念仏申す。みんなも一緒に念仏申す。これらが臨終の儀則です。このようにして、臨終のときに仏菩薩来たり迎えたもう。こういうことが非常に真剣に論ぜられていて、仏教の大事な行法になっている。これは浄土門だけではない。他の宗派にもある。そこで源信和尚ともあろうお方が、『往生要集』にかなりの頁数を費やして書いておられる。なるほど、天台宗のすぐれたお方が書きなさるだけの、重要性があるのだということを思わねばならない。

この考えは庶民の間に広まって、もうそろそろお迎えがありはしないかと病人がいうことがある。私の母はある日、病床で「赤い衣を着たお坊さんが迎えに来た」と言いました。そしてあくる日、亡くなりました。母は浄土真宗の聞法の経験はほとんどありませんでしたが、やはりお迎えということはわかっていたのかなあと思いました。そのとき、来迎思想に心をうたれました。これは庶民を救う力がある。慰める力があるといわねばならない。

われわれは死ぬとき、二つの問題をもつ。一つは、死んだら自分はどうなるのかということ。もう一つは、残った者はどうなるだろうかということです。その第一の問題は、仏さまに迎えられて浄土に往生していくのだという宗教心といいますか、宗教観といいますか、そういうものが安らぎを与えてくれる道である。これが臨終来迎なのです。あとの問題は、生きて残った者は如来にお任せすることができたら安心されましょう。

しかし、そういう臨終来迎の思想を打ち破って、臨終のとき迎えに来るのではない。生きておるうちに一歩一歩浄土に来たらしめたもうという、それが浄土真宗です。このような宗教は、現実生活に生きる宗教であり、まことに臨終来迎にまさる高度の、それこそ真実宗教といわねばならない。ならば、浄土に来たらしめたもうということはどういうことなのか。またそれがどうして可能なのか。そういうことが「自来迎」という問題です。そこに聖人は重点を置いて、『唯信鈔文意』の第一章を解釈されているのです。さきの引文の続きには、こう出ています。

これを「真如実相を証す」ともいふ、「無為法身」ともいふ、「滅度にいたる」ともいふ、「法性の常楽を証す」ともいふ、「無上覚にいたる」とも申すなり。このさとりを得れば即ち大慈大悲きはまりて生死海にかへりいりてよろづの有情をたすくるを「普賢の徳に帰せしむ」といふなり。この利益におもむくを「来」といふ、これを「法性のみやこへかへる」といふなり。（聖典五〇三頁）

ここでは「来迎」の「来」について述べてある。「『来』は浄土へきたらしむといふ」。これは聖人の独特の表現で、従来、来迎にはそういう意味はなかった。『観無量寿経』の経文では「臨終来迎」であって、浄土へ来たらしめるのでなしに、臨終に観音勢至をともなった阿弥陀仏が来たり迎えたもう。死に臨んで仏来たりたもうというのが本来の意味である。それが聖人によって全然違ってきて、浄土へ来たらしむ。如来が衆生を浄土へ来たらしむ、それが来迎なのだ、となっている。結局、真の来迎は十九願の諸行往生にあらず、十八願の念仏往生にある、というのが聖人の結論です。自力の行者の往生を臨終来迎は誓われているが、これは『唯信鈔』の「如来尊号甚分明　十方世界普流行　但有称名皆得往　観音勢至自来迎」というご文には該当しない。これは十八願の往生で、他力の立場を言っているというのが、聖人のお考えである。

本願文の真意は何か

さて、『唯信鈔文意』で述べられている「来迎」は、いま申し上げたように、臨終来迎とはまったく違ったものです。しかも、続いて「これ即ち若不生者の誓をあらはすみのりなり」と述べられている。誓とは本願。みのりは教え、法です。つまり、若不生者の誓願によって浄土に来たらしむということが成り立つ。それ以外には成り立たない。さらに続けて、「穢土をすてゝ真実の報土にきたらしむ」、「他力をあらはすみことなり」と如来の本願を言われている。

若不生者の誓い。「若し生れずば正覚を取らじ」と十八願の最後に出ている。そして、不取正覚というのが続いている。これは全部の願にある。けれども、若不生者とあるのは十八願だけである。この十八願はまことにわかりにくい願である。仏法を長く聞いた人にもわかりにくい。おこころはなんとか理解できても、願文の意味がわかりにくい。まず、信巻に出されている願文を見てみましょう。

至心信楽の本願の文。『大経』に言はく。設し我仏を得たらんに、十方の衆生、心を至し信楽して我が国に生れんと欲うて、乃至十念せん。もし生れずば正覚を取らじ。唯五逆と正法を誹謗するとをば除く、と。（聖典二三四頁）

また、若不生者のこの本願を、聖人が別の言葉でどうおっしゃっているのか見てみると、

この心は即ちこれ念仏往生の願より出でたり。この大願を「選択本願」と名く、また「本願三心の願」と名く、また「至心信楽の願」と名く、また「往相信心の願」と名くべきなり。（聖典二三三頁）

これらの願名のうち、念仏往生の願については法然上人が言われた。「選択本願」も法然上人です。法然上人のおっしゃった願名を先に出しておられる。選択本願念仏というのは十八願の念仏ということを言っている。これに対し、「本願三心の願」、これは念仏と全然違っている。本願文の中の「至心信楽　欲生我国」が願名になっている。これは親鸞聖人が言われた。「至心信楽の願」も親鸞聖人。そしてもう一つ「往相信心の願」もそうである。願名はおよそ二つに分かれる。一つは念仏往生の願。もう一つは信心を中心とした願。だからどこが中心かわからないということがあろう。

まず願文をみると、「設我得仏　十方衆生」。このことの細やかな意味を省略して、『尊号真像銘文』から頂いてみる。「設我得仏　十方衆生　至心信楽　欲生我国　乃至十念　若不生者　不取正覚（以下略）」これが十八願。後魏の康僧鎧の訳である。『大無量寿経』、正式には『仏説無量寿経』という。それを聖人がテキストとして使われている。

「若不生者の誓をあらはすみのりなり」。すなわち、浄土に来たらしむという願は、若不生者の誓

い。「若し生れずば正覚を取らじ」と誓われている。ここが他力の悲願の中心になっているところである。十方の衆生よと呼びかけて、私は仏になりたい。十方の衆生よ、どうか至心に、まことこめて、信楽、信心をもって我が国に生まれんと欲うてくれよ。そして、十声の念仏を申せ、となっている。

では、どこがわかりにくいか。十声の念仏はだいたいわかる。称名念仏申すということを願ってある。我が国に生まれんと欲え。これもわからないことはない。そういう願いをもてということ。問題は至心信楽だ。これは何なのだろう。至心はまことである。まごころになれよと言われるのか。まごころを持てよと言われるのか。まごころになってくれよと言われているのか。信心を持てよと言われているのか。信楽でなくてはならんと言われているのか。信ぜよと言われているのか。ここがよくわからない。どうしたらそうなれるのかというのもよくわからない。これが本願文のいちばんわかりにくいところ。私は、長い間わからなかった。

わからないことはわからない、と頑張ってみるのも大事である。聖人はわかろうと努力されました。その結果、唐訳の『無量寿如来会』の本願文と並べられた。

『無量寿如来会』に言はく。もし我無上覚を証得せん時、余の仏刹の中の諸の有情の類、我が名を聞き已《おわ》らんに、所有の善根心心に廻向せしめ、我が国に生れんと願じて、乃至十念せん。もし生れずば、菩提を取らじ。　（聖典二三四頁）

はじめの方の「もし我無上覚を証得せん」云々、ここはだいたい魏訳と同じ。しかし、魏訳の「至心信楽　欲生我国」が、唐訳では「我が名を聞き已らんに」となっている。我が名を聞き已って、「所有の」これは誰がもっているのかよくわかりません。「所有の善根」を「心心に廻向せしめ、我が国に生れんと願じ」、漢文で書けば「願生我国」、「乃至十念せん。若し生れずば、菩提を取らじ」。菩提を取らじとなっているが、ここらは魏訳と同じです。

魏訳と唐訳は非常によく似ている。まず、四十八願経であるというところが似ている。本願を四十八通りに分けているのはこの二訳だけである。配列、順番もよく似ている。魏訳と唐訳の十八願を比べてみると、魏訳の「至心信楽　欲生我国」というのが、唐訳の「我が名を聞き已らんに、所有の善根心心に廻向せしめ、我が国に生れんと願じて」に該当している。「我が名を聞き已らんに」は魏訳にはない。「至心信楽」、これはまごころ、信心。つまりこれが「所有の善根」なのである。誰がもっておる善根か。衆生はもつはずがない。如来がもっておられる善根、それが至心であり、信楽なのである。それを十方の衆生の一人ひとりに廻向したい。これが本願なのだ。十八願なのだ。そしてその廻向した結果、願生の心が起こって、念仏申すようになる。そうなった者が「もし生れずば、正覚を取らじ」ということなのである。

唐訳を見るかぎり、十八願は、だいたいこういう意味にとれそうだ。至心信楽は如来のまごころである。このことは、七高僧の中の誰も言っていない。聖人がそれをはっきりされた。如来はそれを衆生に与えたいと願われた。至心信楽は一つになって信心。往相のために信心を与えたいと願われた。十八願というのは信心の願なのである。

それでは、どのようにしてこの如来の善根を、衆生の一人ひとりに廻向して届けるのかというその方法はどうか。それは、「我が名を聞き已」る、すなわち、聞其名号と南無阿弥陀仏の名号のいわれを聞き開いてもらって、その人に如来の至心信楽を廻向したい。そういう願なのです。方法までちゃんと書いてある。如来が廻向しようとしているものは何なのか。それは如来のまごころです。至心信楽です。

信心は欲生として現われる

このことを明らかにするには、廻向を問題にする必要がある。『無量寿如来会』には廻向は本願文に出ていますが、魏訳の願文には廻向は出ていない。しかし成就文の方に出ています。この廻向が如来会の廻向と同じ内容であるかどうか。

本願成就の文『経』に言はく。諸有衆生《あらゆるしゅじょう》、その名号を聞きて、信心歓喜せんこと、乃至一念せむ。至心に廻向せしめたまへり。彼の国に生ぜんと願ずれば、即ち往生を得、不退転に住せん。唯五逆と正法を誹謗するとをば除く、と。（聖典二三四頁）

これを見ると、魏訳の成就文と『無量寿如来会』の本願文は非常に密接な関係にあることがわかる。「その名号を聞きて」というのが、『無量寿如来会』の方は本願文に含まれていて、「我が名を聞き已らんに」となっている。それが魏訳では成就文の方に出ている。

次に、魏訳の成就文には、「信心歓喜　乃至一念」というのが「至心廻向」の前にある。至心廻向されたのは何か。至心は如来のまごころ。まごころこめて廻向されたのは何かというと、一つには「信心歓喜　乃至一念」。乃至一念とは、『如来会』の成就文では「一念の浄信を発し」となっている。信の一念といって、名号を聞き已ったときにただちに起こってくる。一呼吸もおかずに人間の上に届いてくる、そういうものを一念という。「一念の浄信」を「乃至一念」という。念仏ではありません。至心廻向の内容は、『如来会』では「所有の善根」であった。この所有の善根は、魏訳のほうでは「至心信楽」に相当する。が、本願成就文では「信心歓喜」になっている。非常によく似ている。

もう一つは、その次です。魏訳の成就文では、至心に廻向したもうて、その結果、そこに彼の国に生ぜんと願ずるということが生まれてくる。それを至心廻向という。唐訳からみても至心廻向というのは、「信心歓喜　乃至一念」。「一念の浄信」。そこに「願生彼国」。彼の国に生まれんと願ずるということが起こる。それを本願三心という。それが廻向される。だから本願三心の願という。

そこで、『無量寿如来会』の成就文を見てみましょう。

『無量寿如来会』に言はく。他方の仏国の所有の衆生、無量寿如来の名号を聞きて、よく一念の浄信を発して歓喜し、所有の善根廻向したまへるを愛楽して、無量寿国に生ぜんと願ぜば、願に随ひて皆生れ、不退転乃至無上正等菩提を得ん。（聖典二三四頁）

このように両経の廻向は、まったく同じ内容をもっている。それ故、至心信楽は如来のこころ。それを廻向されて、そこで起こってくるのが、無量寿国に生ぜんと願ずるという願生の心である。このことが十八願の中心であることがわかる。ここで、「無量寿国に生ぜんと願ぜば」と読むと、「願ずるならば」というふうにとりやすい。誤解されやすい。だから読み方をかえて、「至心に廻向せしめたまへり」、あるいは「至心に廻向したまへり。彼の国に生れんと願じ」とした方がわかりやすい。「廻向したまへるを愛楽して、無量寿国に生ぜんと願じ」とした方が誤解が少ない。だいたい、そういう意味です。廻向の結果、欲生ができるわけです。ですから、聖人はそういうように三心釈で見ておられる。

このことは、信巻の欲生心釈を見ればよくわかります。そこでは欲生我国というのは何なのかということが述べられていて、欲生心成就の文として「至心に廻向したまへり」、その結果「彼の国に生ぜんと願ず」と、廻向は具体的に願生心になるのだということが書かれている。そこを一緒に読んでみましょう。

この故に、如来一切苦悩の群生海を矜哀《こうあい》して、菩薩の行を行じたまひし時、三業の所修、乃至一念・一刹那も、廻向心を首と為して、大悲心を成就することを得たまへり。故に利他真実の欲生心を以て諸有海に廻施したまへり。欲生は即ちこれ廻向心なり。これ即ち大悲心なるが故に、疑蓋雑《まじは》ること無し。（聖典二五三頁）

利他真実の欲生心。利他真実というのは他力真実、如来真実の願生心、欲生我国、願生我国、願生浄土のこころ。そういう願心、求道心、菩提心を廻向されたのだ。願生心は、至心廻向の内容である信楽が届いた結果、起こるのである。「至心に廻向したまへり」、だから「彼の国に生ぜんと願ず」る。そういう意味をこめて考えると、さきの文の読み方は「至心に廻向したまへり」「彼の国に生れんと願じ」がいい。「願ずれば」では、もし仮に彼の国に生じようと願じたならば、という意味にとりかねない。そうではなく、如来が「至心に廻向したまへり」、だから「彼の国に生ぜんと願ず」る心が起こるのである。そういうことを言おうと思って「至心に廻向したまへり。彼の国に生ぜんと願ず」、あるいは「願じ」ときりっと言った方がいいのではあるまいか。ここのところは、「願じ」とか「願ず」と読まれたほうがよかった、と私はいつも思う。経文は惑わされないように、なるべく迷わないように、わかりやすく示しておかなくてはならない。

至心に廻向したもうて信心が生まれ、それが願生心となる。至心は如来のまごころ。これを体という。本体、本質です。この本質はどういう相をとるのかというと、信楽という相をとる。至心信楽を善根という。それがいちばん根本になるもので、この外側にどういう働きをもってくるかというのを用という。体、相、用という。それは、欲生あるいは願生という働きをとってくる。したがって、如来が所有の善根を廻向するということは、具体的にはその働きからいえば欲生心を廻向したことになる。願生心を廻向するということが、具体的な至心信楽の廻向である。だから、至心信楽の廻向が、欲生心の廻向となって出てくる。いま見た欲生心釈には、そのことが述べられています。

次に「欲生」と言ふは、則ちこれ如来諸有の群生を招喚したまふの勅命なり。即ち真実の信楽を以て、欲生の体とするなり。（聖典二五三頁）

如来の信心というのが欲生のもと、本体である。欲生の働き、願生の働きというのは、信楽を体として出てくる。信楽の中から出てくる。われわれには至心も信楽もない。まごころもなければ信心もない。しかし、具体的には何がないのか。願生心がないのだ。この一道を貫いて、如来の教えを聞きぬこうというそれがない。ないことはないが、時々しかない。いつあるかというと、仏法を聞いたときだけある。二、三日はある。そういうのを二日信心という。一週間経ったらなくなっている。だから一カ月経った頃に、もう一ぺん聞きに行かなければいけない。燃えるような願心をもたなくてはいけないと思って会座に出てくる。そういうのをチョコチョコ信心という。

願生心をいただく

なぜ続かないのか。それは今ここに種を蒔いたとする。少しずつ水をやって、毎日日なたに出しておけば、そのうちに芽が出る。信心の芽が出るのですよ。ところが、毎日それを冷蔵庫に入れておく。家は冷蔵庫みたいなもの。冷たい風が吹きまくっている。職場もそう。冷たい煩悩の風が吹いている。会座に出てきたときだけ、冷蔵庫から出てしばらく日にあたる。帰ったらまた冷蔵庫。たちまち冷えてしまう。こういうことではものにならない。発芽はしない。

ではどうしたらいいか。それは日なたに出すしかない。会座に出るしかない。会座に出ないと信心の芽は出てこない。願生心というのが出てこない。なぜなら願生心のもとは如来にあるからです。だから、願生心の少ないことを嘆くことなかれ。これがあたり前なのだ。これが私の本体なのだ。道を求める心がなくて、横道へそれるのが好きな私。犬を散歩させるとよくわかる。犬は大道を堂々と歩くということはほとんどしない。横っちょに入りたがる。あれが好きなんです。煩悩の犬やね。われわれとまったく同じ。大きな道の真中を、ボーリングの玉をころがすようにガーッと進まないんですよ。いつも横道に気をとられる。

それをまっすぐにする道は一つしかない。如来の願心、如来の至心信楽、その所有の善根に会うしかない。それを聞き開くという。如来が至心に廻向というのは、魏訳では成就文にあるように、欲生心を廻向しなすったと聖人は頂かれた。「至心に廻向したまへり」。その結果、「彼の国に生ぜん」と願ず」。われらの上にそういう心が起こったのである。それを如来の至心廻向という。

風が吹いてきて、鯉のぼりの口に入っていった。この風が鯉のぼりに届いて、尻尾から出てゆく。出ていく風は、入ってくる風である。入ってきた風が、出ていく風。そのとき、この鯉のぼりは大きく空を泳ぐようになる。入ってくる風が南無阿弥陀仏。それが入るというのは、南無阿弥陀仏を聞き已る、聞き開く。それが大事。それを聞いたら、すなわち我が名を聞き已らんときに、そこに届けられるもの。それが如来の廻向。如来所有の善根をわれわれに廻向する。この鯉のぼりの心に廻向しなさるのが至心信楽、一緒にして信心。如来の名を聞き開いたら、届けられるものは至心信楽。そして乃至十念。これは南無阿弥陀仏となって尻尾から出てくださる。それが称名念仏。われわれが称えるというよりも、入ってきた風が出ていく風となったのである。聞も信も称も全部如来の働き。それが他力の聞信称である。

あとには何が残るか。それはこの鯉のぼりが大空を泳ぐという姿が残る。その鯉のぼりの活動。その鯉のぼりの働き。それを五念門という。五念門の行が展開される。第一は礼拝。大空を泳ぐがままに大いなるものに頭を下げて、謙虚な人格が生まれてくる。第二に讃嘆、如来の徳を讃嘆し、感謝し、よき師よき友のお徳を讃えて「ありがとう」と言う。そして第三に作願。これが今の願生心。いよいよ聞かなくては、頑張らなくてはと願う心が起こる。第四に観察、深く教えを考える。わが身を考え、ご恩を考える。そして第五、廻向、少しでも仏法のため、如来の恩徳に報いるために働きたいという心。こういう働きが、大空を泳ぐ鯉のぼりの働きとして展開してくる。これらが聞信称の成就のところに現われる。聞信称というのは十八願成就をいっている。これを一括して信心という。信心の内容が聞信称である。

しかし、とりわけて言えば、如来の至心信楽、所有の善根が届いて、それを体としてそこに欲生心が与えられる。もし生まれずば正覚を取らじ。どうしても浄土に来たらしめたい、大いなる世界に出させたい、それには具体的には願生心の誕生。それをぜひとも起こさしめたい。われわれが願生していくというのは、いわゆる求道心、菩提心、それが実は他力の信心なのである。

信心は、具体的には二つになって出てくる。一つは南無阿弥陀仏になって出てくる。信心念仏となる。念仏が離れない。もう一つは、信心は必ず願生心になる。信心のある人で、元気でピンピンしておって、毎日毎日畑に出て一生懸命働いているけれども、お寺にはひとつも参って来ない、会座にはひとつも出て来ないというような人はいない。じっと一人でこもって本ばかり読む。そして喜んでおる。会座にはひとつも出て来ない。そんな信心はありません。そういうのは二乗という。信の人は必ず会座に出て来るようになっている。それは如来の誓いだから、会座に出て来るようになっている。如来の「我が国に生まれんと欲え」という誓い。わが国に生まれよということは、お寺に参れということか。そうともいえない関係がある。どういう関係か。「わが国に生まれんと欲え」というのは、二河白道がとてもわかりやすい。

一人の人が願生道に立つとは、火の河と水の河、そのまっただ中にある白道を歩いていくことである。火の河は怒り、そねみ、ねたみ。水の河は貪欲。これらは私の心を言っておる。浄土には如来ましまして私を呼んでくださる。「汝一心正念にして直ちに来《きた》れ」と呼んでくださる。善知識ましまして「きみ、ただ決定してこの道を尋ねて行け」と言う。「尋ねて行け」と「来れ」です。これが二河白道の東岸発遣と西岸招喚ですね。私がいつも申しておるのは、これを九十度回転させる。そうすると、往生浄土とか願生浄土という意味がよくわかるようになる。東岸はわが人生。西岸は如来浄土。如来浄土に向かって歩いていくというのは何なのか。白道を歩いていくというのは何なのか。白道を歩いていくとは、わが水の河、火の河のまっただ中を進んでいくということ。そして、如来浄土に近づいていくということ。それによって私の心をいよいよ明らかに知り、教えによって心が掘り下げられ深められて、私が何者であるのかということを本当に知らされていく。それが願生である。それが求道心、願心。それが往生浄土なのだ。浄土とやらをめざして、一歩一歩あゆんでいこうというそんな抽象的なものではない。そういう観念的なことを言っていてはダメなのです。私の心を知らせていただくのです。

私とは何者なのか、それを知らせていただくには二つのものがいる。一つは「汝来たれ」と、もう一つは「この道を進んで行け」。呼んでくれる人、勧めてくれる人。勧めてくれる方を善知識という。東岸発遣の善知識の教えを聞くということがないと、この道は進んでいけない。それが会座に出るということです。如来の呼びかけを聞くということも、教えを聞かないとできない。だから、会座に出ていくということが、求道と密接な関係にある。それを除いては求道はないのです。

われわれの本心は、東岸の方を、すなわちわが人生を右に左に、あちらこちらにウロウロするのが好きなのです。自分の心など問題にしようとしない。こちらでは盆踊りがあるそうな、あちらではバーゲンがあるそうな。こちらの方がいい、少しでも安いものがいいとなって、人生の東岸を右往左往するのが大好きなのです。この白道を行く人はいないのです。

白道を行く人、その人は希有人なり、上上人なり、妙好人なり。人中の分陀利華なり。善導大師の『観経疏』の終わりにあります。そういう人をお釈迦さまはほめられるのです。この道を歩いていく人は稀です。たった一つ、如来の願心を頂かなければできない。頂いたきりではいけない。いつも励まされ、護られ、喚ばれ、そして私のかすかな歩み、お粗末な歩み、本当にか弱い求道の歩みというものを護ってくださり、励ましてくださり、押してくださり、引っぱってくださって、はじめて成り立つのです。だから、信心の人は必ず会座に出てくる。これに間違いない。

しかし逆に、会座に出て来ない人は、信心がないといえるか。これは違う。何故かというと、用事のある人もあるし、病気の人もいる。年をとって足が立たないという人もいる。ケガをして入院している人もいる。だから逆は成り立たない。信心の人は会座に出ようと努力する。だから会座に出て来なくなったら、われわれは非常に心配する。「あの人は出て来ないがどうしたか」。「あの人は家に病人が出て、看護のため外に出られないのです」。「ああそうか、それは気の毒なことだ」、と言いながら内心ほっとしておる。ああ、よかったと思う。あの人が病人でなくてよかったというわけである。会座に出てくる人は、深い求道心をもっているということは間違いない。例外の人もいるかも知れないが、だいたい、間違いない。それが道を歩んでいくということ。浄土に往生していくことの本当の意味です。それを言ったのが善導です。この人は実に偉い人です。こういう二河白道の譬えをあげてとてもわかりやすい。

「きたらしむ」というは、具体的には十八願の至心廻向によるのである。そこにわれらが願生心を頂いた。如来の善根、至心信楽を頂いた。そのことが願生心を頂いたことであって、私自身が自己の心をたずねていく道を教えられたのである。

法性のみやこへ帰る

親鸞聖人は、「観音勢至自来迎」について、「『自』はみづからといふ」と言われた。みずからたくさんの聖衆来たりて護ってくださる。また「また『自』はおのづからといふ。おのづからといふは自然といふ。自然といふはしからしむといふ」とも言われた。そのしからしむ内容が、来たらしむ。もう一つは、かえらしむである。来たらしむというのは十八願、若不生者の誓いによって願生のこころを廻向してくださった。求道の心のない、願生心のない私に願心を与えてくださった。一歩一歩の心の旅を出発せしめてくださった。そういうのを来たらしむという。

それに対し、その続きには「かへらしむ」とあります。「『来』は浄土へきたらしむ」となっていて、さらに「『来』はかへるといふ」となっている。一方は来生、来たり生ぜしむ、片方はかえらしむ、来帰という。そういうふうに二つの意味がある。かえるというほうは長い。これを「『法性のみやこへかへる』と申すなり」とそこまでありますから、来たらしむよりご自釈がずっと長くなっている。そこは大涅槃、法性のみやこということを説明してあるから長くなっている。その説明を省くと、「大涅槃にいたるをかえる」ということを述べられたものである。

そこに、「願海に入りぬるによりて」というのがある。これはかえるの第二の意味である。かえるというのは本国に帰る、また出身地に帰る。そういうことがかえるということである。日本の人なら日本に帰ろうという気持ちが強いわけで、本国、出身地に帰ろうということになる。

われわれの本国とはいったい何なのか。それが法性のみやこ。それを真如、一如の世界という。法性のみやこに帰ることを、悟りを開くという。何故、真如法性のみやこが本国かというと説明を要しますが、まず、帰るところがあるというのが大事。帰るところをもっておるというのが大事。帰るところがないというのは、実に困ったものというとおかしいが、大変なことです。

ホームレスの人が日本の中にも増えてきた。ホームというのは家庭、レスはないということ。家がない。ホームレスの人は家がないのかというと、ちゃんとある人が少なくないという。しかし、そこへ帰らないのです。どうしてホームレスが生まれたかということを研究した人がいる。それによると、家に帰っても話す人がいない。そういう人がホームレスになるのだそうです。今までは奥さんがおった、話し相手がおった、それがいなくなった。おるけど仲たがいして話さなくなった。そこで、だんだんと帰らなくなった。

ホームレスの人は、何が足りないかというと、話し相手がいない。人間の帰るところというのは、話のできるところなのです。それを仏教では僧伽《さんが》という。そこに行ったら友がいて、励ましてくれて、話し相手になってくれて、意志が通じる。拝むべきものを拝み、頂くべき教えを頂く。こういう僧伽がある、それを帰るところという。

話し相手というのは、必ずしも生きている人とは限らない。如来。如来が話し相手。書物。これが私の話し相手。野菜。これも私の話し相手。にわとり。これも私の話し相手。野菜を作るときには、「足音が最大の肥料」ということわざがある。いつも見て回って野菜を友としている。「おまえショボショボしとるな、水が足らんのか」。そうすると野菜の方も、「わしにも水をくれ」と叫ぶといいます。

本国。話し相手がおるところに帰る。今はもう少し高尚な話で、大涅槃に至るという。大涅槃は真如、一如。それを真如法性という。法性のみやこという。真如法性というと冷たい、何の働きもない感じがするから、そういうのを法身というのである。法性法身という。この大涅槃に働きがあるということをいおうとしている。どういう働きがあるか。『唯信鈔文意』ではこう出ています。

「涅槃」と申すにその名無量なり、くはしく申すに能はず、おろ〳〵その名をあらはすべし。涅槃をば「滅度」といふ・「無為」といふ・「安楽」といふ・「常楽」といふ・「実相」といふ・「法身」といふ・「法性」といふ・「真如」といふ・「一如」といふ・「仏性」といふ。仏性すなはち如来なり。この如来微塵世界にみち〳〵てまします、即ち一切群生海の心にみちたまへるなり。「草木国土こと〴〵くみな成仏す」と説けり。（聖典五〇七頁）

ここに「法性法身」、身というのが出されている。大涅槃に働きがあるということを言っている。このときは仏性という。その仏性が、この微塵世界にみちみちてまします。そして、一切群生海の心にみちたまい、草木国土ことごとくみな成仏す。

この世界を絶対界といおう。そうすると、絶対なるものは無限、相対なるものは有限。相対有限の世界を化という。変化してとうとう無くなってしまう。その点からいうと、絶対は無限なる世界。始めもなく終わりもない。そして変化がない。非化という。絶対なるものは相対なるものの中に働きかけて、相対の中に内在し、そしてそれを絶対者としようとする。そういう仏性となって内在する。それを一切衆生悉有仏性という。それが一切群生海の心にみちたまえる、それが涅槃の働きである。だから、その仏性はどこにあるのかというと、化なるもの（やがて死んでいくしかないもの）そういう存在の中に非化なるものがこもっておる。大涅槃から来たった如来、法性法身から現われた如来、これを方便法身という。その如来本願、それが南無阿弥陀仏。化のごとき姿、如化。如化の姿をとりながら非化をはらんで働きかけて、化の中にこもるこの非化をして本当に非化の働きあらしめる。それが生きてくる。そのときに化の中に現われておる非化が、その本国に帰っていくのです。

われわれは如の世界に帰っていく力は何もない。有限相対でやがて死ぬべく生まれている。死ぬために生きているようなものなのです。やがて死んでいく。われわれには帰っていくところがない。どこからか生まれ出てきて、どこかへ死んでいくような存在なのである。しかし、われわれの煩悩の底にうずもれた非化、これは私がもって生まれたものではない。私に与えられた大涅槃の働き、私の中に絶対なるものが仏性として内在している。それが、南無阿弥陀仏の働きによって顕らかになってくる。隠れていて無力であったものが生きてくるのが信心。それを信心仏性という。その働きを展開するのが如来本願である。その如来本願の働きが届くと、仏性つまり非化が生きてくる。その非化が、化である私をひきつれて涅槃に帰っていく。出てきたところに帰っていくのである。

この衆生の内なる非化によって、信心が生まれてくる。内なる仏性が動かされて、信心が生まれてくる。如来本願はわれらを帰るべきところに帰らしめる。それは化なるものが帰るのではなく、化なるものの中に生きる非化なるものが化を抱いて帰っていく。帰っていくべき本国に帰っていくのである。その出身地に帰っていく。そこで真如、一如の世界に至ったときに、「必ず大涅槃にいたるを『法性のみやこへかへる』と申すなり」というのである。法性のみやこのことを、さきにあったように真如実相とか無為法身とか滅度とか、そういう表現で言われている。

信心仏性

何故、法性のみやこへ帰っていくのか。それは、私に内在してくださる仏性が信心となって仏性を復活して、帰るべきところに帰っていくからである。それが他力の働きである。証巻には次のように示されてあります。

しかるに煩悩成就の凡夫、生死罪濁の群萌、往相廻向の心行を獲れば、即《そ》の時に大乗正定聚の数に入るなり。正定聚に住するが故に、必ず滅度に至る。必ず滅度に至れば即ちこれ常楽なり。常楽は即ちこれ畢竟寂滅なり。寂滅は即ちこれ無上涅槃なり。無上涅槃は即ちこれ無為法身なり。無為法身は即ちこれ実相なり。実相は即ちこれ法性なり。法性は即ちこれ真如なり。真如は即ちこれ一如なり。しかれば、弥陀如来は、如より来生して、報・応・化種種の身を示現したまふ。（聖典二九六頁）

煩悩成就のわれらに、心行が与えられた。そこに、非化なるものが働きを起こして大乗正定聚の数の中へ帰っていく、滅度に帰っていく姿がある。滅度。それが常楽。このようにして真如法性の世界に帰っていく。

ならば、われわれに与えられた仏性と、如来の心行とはどういう関係にあるのか。そのことをもう少し見てみましょう。覚如上人の『執持鈔』にはこうあります。

また云はく。光明・名号の因縁といふことあり。弥陀如来四十八願の中に第十二の願は「わがひかりきはなからん」と誓ひたまへり。これすなはち念仏の衆生を摂取のためなり。かの願すでに成就して遍く無碍の光明をもて十方微塵世界を照したまひて衆生の煩悩悪業を長時に照しましします。さればこの光明の縁にあふ衆生漸やく無明の昏闇うすくなりて宿善のたね萌すときまさしく報土に生るべき第十八の念仏往生の願因の名号を聞くなり。しかれば名号執持することと更に自力にあらず、ひとへに光明に催さるゝによりてなり。これによりて「光明の縁にきざして名号の因を獲」と云ふなり。かるがゆゑに宗師「以光明名号・摂化十方・但使信心求念」とのたまへり。「但使信心求念」といふは光明と名号と父母の如くにて子をそだてはぐくむべしといへども、子となりて出でくべき因《たね》なきには父母と名くべきものなし、子のあるときそれがために父といひ母といふ号あり。それが如くに光明を母にたとへ名号を父にたとへて「光明の母・名号の父」といふことも報土にまさしく生るべき信心の因《たね》なくばあるべからず。

（聖典五六一頁）

ここには二つのことが言ってあります。一つは光明と名号。光明名号は如来本願。光明は長い長い間、十方微塵世界を照らしたもう。衆生の煩悩悪業を照らす。照らしぬいて、無明の昏闇うすくなりて宿善のたねを萌す。宿善のたねとは、無明煩悩の中に包まれておった宿善のたね。それは長い長い間の善根。それが萌す。少し芽が出始めた。これが光明の縁。その宿善のたね萌すとき、名号を聞く。これが第一です。

次に光明は母、名号は父。父と母から子が生まれそうなものだが、仏教ではそうは言わない。子となりて生まれるべきたねがなければ、父と母があっても子はできない。父と母が子を生むというよりも、子となりて生まれ出づべきたね。そして、子は信心。子として生まれ出づべきたねとは、つまり信心のたね。宿善のたね。それがあってはじめて、そこにそのものが生まれ出るべき肉体を、父と母によって与えられるのである。そこに信心が生まれる。これが第二に言ってある。

非化なる世界、絶対なる世界から、仏性として相対なる有限なものの中に届いてくださるものがある。それが涅槃の働きなのである。絶対なるものは、こうして相対の中に内在する。しかし、それは無明煩悩の真っただ中にうずもれてしまって、煩悩のためにおさえつけられ何の働きもしない。だが、光明がその仏性を照らして照らして照らしてくださるから、無明煩悩の闇がうすれて、ようやくこのたねに日が当たり始めた。冷蔵庫の中に入っていたのが外に出されて、太陽の光を浴びたものだから、少し中の芽が動き始めた。それが信心となるべきたねなのです。

しかし、たねがあっても、そのたねが育つためには、光と水がなければならない。信心が育つべき舞台、すなわち本体がなければ、子となれない。名号と光明が信の生まれる舞台となる。こうして、非化なるものすなわち仏性が、化なるものすなわち人間の中に内在しながら、それが信心となってゆく。このことを、帰ってゆく、非化の世界へ帰ってゆくという。

浄土真宗では仏性なんかないんだ、親鸞のいう凡夫にはそんなものは何もないんだという人もあるけれど、そんなことはない。そんなことを親鸞聖人が本当におっしゃっているのかどうか、確かめなければならない。『唯信鈔文意』にも『執持鈔』にも、以上のようにちゃんと出ている。正しい聖人のお考えを、正しい原典を根拠として、明らかにしていかなければならない。

このようにして化なるものの上に成就した信心が、必ず正定聚を誕生させて涅槃に至らしめて一如、真如につれ帰る。では、それで終わりかというと、それでは終わらないのです。大涅槃には働きがあって、常に相対の中に働きかけていく。そこに涅槃の徳がある。働きがある。だからこそわれわれに内在してきた。いったん如に帰ったものを、如から必ず人生に帰らせるようになっている。これも帰るという。涅槃に帰って、再び人生に帰ってくる。すなわち、『唯信鈔文意』のさきほどの続きには、こう出ております。

このさとりを得れば即ち大慈大悲きはまりて生死海にかへりいりてよろづの有情をたすくるを「普賢の徳に帰せしむ」といふなり。この利益におもむくを「来」といふ、これを「法性のみやこへかへる」といふなり。（聖典五〇三頁）

法性のみやこに帰ったものは、必ず生死海に帰ってくる。それを還相廻向の願という。もとをただせば大涅槃そのものの働きなのです。大涅槃にそういう働きがある。それを言っている。

願土にいたればすみやかに　無上涅槃を証してぞ
すなはち大悲をおこすなり　これを廻向となづけたり（聖典一五九頁）

願土は浄土。如来浄土に至るとそこから無上涅槃、一如真如の世界に帰っていって、そこから大慈大悲を起こして再び生死海に帰ってくるのである。それを還相廻向という。それを「廻向となづけたり」といわれている。

還相廻向とは

海がある。大きな大きな海がある。川の水は海に流れこむようになっている。川にはいろいろありまして、私はたいていの川は見て歩いた。日本の川の中で印象に残っているのは、北上川とか石狩川。外国ではチグリス、ユーフラテス、黄河、揚子江、ミシシッピー川。大きな川を見て歩いた。河口が広い。ものすごく広いものです。川の水は海に帰っていく。

川の水はどこから来るのか。一つは山から。山の頂に大きな池があって、その中に水がたくさんある。山の名前は驕慢山。この山もたくさんある。この驕慢の山の頂の池に水がある。この水は帰るところがない。何故かというと、池の周囲の岸壁に閉じこめられている。出口がない。その岩が如来本願に融かされ、削られると流れ出る。そして、とうとう海に帰っていく。帰っていくのを往相という。往相というのは自分が方向をもって、そこに進んでいくこと。『教行信証』を頂きながら進んでいくことが往相。だが、往相というのが、実は還相なのである。というのは、驕慢山の池の中にあったときは、この水は何の役にも立たなかった。けれども、水は池を出てきたら役に立つ。まずは水力発電。次は、谷川へ出ていって筏を流す。田んぼに入って灌漑用水となる。さらに、飲み水になったり、洗濯に使ったり、コイやフナを育てたりしながら、とうとう海に流れつく。育てて役に立ってというのが還相。往相の働きをするものは、還相の働きをもっていく。それは往の途中に働くのである。

また、帰っても、海の中でひねもすのたりのたりというわけにはいかない。蒸発するんですね。

そして雨になって降ってくる。どこへ降ってくるか。驕慢山の上に降ってくる。海の水は必ず帰ってくる。驕慢山から海へも帰る。海から驕慢山へも帰る。どっちもかえるというのです。もといたところに帰ってくるのです。水はそうなっている。われわれもそうなっている。だからいつも仕事がある。死んでしまえばそれまでよ、ではないのです。山の頂でじっとしているわけにはいかないのです。何とか解決せねばいかん。山を下りるということが帰るということなのです。これが願心。そして、それが進んでいくと働きをもつようになる。世の中の人々のために働くようになる。必ずなるんです。人生への貢献に働きを起こすようになる。前を訪らい後を導くいろいろな働きを起こすのです。

松田正典先生が広島大学の仏青を苦労して一生懸命作ったけれども、なかなかお金が集まらなかった。ところが、ある方が巨額の資金をだしてくれて、それで土地購入の支払いの残金と建築費とバスの購入にあてることができた。このお方は運送の仕事に就いておられ、そちらに力を注いでおられるのだけれども、その財をこのように仏法のため、還相の働きのため役立ててくださった。求道の人というのは、必ずそういうものをもっていますね。人はみな、驕慢山を下りなくてはいけない。これを下りることが大事。下りたら大きな働きをするようになります。そして、自分が方向をもって進むことが、同時に他の人たちへの働きになるのです。

往相が還相になる。往相の果てに還相が始まる。つまり、還相というのは二つある。死んでからというのもあるが、生きておるうちにというのもあるのです。浄土真宗は死んでからだけを強調するから混乱する。還相は生きているうちからあるのです。

ここに電車がある。パンタグラフを上げると電流が通る。スイッチが入ると電気が流れて、まずつくのはヘッドライトなのです。進んでいく方向に往相のライトがつく。その往相のライトは何を照らし出すかというと、私の前をいく電車を照らす。その電車は後ろにライトをつけている。私を照らしておってくださる。それが前ゆく人の還相の働き。還相の人を発見するのです。この人なくして私の往相はあり得なかった。そういう善知識を発見するのが往相。だから、往相というのは還相の人を発見すること。「本師源空いまさずば　このたびむなしくすぎなまし」、そういう人を必ず発見するようになっている。往相とは、還相の人を発見することである。

ところが、往相の電車にも後ろのライトがついている。これは本人にはわからない。どういうライトがついているかというと、還相のライトがついている。還相のライトといえば、あとの人たちを照らし導くもの。ライトは常に二つつくのです。往相と還相と二つの廻向を頂くのです。これが親鸞聖人の宗教です。しかし、自分では後ろのライトには気がつかない。気がつくのは私の前を走っている電車のライト。還相の人に気がつく。自分は往相だけである。しかし、気がつかなくとも還相のライトがついている。自分のあとの電車が誕生するために、後ろのライトがついている。そして次の電車が誕生する。その電車にライトがつくようになっている。この道理というのをよく知っておかなくてはならない。仏法の原理というのを知っておくとわかりが早い。親鸞聖人のおこころがよくわかるようになる。

もう一つの還相。それは、海に流れていってもう一ぺん帰ってくる。その帰ったところで何をするかというと、「普賢の徳に帰せしむ」。普賢の徳については、いろいろな講録があります。普はあまねく、賢はかしこい。どういう人生でもそれを縁にして、念仏で受けとめていく。そういうのが普賢であるというような説もありますが、いちばんわかりやすいのは、普賢の行願というのがわかりやすい。

普賢の行願というのは、『華厳経』に示してある普賢菩薩の十大願である。それはまず「礼敬諸仏」。礼拝と尊敬。諸仏は弥陀。また十方の諸仏。よき師よき友。それらを礼敬する。次に「称讃如来」。称讃はほめたたえ、感謝する。南無阿弥陀仏、南無阿弥陀仏と如来のみ名をたたえる。「広修供養」は、法供養といって教えを聞きぬくこと。聞法をいっておる。「懺悔業障」は、教えを聞いて自らを照らされ、そこに自己のお粗末な姿を懺悔すること。「随喜功徳」とは、仏法を求めていく人を見て、ともに喜んでその功徳を讃嘆する。また菩薩、よき師よき友にお会いしては「請転法輪」。どうぞ私のために一句の法でも説いてください、私に教えてくださいと願う。さらに、「諸仏住世」とは、如来がこの世にとどまって私を教えてくださるように、いつまでもいつまでもみなを教えてくださるようにと願う。「常随仏学」は、常に学ぶ。学びの道を絶やさない。「恒順衆生」は、人々を引っぱっていこうとせずに、人々の願いに応じ順っていって、ときをみてお勧めをする。恒順というのが中心の気持ちになっている。柔軟の心を表わしている。私のもっているものは如来にお返しして、仏法のために少しでも役立つように働く。それを十大願という。

この内容を見ると、普賢の徳とは往相と還相、自己の確立と他への働きかけ、往還二相の働きを言っている。それを普賢の徳を修するといい、普賢の行願という。はじめの八つはことごとく往相である。往相とは自己の確立であり、自己の聞法である。山を下ってゆく。それを往相という。しかし、還相の働きをするために出てきた人は何をするのか。それは、十中八までは聞法精進していく。自己の聞法精進を怠らない。勤行し念仏し聞法し、そしていよいよ自分自身を深くわからせていただく。すなわちそれは往相。十のうち還相は二つしかない。自分が指導者になって相手を引っぱっていくのではなしに、柔軟な心をもって相手の話を聞き、それに応じて相手に順っていく。そして融けあって、適当なときに自分の願いを言ってあげられるようなそういう姿勢ですね。そして仏法のために本当に働きたいと、そういうところに還相が出ている。往相が八つ、還相は二つ。こういうように普賢の行願は教えている。

自己の確立というのは、人を教えるのではない。自分が教えられる者になって一生被教育者。われ以外すべて師というような、そういう姿勢が往相です。しかも、そのことが同時に還相の働きなのです。還相というのはそういうものなんだ。

還相は往相の姿をとる。それは親鸞聖人を見ると実によくわかる。親鸞聖人という人は指導者意識をもたなかった。愚禿親鸞で一生を終わった。まことに普賢の徳を生きた人です。われわれは実際の信心の人の生き方を知っているから、よくこのことを理解できる。そして、われわれもどうしたらよいか。その心根というものを教えられる。

これは非常に地味な道で、これを日蓮上人とかと比べると話にならない。日蓮さんは「われ、日本の柱とならん、われ、日本の眼目とならん」と言った。偉い人だ。偉い人だけど傲慢ですね。日蓮信者というのは傲慢さをもっているところがある。昭和の時代には、いろいろな人々を暗殺した日蓮宗の団体があった。浄土真宗の人は殺さない。受けとめていく力があるのです。その人に順って、ときをみて言うべきことは言うというようになっている。

聖人は「かえる」について二つ言われた。一つは本国に帰る。そして、そこから出てくることもかえることである。

聖人は、このように来迎ということを中心に『唯信鈔』の第一の文章を解釈されたのです。

あとがき

財団法人広島大学仏教青年会理事長　寺川智祐

平成八年一月一日に先生がお浄土にご帰還なさいましてから二年が過ぎようとしていますが、時が経てば経つほど、広島大学仏教青年会にとりまして、また、親鸞聖人の教えを聞く者にとりまして、先生の存在がいかに大きかったか、かけがえのないものであったかをしみじみと感じている昨今でございます。

思えば先生は、昭和二十五年に広島大学教授から福岡教育大学に移られましてから、福岡教育大学に仏教研究会を発足させるとともに、広島大学仏教青年会の再興を願われ、筆舌に尽くせないほどのご尽力をいただき、今日の財団法人広島大学仏教青年会の創立と仏教青年会館建設の礎を築いてくださいました。

また、その間、三十年近くの長きにわたって、毎月、広島までおいでくださり、私ども学生や教職員、有縁の方々のために『歎異抄』の講読を通して親鸞聖人の教えや、仏教の根本精神をお聞かせくださり、私どもをお導きくださいました。

先生が永年にわたり培ってこられました親鸞教学の奥義を、先生の最晩年の講録として、このような形で出版させていただきますことは、私どもの先生への感謝の一端でございます。
今ここに改めて御礼を申し上げます。

『信は人に就く――唯信鈔文意講義――』刊行会

この講録は、細川巌先生の仏道における恩師住岡夜晃先生（広島師範学校・同高等師範学校・広島文理科大学敷設の健民修練所主管）の郷里広島県山県郡豊平道場において、平成六年の二月に四日間、同年七月に五日間、計三十五時間余りにわたって講ぜられたものであります。先生の教え子亀岡定美氏と佐々木文子氏、その他有縁の方々のご尽力によって録音テープから書き起こされ、『唯信鈔文意讃仰』と題して、私刊本として出版されていたものが元になっています。

この度の出版は、『唯信鈔』十条の文意の中、第一条に限定されています。この講録の初めに、十条の中で特に大事なのが第一、第二、第三条であると言っておられます。特に第一条は『教行信証』行巻にも引文されており、内容から申しましても「文意」の肝要が語り尽くされていると言ってよいでしょう。第二、第三条のご講録についての先生の加筆校正が、間に合わなかったことを残念至極に存じます。先生は全条を頂き終わっておられ、他の条については私刊本としてはすでに出版されています。

この書に引用されている聖典は、すべて島地大等編の通称「島地聖典」（明治書院刊）です。この度の刊行事業を快くご承認くださり、温かく見守ってくださいました細川まつき様に、心より御礼を申し上げます。また、誠心誠意をもってお力添えをいただきました法藏館の池田顕雄氏に深謝する次第です。

また、この刊行事業は、当財団理事佐藤秀雄先生のご推薦により財団法人渋谷育英会理事長小丸法之氏のご理解を得て、渋谷育英会からの財政支援によって実現するに到りました。篤く御礼を申し述べます。

広島大学仏教青年会は、大正五年に広島高等師範学校に発足された仏教青年会を前身とし、平成九年、設立八十周年を迎えました。その記念事業として、附属図書館の建設とこの書の刊行とを企画し、ここに完了いたしました。

一九九七年十二月

著者略年譜

年次	年齢	事項
大正八年三月十二日		福岡市大字春吉に父甚八、母トミの長男として生まれる。
昭和十一年三月十七日	十七	福岡中学校（現県立福岡高等学校）卒業。
昭和十六年十二月	二十二	広島高等師範学校理科第二部を卒業。
昭和十八年九月	二十四	広島にて真宗光明団主幹住岡夜晃師とであい終生の師とする。
昭和十九年九月	二十五	広島文理科大学化学科卒業。広島師範学校助教授兼教諭。
昭和二十年十月	二十六	高浜まつきと結婚、光明団本部の一室にて新居をかまえる。
昭和二十二年十一月	二十八	広島師範学校教授。
昭和二十四年四月	三十	福岡第一師範学校（現在の福岡教育大学）に奉職。
昭和二十四年八月	三十	福岡学芸大学久留米分校（現在の福岡教育大学）助教授。
昭和二十五年五月一日	三十一	福岡学芸大学久留米分校の一室（旧兵舎）で学内の仏教研究会第一回が始まる。その時の言葉「念願は人格を決定す。継続は力なり。今日も苦しんで努力して生き抜くことが人生の本質だ」と言われた。これから毎週一回開かれた。

昭和二十六年三月二十六日	三十二	仏教研究会の第一回の卒業生を送る。
昭和二十八年八月	三十四	文部省内地研究員として東京大学理学部木村健次郎教授によって地球化学の基礎研究をおさめる。
昭和二十八年九月五日	三十四	久留米市西町福岡学芸大学久留米分校内（旧兵舎）細川宅で土曜会が始まる。
昭和三十年七月二十二日	三十六	福岡学芸大学久留米分校職員宿泊所で大森忍先生を迎えて五日間の講習会、真宗光明団久留米支部発会式をする。当時の参加者は堤とし子氏を含めて十名ぐらいであった。
昭和三十年八月	三十六	原爆被爆当日の被爆市民への献身的な救援活動が認められ広島市長より表彰を受ける。
昭和三十年九月	三十六	東京大学より学位取得（理学博士）。
昭和三十三年三月	三十九	福岡学芸大学教授。
昭和三十三年九月	三十九	九州大学理学部講師を併任。
昭和三十五年四月	四十一	東京都日野市にて毎月一回の「日野市教育を考える会」主催の歎異抄講座で講義を始める。
昭和三十五年八月二十五日	四十一	土曜会の会場を久留米市妙泉寺に移す。
昭和四十年	四十六	十年にわたる尽力が実って福岡学芸大学の分校統合がほぼ

		実現する。
昭和四十年八月	四十六	地球化学研究のため日章丸でペルシャ湾へ行く。
昭和四十年十一月	四十六	福岡学芸大学学生部長を併任。
昭和四十年七月	四十六	高陵社より『仏教への道』を出版する。
昭和四十一年一月十四日	四十七	福岡県宗像市陵厳寺の細川宅を会場に土曜会が始まる。
昭和四十一年四月	四十七	福岡学芸大学は福岡教育大学と改称する。
昭和四十一年七月二十七日	四十七	第一回九州少年錬成会を始める。
昭和四十一年十月	四十七	宗教法人真宗光明団運営委員長就任、以後二十二年間、団の運営にあたる。
昭和四十三年四月	四十九	広島市にて毎月一回広島大学仏教青年会主催の歎異抄講座で講義を始める。
昭和四十三年十月	四十九	東京水産大学水産学部教授併任、海鷹丸でクウェートに研修に行く。
昭和四十四年三月十二日	五十	福岡県宗像市三郎丸にて巌松寮を建て仏教青年の育成をめざす。
昭和四十四年六月	五十	巌松寮完成し学生の入寮が始まる。
昭和四十四年八月		福岡県公害対策審議会委員（四十八年より平成三年まで会

		長を勤める）。以後福岡県都市計画審議会委員等を歴任。
昭和四十五年一月五日	五十一	山喜房佛書林より『龍樹の仏教』を出版する。
昭和四十七年二月	五十三	有志とともに福岡市に財団法人九州環境管理協会を設立、常任理事となる。
昭和四十七年	五十三	巖松会館の建設が始まる。
昭和四十八年三月二十四日	五十四	巖松会館で第一回土曜会を始める。
昭和四十八年四月十四日	五十四	大森忍先生を迎えて巖松会館落慶法要を行う。
昭和四十八年四月		福岡市朝日カルチャーセンターの歎異抄講座（毎週一回）を始める。平成七年十一月に及ぶ。
昭和五十年四月	五十六	福岡教育大学退職。
昭和五十年四月	五十六	現宗像市三郎丸に「ひかり幼育園」を設立し、以後、園長として浄土真宗の精神に基づく幼児教育を始める。
昭和五十年七月	五十六	福岡教育大学名誉教授。
昭和五十六年六月	六十二	多年にわたる地域の環境保全への努力が認められ、環境庁より表彰を受ける。
平成元年十一月二十日	七　十	東本願寺出版部より『蓮如上人御一代記聞書讃仰』を出版。
平成二年五月	七十一	財団法人九州環境管理協会理事長に就任。

平成四年五月十日	七十三	法蔵館より『十住毘婆沙論―龍樹の仏教―』を出版する。この当時、巌松会館における土曜会、月二回歎異抄の会、福岡、小倉の週一回のカルチャーセンターの「親鸞の教え」教室、西光寺の正信偈、飯塚、久留米、広島大学仏教青年会、福山会館、京都の会、東京日野市等の歎異抄の会、福岡の正像末和讃の会、本部の第二例会、豊平道場の唯信鈔文意の講座、香椎の御一代聞書の会等、毎月二十四、五カ所の会座を開き仏法を広めた。
平成四年十一月	七十三	勲三等瑞宝章を受ける。
平成五年二月	七十四	北九州市立医療センターにて胆管癌のため肝右葉切除の大手術を受ける。
平成六年十一月	七十五	福岡県立遠賀病院にて腸閉塞のため手術を受ける。
平成七年十一月三十日	七十六	朝日カルチャーセンター「親鸞の教え」講師を福岡・小倉ともに辞任する。
平成八年一月一日	七十六	大分県の東国東広域病院にて胆管癌再発による肝不全のため死去。

著者略歴

細川　巌（ほそかわ　いわお）

大正８(1919)年、福岡市に生まれる。

広島文理科大学化学科卒業。福岡教育大学名誉教授。

理学博士。財団法人広島大学仏教青年会理事。

平成４年、勲三等瑞宝章を受ける。

平成８年、示寂。

著書に『十住毘婆沙論―龍樹の仏教―』『晩年の親鸞』（法藏館）、『蓮如上人御一代記聞書讃仰』（東本願寺）、『現代と仏教との対話』（共著、東海大学出版会）など。

新装版　唯信鈔文意を読む―信は人に就く―

一九九八年　一月　一日　初　版第一刷発行
二〇一九年　九月二〇日　新装版第一刷発行

著　者　細川　巌
発行者　西村明高
発行所　株式会社　法藏館
京都市下京区正面通烏丸東入
郵便番号　六〇〇－八一五三
電話　〇七五－三四三－〇〇三〇（編集）
〇七五－三四三－五六五六（営業）

装幀　山崎　登
印刷・製本　亜細亜印刷株式会社

Printed in Japan
ISBN 978-4-8318-6568-7 C0015